流離之書

跨界移動紀事

金其琪——著

目錄

推薦序
捕夢的人

張潔平

其琪告訴我，她要出書了，要把過去七年寫過的文章收集起來。這樣說著的時候，我們正走在台北民生社區的街上，剛剛一起過完又一個沒回家、也不知道何時能回家的春節。我問她書的主題寫什麼，她說，她只有這七年的自己和遇到的許許多多故事可以交給大家。

我看著她，腦中立刻浮現出很多畫面，從二〇一四年我們在香港大學附近咖啡館的第一次見面，直到今天。這段時光不太輕鬆，我們共同經歷了幾次巨變，也經歷著自己與身邊人無盡的流離。但是很奇妙地，如果想像自己是在其琪的世界裡，透過她的眼睛看見這一切，這段時光又會不那麼確切起來，而是旁逸出一些色彩，像是陽光穿過樹葉時，那些碎金一樣在草地抖動著的迷人影子。

在現實好像就已經是這樣斬釘截鐵，歷史好像就這樣頭也不回，未來已經進入某種宿命時，我也總是有一種期待：跟我們一起也活在其中、面對這一切的其琪，能看見不一樣的，講出不一樣的故事。

作為媒體編輯與她合作的許多年裡，每當我想到一些無法歸類的選題，好奇那些不在主流視野裡的人生，不知找誰來寫時，總會想到其琪。這些「無法歸類」是指很難放在常見的判斷框架裡去進行，但又不是刻意獵奇的。他們常常是平凡人在歷史之中的故事，又曾多少與歷史有那麼幾次神祕的共振，並被它塑造了人生。幾乎不例外地，其琪總能帶回比你期待更多、更不一樣的故事。

這種「不一樣」，不是對眞實的叛逆，而是對它的開放，無盡的開放與擁抱，讓那些無聲的聲音都浮現出來，不被存在的畫面找回顏色，不知如何歸類的人，也在故事裡大大方方獲得一席之地。而聽見這些「不一樣」故事的你，並不會感到負擔，不會感到被強行拉出同溫層的說教，也不會有知識分子式的情感勒索。你挺容易就被這些故事吸引，儘管它們遠在天邊，或根本不是你的生活，你可能也會看進去，感到共鳴了某一部分的自己。

我想這是其琪作為一個寫作者，很特殊的魅力所在。我有時覺得她像是一張捕夢網一樣，一旦沉浸在某個場域裡，就會帶回那裡所有的記憶。而且就像你會在她這本書的文字裡慢慢看到的那樣，記憶的邊界會逐漸瀰散，不一定有明確的結局，也可能沒有清晰的時間線，不像Netflix那些布局精巧的影集。她在自序裡說，她在這些故事面前，漸漸意識到自己並不想追求「清楚」，「我要用任何文字形式，來還原世界本身的混沌，這比還原清楚艱難多了。」

遇到這樣的寫作者，是作為一個編輯的幸運，也是讀者的幸運。我並不是在說，如果不讀這本書，你可能會錯過什麼。沒有的。我們都有各自的人生與世界要去還原，其琪書裡寫到的故事，因為她特殊的經歷，可能對於大部分讀者來說都只是「遠方」的事。但我的確想說的是，這些今天看來的「遠方」，在某個時空裡，其實離彼此非常靠近——甚至現在也是這樣的。而這樣一個世界，有緣看見的人並不多，能夠細細刻畫下來，好好地講給你聽的人更少。作者放任自己「流離」，因而捕捉到這樣一個高速流動著、恩怨連通著的世界，即便有一天彼此封閉了，在這個世界的角落裡依然有多重夢境的入口存在著。

就像其琪自己說的：「我在不同時期遇到的人總是在不可能的地點同時出現。他們在某個已過去或還未到來的日期相聚。各自說著廣東話、國語、英文、達悟語、溫州話，但卻可以順遂地交談。在夢裡，我並不覺得疑惑，夢境有時勝於眞實，它點出生命本來的樣子。」

我喜歡的學者海瀯．愛（Heather Love）說過，未來應該要是「倒退到我們之中即便最不情願的人也可能想住在那裡」。在捕夢人其琪寫的《流離之書》裡，我似乎可以看見一個那樣的未來，我們是醒來不相識，夢裡卻相親愛的。

自序

編完書稿的第二天，我和編輯德齡、插畫師ＥＤＯ一起去了台灣最後一家活版印刷鑄字行「日星」撿鉛字。三個大汗淋漓的人夾手夾腳地拿著Ａ４紙和擺放鉛字的小木盒，因為視力不佳而在星星一樣浩瀚的字海裡不斷迷路。在鑄字行五點關門前，我們撿回一百三十二顆宋體鉛字，雖然鉛字們在小木盒裡東倒西歪，但組合起來，可印成十個完整的句子。

例如這句：「如果有屋住，誰又想流浪？」三年前，我跟隨從事露宿者服務二十多年的香港社工吳衛東和三位香港露宿者，一起拜訪了台北最多街友生活的艋舺公園。台灣街友服務ＮＧＯ「芒草心」培力的街友賈西亞帶我們參觀了他流浪多年後成功租到的第一個木板隔間，牆上有鋁箔紙堵住的破洞，熱水器鏽蝕得厲害，但有瓦遮頭。如果有屋住，賈西亞也不想流浪。

候選的還有這句：「比照作為他者的大島，她看到了自己的島嶼。」此處的大島，指的是台灣本島。五年前，蘭嶼東清部落的第一位女性紀錄片導演Sinan Yongala謝福美向我憶述，自己年少離家，卻最終回到這座位於台東外海，達悟族人世代居住的「自己的島嶼」，找回自己的語言和生活方式。

還有這些候選的句子：

「貪心的人類比獅子更加危險。」

「我們在這個社會裡面尋找的平等，在環球大廈得到了。」

「他看上去是憤怒，但這只是表層情緒，他內心其實是受傷的。」

「沒有靈魂的人看不懂一朵花。你有了以後，你就覺得你永遠不寂寞。」

「當我研究其他國家的少數民族，或是被壓迫的族群，最終也會幫助我理解自己那個族群的歷史。」

我們將把書中的過百位受訪者曾交託給我的句子，用在「日星」撿回的鉛字印成明信片，讓文字在更多人手中產生新的意義。

我是其琪，這本書的作者。本書由我過去七年寫作的十七篇文章組成，分為「土地」、「陣痛」、「扎根」、「微塵」四章，足跡從中港台到非洲，訪問了上百人。這些文字可說全是他人的人生，但寫字的「我」是什麼？他人的生命，他人的顛沛流離，只是像水一樣從我身上流過嗎？如果我是魚，這些故事就是海洋吧。魚活在海洋當中，隨著海水起伏、擺尾，但魚並不是海洋，牠只是和海洋一樣有永不停歇的、流離的心。

二〇一五年，我在香港成為記者。在此之前，我在浙江老家生活了十八年，直到獨自去北京讀四年大學，畢業後不想考穩定的公職，就跑到香港讀研究所。在香港生活了四年後，我來到台灣讀人類學，今年九月也剛好滿四年。幾個月前，左岸的編輯德齡約我一起去西門町的「飛地」書店找我的朋友張潔平，邀請她為我寫推薦序。在我的三個四年中，潔平是後兩個的見證者。我們坐在書店門口的木頭階梯上，傍晚從西門町方向飄來的雲像輕煙一樣懸浮在我們上空，我說這十二年像是讀了三次大學，潔平說，不對，像談了三次戀愛。她轉頭對德齡補充：「她總是和城市談戀愛的。」

記者與人類學的專業都排斥過於強烈的作者意志，但寫作者和筆下人、事、物之間的互動是有機的，尤其是當寫作者可以相對自由地選擇要書寫的題材，作品集的主線就會慢慢浮現。在我選擇的十七篇文章中，七篇關於香港，七篇關於台灣，三篇關於中國。但我在書中並沒有這樣分類，因為人們的生命會跨越時空彼此交疊，正如我在這三地的生活記憶也並不是線性的。在一些尚可回憶的夢境裡，我在不同時期遇到的人總是在不可能的地點同時出現，他們在某個已過去或還未到來的日期相聚，各自說廣東話、國語、英文、達悟語、溫州話，但卻可以順遂地交談。在夢裡，我並不覺得疑惑，夢境有時勝於眞實，它點出生命本來的樣子。

書中收錄的文章幾乎全部都在媒體刊登過，再經過我與編輯德齡的增補或刪改，成為今天這個樣子。我另外為每一章書寫了一篇引言，講述每篇文章的寫作背景和歷程，多年後的近況變化，以及為何那個生命階段的我會寫下這些。「土地」一章書寫具象的土地迫遷、老屋肢解、無家可依，也寫忘記了自己名字的人怎樣找回與故土的親密感。「陣痛」一章書寫那些自願和非自願的跨境移動，人們因身分政治而彼此碰撞，移動的海上貨櫃則塞滿走私動物的牙齒。「扎根」一章書寫在異鄉和面目全非的故鄉創造新生活、新社群的人。「微塵」一章書寫生死常臨的年代，一些像流沙般逝去的故事。

編輯書稿的時候，我常驚訝於過去的自己寫得很差，因此要大幅地修改。但最讓現在的我覺得不適應的是，在最初的新聞訓練影響下，我總是逼迫自己把所有事情寫得「清楚」。但經歷了多變的生活，讀了人類學並在今年邁入三十歲的我，已經強烈地感覺到我要還原的並非什麼「清楚」。我想要用報導、論文、詩歌、散文、歌詞、腳本、策展計劃等任何文字形式來還原世界本身的混沌，正如我在本書最後一章的引言中所寫的那樣。寫得「混沌」比寫得「清楚」可要難太多了。

本書出版之後的第一件事，正如開頭所寫，是去印明信片。感謝我的編輯德齡提出印鉛字明信片的想法，她不知道我是非常愛寫明信片的人，最近幾年我少了旅行，就集中在聖誕節寄出給世界各地的朋友。記得去年聖誕，我給一位曾坐在我對面座位的舊同事寫明信片。他離開媒體業後選擇了一份當時看來更安穩的工作，是銀行一定會願意貸款給他的那種安穩（我總覺得銀行一定不會貸款給我這種隨時會不見的人）。我在明信片中寫自己的人生跑來跑去多麼衝動與荒唐，他久久才回信，卻說這並不是荒唐。正是因為有我這樣的人，才讓留下來的他們看到生命的其他可能性，他這樣說。

落筆之時，我正在搬十年來的第十次家，雖然這麼居無定所，但我的行李仍在繼續增加，尤其是許多「無用之物」，例如柔軟寬大的抱枕和地毯。對了，四年前開始，我還領養了一隻貓，抱枕和地毯也是她喜歡的。不管去到哪裡，至少我們還可以一起翻滾。

感謝左岸出版和我的編輯德齡一路陪著我編完這本書，她也是我在人類學與民族學的大學姊。我會永遠記得我們一起瞇起眼睛撿鉛字的畫面。感謝我的插畫師EDO，萍水相逢，希望我的邀約讓你對未來有新的盼望。如果銷量版稅可觀，我想買一本Pantone色卡送給你，謝謝你選出最美的藍色。

最後，感謝本書每一篇文章中寫到的每一個人，謝謝你們把生命裡的一塊小小碎片交給我，但願我有好好地安放它們。謝謝當年促成文章的每一位編輯和朋友，你們是我在海洋中的引路人。謝謝爸爸媽媽一直等待著不回家的女兒，你們可能不會喜歡這本書，但這是我真實的樣子。

至於我為什麼如今還在台灣呢？今後我要遇到什麼人，再寫哪裡的故事？最近我聽一個講座，一位移居荷蘭的藝術家說，剛搬到荷蘭的時候，鄰居問他為什麼搬到這裡。他回答，搬到這裡就是為了去想，自己為什麼會在這裡。這話的意思是，當我們做每一個決定的時候，並不總是先想得很明白。我們往往是一邊做決定，才一邊想這樣做的原因。也許我永遠都想不明白，但混沌裡，路也要走下去。感謝你讀到這裡。

一、土地

尋雪糕車不遇

由七號碼頭向西行
警車
麵包車
小巴車
大巴車
白車黑車紅車
運送維他奶的大貨車
粉紅色波波與嬰兒車
今日沒有雪糕車

——201806，香港，中環往南丫島的渡輪上

在自己的土地上流浪

離開香港四年後，二〇二一年七月，我在臉書看到我寫過的香港馬寶寶社區農場終於要被清拆的消息。文章寫成時是二〇一六年，那時我在《端傳媒》工作，第一次有機會獨立進行一個專題。回頭數算是殘忍的。我寫過的東西究竟有多少已經煙消雲散了？又有多少留下了，長出新的果實，或是扭曲、腐壞？「像世界上所有新生的嬰兒，馬寶寶是可能性，是未知數，是待填滿的希望。」農場成立的第一日，網站上這樣說。

我今年三十歲，十八歲離家，獨自在北京四年，香港四年，台灣四年。一路走，我一路寫作，為了生活，也因為遭逢一些人事物，因為對世界充滿好奇、共感和溝通的欲望而寫。十二年中這三地發生的事，像一個世紀那麼緊湊和跌宕，我寫過的人和我自己，都經歷著密度非常高的人生。也因為這樣的緣故，我當時不知，過後卻發現寫下的不少都成了歷史。

如本章第一個故事所寫，馬寶寶社區農場位於香港新界東北的馬屎埔，曾在全世界資本主義最發達、樓宇最密集的都市之一——香港，去保護農地、實踐城鄉共生。受訪者區晞旻三代耕種於此，她曾告訴我，不斷被迫遷的命運就像遊牧民族。這些種植稻米與蔬菜的農民，來自土地，也屬於土地，但被拔除、驅離，要在自己的土地上流浪。

那篇採訪的一年後，我離開香港，卻在台灣花蓮和蘭嶼的原住民部落看到了相似的命運。巴奈．母路（Panay Mulu）是里漏（Lidaw）部落的阿美族祭師，來自部落，卻從小受漢人的刻板印象影響，不喜歡部落，不願說族語，沒有族名。她生活在祖先留下的土地上，卻直到中年接觸祭師文化，才知道自己是誰。她發現阿美族有八個方位的一百七十八位神靈，連風都會哭會笑，每朵花都有靈魂，這才驚覺自己根本不姓漢姓的「林」。這是一個在原鄉土地上迷失而找回自己的人，生活在小島蘭嶼的達悟族謝福美Sinan Yongala也是如此。她漢名謝福美，十八歲到大島台灣去打工，三年後回到部落加入蘭嶼第一份本地報刊，因工作才發覺自己對家族、部落乃至整個族群的文化一知半解。她為兩個孩子取了族語名字，跟母親回到芋頭田，用攝影機記錄造船的男人、耕田的女人、小米的儀式。

達悟族之Tao意為人，阿美族之Amis也意為人。她們希望尋回身為「人」的自己，了解自己的來處。這深深觸動我。二〇一八年，我在搬到台灣進修前，短暫回到自己的家鄉生活了半年多。我發現自己和她們一樣，並不了解這塊土地，甚至排拒回家。許多編輯希望我寫中國，於是我去十八歲前居住的江浙滬一帶採訪，借住在大學同學家，在從小家庭旅行就常去的杭州西湖對岸，混入一個商人午宴扮演座上賓，探聽古建築文物買賣的消息。我這才知道原來以火腿聞名的金華，因為自古傳承的木雕行業，而成了中國明清古宅拆除、變賣、中轉、遷徙的中心。在一晚要價數萬人民幣的上海高級飯店裡，立著來自安徽、江西、福建的古宅中拆下來的樑、柱、枋；杭州近郊靈山的一座民宿裡，工匠拼接著幾座不同古宅中拆來的雀替和牛腿……物不會說話，畸形的行業生態讓承載記憶的建築被肢解，然後隨著商業利益而流轉、散落，像是這土地上每一個無家可歸的人。

無家可歸的，越來越多是香港人。二〇一八年九月，我來到台灣，但香港好像從沒有離我而去，不到半年，《明報周刊》的舊同事就請我寫一期台港無家者的封面故事。曾有編輯說她用我的報導給新聞系學生講課，用來示範如何書寫異文化。雖然我在香港生活過，但從未接觸過一九九九年金融風暴後，露宿在尖沙咀、維多利亞港畔的近百個無家者吧。雖然我在台北生活著，但也從未和艋舺公園蓋著紙箱睡覺的老人說過話吧。我要如何書寫他們？這是不是異於自己的文化？什麼是自己的文化？

完成報導後幾個月，香港康文署就在二〇一九年冬至清場了深水埗的通州街公園，丟棄無家者的家當。我在台北每每經過艋舺公園，總是想起受訪的香港社工吳衛東穿的那件T恤，衣服背後寫著「homeless not hopeless」。他後來協助幾位無家者控告康文署，今年法庭判無家者勝訴，但康文署卻只須賠償每人一百元，被外界視為侮辱。他再三爭取，終於換來康文署一句道歉。近日我聯絡他，問起報導中所寫的無家者宿舍在二〇二一年籌款續租的進展，也問他，二十四小時麥當勞關閉了幾間，當初採訪過的女性露宿者Maymay如何是好？原來他們拿到資助可供三年租金，「麥難民」Maymay也找到住處。但一起控告康文署的幾位無家者，有人未能等到判決，就已染疫去世。在這大大小小的流浪中，一個新的關鍵字「瘟疫」，帶我們走向一個新的世界。

家園、土地、名字、記憶、空間。我不能為本章內容找到一個出口，越寫下去，我越感到層層疊疊的流離。是他們的流離，也是我的流離。

1、在迫遷的命運裡種一座村莊

2016年5月12日，寫於香港

香港新界東北的馬屎埔村，在二〇一六年四月二十八日突然長出了一座木頭做的「瞭望塔」。

它立在七零八落的鐵絲網中間，腳踩著一塊田，正對面是幾棵匆匆種下的香蕉樹。一旁與它對峙的，是一架推土機。推土機上掛滿了各式標語：守田！中止原址換地！保衛東北！反對迫遷！

這一天，馬屎埔村爆發了恒基兆業地產（下稱恒基，上市編號〇〇一二）二〇一六年收地過程中遭遇的最激烈衝突。截至該年五月，仍留在村裡的農戶已從高峰期的七百多戶剩下不到一百戶。在推土機對峙瞭望塔的背後，是七十名恒基保全與六十多名守田村民的短兵相接。

在村口紮營逾月的「守田小隊」爬上推土機喊口號，推土機司機卻照樣開啟引擎。保全架起鐵絲網圍封農地，用燒焊（焊接）固定鐵絲網，村民一次次用水撲熄燒焊，保全又一次次在村民腳邊繼續燒焊。雙方強烈的肢體碰撞幾乎要推倒鐵絲網，保全表情驚惶，只想快點完工，而村民哭喊抵抗，跪在一旁。

爆發衝突的這塊香蕉田位於馬屎埔村外圍，早在二〇〇四年就被恒基買下，但前租戶區流根仍持續在此耕種。恒基表示，希望現場人士能自行和平離開，而收地的最後步驟會是法庭禁制令。假若恒基申請到法庭禁制令，抗爭再激烈也難以抵擋推土機鏟掉田泥，但令許多人難以理解的是，即便到了此刻，「馬寶寶社區農場」（下稱馬寶寶）依然在保全離開之後，繼續用自製的清潔酵素洗碗洗衫，繼續用廚餘製造的堆肥灌溉有機蔬菜，繼續接待八方來客，做農地導賞。這些市民試圖「用每天在這裡的生活去告訴政府，香港應該如何」。

還留在村裡的每個人都說：「香港應該是這樣的。」但在法理和現實中，香港並不是這樣的。

舊鄉土上的新抗爭

「每天起床心情都好緊張，不知今日恒基有沒有來呢？」農民區流根之女、馬屎埔村第三代居民區晞旻雖跟記者說著話，但坐在可以望到馬路的位置，眼神不時注意村外，提防恒基保全隨時再來。她說：「好驚。」

自三月二十三日收到恒基下達的收地「最後通牒」，守田小隊分成四個時段，每日二十四小時看守巡視。有了「瞭望塔」之後，他們每日清晨就上去占據高位，看對面的馬路是否有保全集結。

四月二十五日，十三名守田者被恒基保全抬出。一天之後，區晞旻與三名夥伴一起擋在發動了的推土機前。恒基則說：「示威人士是強行闖入霸占土地，而阻攔工人與攀爬工程車的行為導致險象環生，導致女保全員跌倒受傷。」但馬屎埔村民亦出示多段現場拍攝的短片，顯示保全粗暴對待示威者，導致示威者流血受傷。

區晞旻大學讀商科，畢業後在中環找到一份朝九晚六的文員工作。但為了和全村人一起護村，她在二〇一〇年辭職回家。

也正是這一年，有社運人士向她提議，新界東北的抗爭應該建立自己的理念和實踐，在申斥「香港不應該如何」的同時，乾脆就用實踐來告訴政府「香港應該如何」。這年七月，「馬寶寶社區農場」誕生，農場將理念和農夫的生計交織在一起，在這六年間實踐了基於本土農業的永續種植和城鄉共生。

馬寶寶的農夫做有機生產，替周邊的城市社區消化了大量的廢棄廚餘和乾草。農夫種菜出來，每逢週三與週日在社區農墟賣，一路之隔的城市人可以買到新鮮有機菜。均價二十四港元一斤的有機紅莧菜、薯苗（地瓜葉）、甜麥菜（萵苣），往往供不應求，附近的學校和社區中心為保證買到新鮮菜，乾脆批量訂菜。

而區晞旻、卓佳佳和黃淑慧就在馬寶寶全職工作生活，靠組織農墟、農地導賞和各式的手作工作坊，令農場自負盈虧。

靠著不斷的導賞，三個女生在六年間帶著幾千人參觀了這個城鄉共生的範例，訴說著守田護家以外的理念：「我們不是做農家樂、只講菜怎麼種的，現在政府所謂的城市規劃根本只是很盲目的開發，而香港需要的是城鄉規劃。」

「我們要講給人聽，城市旁邊如果沒了鄉郊，你會面對一個更加單一化的城市，對土地只是買買買、炒炒炒，對廚餘和垃圾只是扔扔扔。那不只是農夫沒了土地，村民沒了家那麼簡單的問題。」卓佳佳說。

她們六年來提出了一連串的倡議，包括要立法保證農地農用，要設立土地空置稅以免地產商囤地丟荒，要中止將農地轉變為住宅用地的「四萬呎原址換地」政策。她們還建議政府，在興建房屋時優先使用政府空置土地和例如貨櫃場、回收場等已受破壞的「棕地」，然後回購被地產商買下的農地，還地於農。

但香港政府另有一套自己的農業政策，與這些倡議的重合度幾乎為零。在二〇一六年《施政報告》中，政府公布的新農業政策包括設立一個約七十五到八十公頃的農業園，撥款五億港元做農業持續發展基金，物色具「較高農業活動價值」的「農業優先區」，以及在工業大廈內進行水耕種植，為本地新鮮農產品增設農墟等等。但對於如何處理香港現有的這四千多公頃農地及八成的丟荒率（指農地閒置，未被使用的比例），政府在新農業政策中並沒有提及。

在建立的第一日，馬寶寶的網站上寫：「像世界上所有新生的嬰兒，馬寶寶是可能性，是未知數，是待填滿的希望。」種植了六年的希望，真的可以結出果實嗎？

「租霸」vs.「地霸」

馬屎埔村與恒基的矛盾，已經糾纏二十年。一九九六年，恒基開始陸續從原居民地主手中購入馬屎埔村土地，到二〇一四年已買下約三十萬呎土地，占整條村面積的百分之八十。二〇〇八年至二〇一三年，港府開始研究早在一九九八年就有意推行的新界東北發展計劃，決定把包括馬屎埔在內的粉嶺北及古洞北，發展成粉嶺／上水新市鎮的擴展部分，預計新市鎮可容納十七多萬人。發展局局長陳茂波曾多次強調，「新界東北新發展區是為香港人規劃的新一代新市鎮，應付香港市民住屋和社會經濟發展的需求。」

但收地一點也不簡單。馬屎埔村是非原居民村，有六十多年歷史，絕大部分村民是戰後就向地主租地生活的，高峰期居住著七百多家農戶。為了反抗收地，有村民堅持和恒基打官司，有村民直接占領推土機，抵抗曠日持久，更有馬寶寶城鄉共生的實踐。可是恒基卻指，早在二〇〇七年已經中止租約，負責執行法庭裁決的執達吏在三月二十三日成功收回土地，整個收地程序「合法合情合理」。

對這群繼續留在馬屎埔村的居民，恒基執行董事黃浩明批評為「租霸」。在馬寶寶的臉書專頁上，也有支持私有產權的網友留言說：「你們跟地產霸權沒分別，只不過用不同藉口霸住塊地。」

但區晞旻有另一種說法。她說，村民和一眾守田者根本沒有見到執達吏到過村裡。上世紀五、六〇年代，區晞旻的爺爺奶奶從廣東南海、番禺和順德逃難來到香港，到了馬屎埔村，向原居民租地耕作，自此落地生根。馬屎埔村的老農夫靠種菜賣菜養活了三代甚至四代人，沒想到幾十年後，卻被新業主恒基告知：我們不租了。

政府曾允諾補償受發展計劃影響的住戶，給合資格住戶發放最高六十萬港元津貼。但馬屎埔村民大多居住在五、六〇年代自己建造的「寮屋」中，最多只持有臨時屋牌照，並不符合補償資格。

馬寶寶另一成員黃淑慧說：「我們不是要推翻私有產權。所謂私有產權的背後，是官商勾結的四萬呎原址換地政策，是盲目的發展。」

二〇一三年，政府為新界東北發展計劃提出「原址換地」的收地政策，地主若擁有超過四萬呎土地，就可向政府提出發展規劃，將農地轉變為住宅用地。發展局局長陳茂波曾否認原址換地是為大地主謀利，但馬屎埔村民一直以來都認為，這項政策是將收地的任務變相轉交給地產商，令一場由新市鎮發展而起的爭議，轉移為地產商與小農戶之間的土地糾紛。

恒基在馬屎埔的土地，早已達到原址換地的四萬呎門檻，但因為整體規劃已交城市規劃委員會通過，恒基必須收完規劃書上的每一塊地才能動工。發展計劃期望在二〇一八年正式動工，二〇二三年入伙（開放入住）。因此，恒基預計在今年年底完成馬屎埔村的收地，然後在二〇一七年完成「原址換地」的申請。而此次被收的香蕉田，按照規劃書，未來將建成十棟私人住宅樓。

在村民眼中，恒基是只會囤積居奇，根本不善用土地的「地霸」。這種花長時間囤地然後發展地產的發展模式，其實是現下大部分地產商投資獲利的方法，低價購入，等價高時賣出獲利。

黃淑慧說：「當一個人為了炒賣土地，手上持有的房屋超過自住的需要，又不租出去，那麼房屋的使用價值就被荒廢。同樣地，恒基買下大量農地，然後丟荒，真正掌握種植技能並賴以生存的農夫卻無地可種，土地就無法得到善用。」對於上述指控，恒基地產始終表示「難以理解及認同」。

在現行香港的政策和法律下，馬屎埔村的抗爭確實違法。但家住將軍澳、「馬寶寶社區農場」創始人之一的卓佳佳反駁說，他們犯法是為了剪掉綁住手腳的繩：「這樣做的確是犯法。但我會問，這樣做是不是就是錯呢？」

如果沒有了馬屎埔

現在的村口原本是舊村子的中央。一九九三年，政府收回馬屎埔三分之一的土地，賣給新世界地產等十一間地產集團，發展成果就是對面的兩座高級私人住宅：綠悠軒和帝庭軒。

若從高空俯瞰，今天的馬屎埔村和它北面的廣大農地、村地，在南面密集的高樓和馬路映襯下，正被一條城市化的線步步向北推進。二〇一四年六月，立法會通過了新界東北發展計劃的前期研究撥款，四千多人包圍立法會，卓佳佳主持行動現場大會，黃淑慧在行動中被捕。今年下半年，新界東北發展計劃還將再次申請撥款。

仍然留在馬屎埔的村民，已經日漸看不到退路。「你沒有辦法離開這裡，因為去到哪裡都會是這樣。」區晞旻說，「當沒有政策保護農地的時候，如果你想繼續在村裡生活，想做農夫，那你就會一世都面對迫遷，根本不會有穩定的土地去做生產。」她臉上現出百思不得其解的表情，肩膀顫抖著問：「如果這裡真的被拆，如果我們搬去其他村子，那個地方最後也會面臨發展、迫遷，為什麼要這樣呢？」

「在香港要做農夫，就好像遊牧民族一樣。」她垂下頭說。

進入五月，馬屎埔村的「瞭望塔」加固得更高。「塔」上面還多了一塊巨大的綠色木頭面具。它面朝村外，兩旁是一雙巨大的綠色手掌，以「say no」的抵抗姿勢護住身後的農地和村民。塔身刻畫的詩句來自三毛：「如果有來生，要做一棵樹。」下方刻畫的歌詞則來自台灣的交工樂隊：「一行一行把自己種回來，一畝一畝把自己兜齊全。」

而恒基的堆土機就在前面。

2、靈魂的事

2017年12月14日，寫於花蓮

找到巴奈．母路不是件容易的事，尤其在十月。每年十月，是花蓮阿美族里漏（Lidaw）部落的祭師團體Sikawasay舉行巫師祭的時間，祭師每日都要沉浸在儀式中，不可遠行。年近六十歲的巴奈．母路，是這個僅剩六人的祭師團體中，最年輕的一個。

我是部落的外人，因巴奈．母路引薦，得到祭師們集體同意之後，得以參加兩日的巫師祭。出發前收到這樣的提醒：「你來可以，但記得在儀式前一天晚上開始，直到儀式結束，都不要吃雞肉、雞蛋、蔥蒜、蔬菜、水果、魚類。」即便是觀者，也要守儀式的禁忌。到場之後先mibetik（告靈）喝下米酒，才算跨入神靈的場域，正如阿美族常說的一句：「酒是我們的路。」

以米酒叩門，來到花蓮溪與太平洋交界附近的里漏部落，遇見巴奈．母路的第一個晚上，她不談學術。她是在花蓮做了近三十年田野調查的民族音樂學家，東華大學族群關係與文化學系的副教授。可是兩年前，她的一個決定，讓她可以隨時拋棄這一切，包括學術、理論，乃至這個人間。

阿美語Sikawasay，字根kawas意為「靈」，si意為擁有及承載，say意為「××的人」，巴奈．母路決定成為Sikawasay，就是「擁有神靈的人」。Sikawasay原本是她的民族音樂學田野，從研究者到自己也成為Sikawasay，我問她何以「下海」，她卻答是「上路」，靈魂的路。

在原漢混居的部落與客家孩子一起長大，她曾是不說族語、努力擺脫原住民身分的台北大學生，在基督教會司琴的「天使」。半生過去，她厭煩了在學術圈過人間的日子，轉身在靈的世界中與Sarakataw（走路之神）相互擁有。

她成為最資淺的第四階級祭師Suday，也成為基督徒眼中的瘟疫與魔鬼，但她不在乎。「我可以不要這個世界了。」還沒脫下黑色祭師服的巴奈・母路喝了一整天的米酒，但不是在說醉話。她選擇去處理靈的事。

穿黑衣服的阿美族

七十三歲的Lali'自前一天晚上開始，就完全沒有吃過東西，下肚的只有米酒。她是巫師祭這一天的主人，必須遵守斷食禁忌。今年的十日儀式中，六人祭師團只來了五人，還有一位年邁的祭師因臥病而缺席。米酒、祭壺、檳榔、荖葉、糯米糕和生薑被擺在地上，儀式從早上十點多開始，一直持續到晚上七點才結束，最後三日還要分別去田間曠野、河海交界，以及海畔進行冷卻祭。

初來乍到的人很難看懂祭師們在做什麼。火焰燃起，巴奈・母路跟在老祭師身後，時而旋轉，又蹲下，像是要鑽過什麼。這是在祭拜這一天的最後一位神靈，Lali'的母親留給她的Lalebuhan（火神）。巴奈・母路解釋她們的動作：「我們先要經過Lalataan（削碎木頭的神），和Tilamalan（點火的神）的路段，過三道門，才能到達Lalebuhan。」

抵達不同的神靈場域需要走不同的路，面向不同方位的吟唱、轉圈、動作組成繁複的儀式。而每位Sikawasay都有自己的主神，擁有神靈越多的祭師階級越高。優雅的儀式動作配以動聽的吟唱，但原來連祭師的親人都無法知曉其中含義，因為此阿美語非彼阿美語，而是專用於祭祀的靈語。如此艱澀難懂，為何能吸引一個受了完全漢化教育的巴奈．母路呢？

最初，Sikawasay對她來說只是一群穿黑衣服的阿美族。遙遠的記憶中，她大學畢業後，從台北回到花蓮，開始做國中音樂老師。她的部落是花蓮吉安的薄薄社，她常在週末騎著腳踏車，穿過隔壁的里漏部落去海邊。有一天，她騎進了里漏部落的一條小巷子，突然發現了一群穿黑衣服的人。「我說奇怪，阿美族的部落怎麼穿黑衣服？不是應該穿紅衣服嗎？」腳踏車越來越靠近，黑衣人的眼光卻不友善，怕外人影響了儀式的進行。

那時她只知道阿美族有豐年祭，卻從沒聽過這些黑衣人口中吟唱的，像是阿美語又不像是阿美語的，憂鬱深沉的歌。打聽才知道，原來這是巫師團體，Sikawasay。

信仰基督教的家人告訴她，Sikawasay是魔鬼，不可以碰。她忍不住，硬是要去，卻很不受歡迎。父親是民意代表，大家都知道她是誰家的孩子，大家都知道她來自基督徒家庭。

她回憶，突然加入，「人家也不知道我是不是吃了什麼亂七八糟的東西」，例如雞肉、蔬菜、魚，可能影響儀式。她儘量保持低調，每年寒暑假都希望能加入，默默在一旁架設小台DV機，一邊做筆記，幾乎沒有聲音。但她被罵過、被轟出來過，甚至有人摔過她的DV機。

沒人真能轟得走她，她太好奇了。「我會故意找各種機會去靠近她們，聽她們的歌謠，逐年靠近她們。」磨著磨著，老祭師們終於逐漸接受了她的存在。一有了發問和互動的機會，她更是看不過癮，索性連工作也辭掉，大大小小儀式都去看，再讀一個音樂碩士，把所有儀式的聲音都寫成樂譜記下來。

她本來覺得，身為阿美族學音樂的孩子，這樣就已經夠了。可是後來發現不行，因為歌還有歌詞，歌詞也要記下來。記完歌詞，發現還有舞蹈。

為了記下歌詞，她幾乎是從零開始學習阿美族的靈語，一個音一個音拼出來，再去問老祭師是什麼意思。記錄舞蹈的時候，她又發現不能簡單寫逆時針幾圈、順時針幾圈，原來轉圈是「有密碼的」。祭師的旋轉是在虛擬空間裡進行，從人間這個俗世的空間到神聖的空間，都靠不同的速度和旋轉方向來決定。

記錄著記錄著，她自己也結婚生子，碩士畢業，甚至去了福建讀博士，又進入東華大學工作，但始終無法忘記Sikawasay的事。「我的心在那裡，我一直沒有辦法忘記部落的那些，一張張像神靈一樣的老人的臉。」在福建三年，她請丈夫代她去看儀式，用電話給她聽歌謠的聲音。生了孩子，她抱著一大一小的一雙小兒女去，妹妹還是嬰兒，得多帶一個奶媽。她的田野筆記後來成了家庭回憶冊，因為隔幾頁筆記，就有兒子女兒的畫。

她還記得自己第一次看到老祭師和大自然的靈做互動，「那是非常surprise的，就是哇，風一吹，她就說巴奈，你聽，matawa ko bali（風在笑）。」

「那個靈是存在的，她知道風是在哭還是在笑。」她太受感動了，漸漸發現，繁複的儀式背後，是她這個漢化了的阿美族小孩從來沒聽過的，龐大的宇宙架構，裡面住著八個不同方位的一百七十八位神靈，風林山海，無處不在。所以那些固定的、不固定的、部落性的、私人性的二十多種歲時祭儀，包括祖靈祭、慰靈祭、播種祭、田祭、殺豬祭、祛病祭，都是為了與神靈互動。那是充滿意義的。

而最珍貴的是，這居然就是她自己民族的文化。她過去從未發現，甚至在最初二十年的生命中，一直因為原住民受歧視的緣故，不想做一個阿美族。

從林桂枝到巴奈．母路

直到結婚生子，巴奈．母路都還不叫巴奈．母路。她叫林桂枝，受日本教育的母親不會說國語，叫她Kiku（桂子）。她在部落長大，本來以為自己很會聽阿美語，眞的到了山裡的奇美部落才發現，根本聽不懂老人的話。

那又怎樣？年少的她，根本不想當原住民。「我討厭部落。」她說。

那是原住民深受歧視的年代。小時候，老師會因為原住民學生說了族語而體罰，或是罰款。她也連帶覺得部落的人不上進，愛喝酒，於是努力讀書，努力學國語，努力彈琴，就是為了考上好大學，要比部落的原住民「高一等」。到了大學，她努力的方向是西方音樂，跟原住民完全沒有關係，可偏偏遇到一個老師，愛叫她「阿美公主」。

這位老師是台灣音樂家許常惠，難得有一個原住民學生，特別寶貝。可巴奈．母路卻說，「我恨死他了，上課的時候整天對著我說，你們阿美族的音樂怎樣怎樣。」她排斥自己的阿美族身分，「我就覺得我好不容易遠離了，你又要把我拉回去？」

直到一年夏天，她大學剛畢業，老師突然跟她聊起，你知道你們阿美族有個部落的豐年祭，第一天晚上不睡覺的嗎？她覺得太天方夜譚了，豈料一查，卻是真的。她心裡過不去了：「怎麼總是老師來告訴我說我的文化是怎樣？」一股勁上來，她騎著機車就走到東海岸，一路往豐濱鄉的貓公部落開。媽媽在後面哭著追她：「你不要去啊，你要去哪啊，你一個女孩子去怎麼辦啊！你不怕鬼也得怕人啦，萬一被人強暴怎麼辦啊！」

媽媽當然追不上她，她在晚上十點到達貓公部落，「哇，都在跳舞！」真的有個徹夜不眠的豐年祭。她覺得自己是學者，就拿著攝影機和錄音機一夜狂拍狂錄，發現全場老老少少，只有她一個女的，大家都看著她。早晨五點半，她就被提到人群中央接受「盤問」了。中央一張長凳放著三大碗米酒，本來是給部落青年喝，兩個彪形大漢把她提起來，雙腳懸空，押到長凳前，她這才怕了。

「你是誰？」老人家用阿美語問。

「我是北邊的阿美族的小孩。」她用國語答。

「你叫什麼名字？」

「我叫林桂枝。」

「你是漢人嗎？外省人嗎？怎麼叫這個名字？你再講一次叫什麼名字。」

這次她用台語答：「林桂枝。」

老人家說：「你不是阿美族小孩，你怎麼一直講別的名字，你媽怎麼叫你？」

「我媽叫我 Kiku（桂子）。」她老實回答。

老人家聽不下去了。因為在傳統的場域，無形的靈都是聽族語的，沒有族語的名字怎麼行？「那這樣好了，」老人家說，「我看你神似我家裡一個叫巴奈的老人，叫你巴奈可以嗎？」她就這樣獲得了巴奈的名字。回到家她就告訴媽媽，說山上的老人家給我取名字叫巴奈，可不可以？媽媽說，可以，姑婆就叫巴奈。再加上她父親的名字母路，作為阿美族的巴奈・母路才眞正誕生了。

不過，即便獲得了新的名字，她還是沒能徹底扭轉對部落的印象，直到接觸了Sikawasay的祭師文化。她愛和老祭師們在一起，看她們的臉，聽她們唱歌，哪怕是講最低俗的笑話，都覺得很有魅力。

就算是郊遊，祭師們也隨身攜帶米酒和杯子，如果感應到這段路上有認識的靈群，就會下車祭祀。阿美族的米酒，禮敬無形的靈者，山裡的、海裡的、大自然的、隨處的……她從來沒有發現自己的民族這樣美麗。

「從來沒有人可以這樣，用靈魂的方式去活。」她覺得自己看到了一個民族很細緻的、不為人知的部分，然後也慢慢地，開始看到自己。

她決定真的改名字，改身分證上的名字，還逼著自己太魯閣族的丈夫也去改回族語名字。她焦急地表達對自身文化遲來的認同，拋棄漢名，「我不知道我為什麼姓林。」她要做一個眞正的原住民。從此，花蓮吉安的薄薄部落，再沒有林桂枝，只有巴奈・母路。

拋掉宗教與學術，選擇「靈的世界」

在貓公部落獲得了名字的那一天，二十三歲的巴奈・母路在人群中央喝下長凳上的三碗米酒，開始不能自控地大哭。那個賜她名字的老人家說，你是女孩子，今天不該出現在這裡。她誤入的是豐年祭的第一晚，阿美族的男人在黑夜中體會母親子宮裡的黑暗，直到泛白的太陽出來，像是初生嬰兒見到母親的臉，大家便歡唱：「太陽媽媽！」女性是媽媽，是太陽，怎麼可以和男性一起出現在黑夜呢？

她回憶自己的哭，覺得是因為靈魂首次與祖靈相遇，誤入了神靈的禁區。做田野調查的時候，她就常夢見已故的祭師們。「在夢裡，有人一直唱，床邊有一堆人跳舞，床的地板都『咚咚咚』，也不知道是醒的還是夢的，半夢半醒。」第二天，她找老祭師解夢，對方不敢明言，只說：「妳最好少夢這些。」

那時候只有大祭師Kamaya最早認定巴奈・母路會成為祭師。那是在二十年前，巴奈・母路抱著她的小嬰兒，帶著奶媽一起去看Sikawasay，做田野調查，大祭師突然對她說：「來來來，進來，衣服脫掉，穿這個（祭師的）衣服。」

她雖然心中有疑惑，還是順從穿上了。直到二〇一三年，Kamaya大祭師去世，其他的祭師們才告訴她：「我們早就知道，她那個時候就想讓你慢慢留下來。」

成為Sikawasay是一件很辛苦的事。絕大多數的Sikawasay都是因為自己或家族有人生病，才不得不履行天職。「神靈喜歡你，才使你生病，要你把靈魂交給祂牽制。」Sikawasay沒有收入，一年三百六十五天不能拒絕部落的任何儀式請求，終生禁食雞、蔥、蒜、羊、狐、兔。儀式期間禁食蔬菜和魚類，且不能與異性互動，不碰生水，不可遠遊。

巴奈．母路雖然研究Sikawasay多年，但真要成為「全職」的Sikawasay，她從一開始就是抗拒的。更何況她出生在基督教家庭，信仰上的拉扯讓她很痛苦。「一邊是我親愛的爸爸媽媽，一邊是我親愛的族人。」她掙扎，也被家族質疑。家人說，Sikawasay是偶像崇拜，神靈一百多個，都是偶像，所以Sikawasay是魔鬼。家族中還有多位牧師，無不反對她和Sikawasay接觸。

多年來，爸媽總幫她解釋，說她只是去做紀錄研究。但家族中暗流洶湧。她在家族中的地位也一落千丈。小學三年級，她從單手伴奏開始一直在教會司琴，直到大學畢業，曾是人見人愛的「天使」。可是越接近Sikawasay，家族的人就越是罵她「魔鬼」，「看到我就跟瘟疫一樣跑掉，閃開，眼神都很不友善。」

和基督教不同，Sikawasay的信仰是泛靈信仰，老祭師說，多一個耶穌也可以祭啊，多一個神靈，有什麼不好呢？在困惑中，巴奈．母路又問自己的外婆，才知道原來外婆的母親也曾是部落中很厲害的大祭師，只是從外婆這一輩起，家族才改信了基督教。

她開始慢慢與自己和解，明白泛靈信仰是所有的靈去關照你這個人的靈，而基督教則是從耶穌的靈才看得到所有的東西，本質上都是同一件事。

「哪個宗教都一樣，處理的都是靈的事。沒有一個宗教會讓有靈魂的人與有靈魂的人不和，是不是？」她稱這個決定性時刻為，自己對靈的概念「通了」。從此她再沒有阻礙，可以放下心來，去成為Sikawasay。

剛開始做Sikawasay的田野調查時，她又讀碩士，又讀博士，寫了許多文章，到處出席發表會，是為了成為原住民裡的知識分子，記錄和保存部落文化，做有文化使命感的學者。成為Sikawasay以後，她把這些都放下了。

「我不太喜歡『學者』這個詞。」她說。「我文章寫得很不好，不按學術規格，又很多阿美族的文法。要命，我一個沒有文字的民族，你跟我要求這個我還眞無奈。那些規格與我何干呢？」

她被不止一個老師催促，說你做了那麼多「浪漫的田野」，卻不整理成論述。那就寫吧，她把儀式中的每一個動作和聲音代表的含義都寫下來，「可是人家還覺得我囉嗦呢，他就覺得，你的文字在搞什麼？他們要的是理論、論述，可我希望寫這些對你的靈和生活有用的東西。」

既然如此，她索性放下了，只做「一個原住民小孩對老人家交的功課」，就是做儀式。她慢慢回到非學者的狀態，她也想和老祭師們一樣，過一種充滿儀式的美好生活。「我可以不再談學術，可是我一定要做儀式。」她說。

從田野調查開始，直到完全改變了自己的生命路徑，她找到了「安置自己靈魂的生活方式」。成為Sikawasay的決定，「與世界無關，跟我自己有關，跟我的生命有關，跟我的靈魂有關。」兩年前，她正式成為一名祭師，靈名Sarakataw，來自於曾囚禁她靈魂的神靈，「走路之神」。

不得不上路

靈的世界雖然美好，但成為Sikawasay的人都有些「不得不」。因為成為Sikawasay，往往是從生病開始，中西醫都無法醫治的怪病。老祭師們每個都有生屬靈的病的經歷，祭齡最長的Sera，更是從三歲開始就因病成為祭師。

巴奈．母路的病也持續了十多年，是奇怪的頭暈之症，總會莫名其妙地暈過去。送到醫院，既不是偏頭痛，也不是低血糖，全身檢查都沒事，她丈夫是西醫，也診斷不出來。到二〇一四年，她在短短半年當中連續遭遇兩次車禍，大難不死，老祭師說她不可再拒絕神靈的意思。

過去三年中，她經歷了mipuhpuh（祛病式）、patebu（尋靈式）和misapangcah（殺豬式），才得以成為最初級的祭師。在尋靈式中，老祭師們發現她的靈魂被Sarakataw（走路之神）囚禁，於是請神靈接納巴奈．母路做神靈的孩子，以換取她的靈魂回到軀殼。神靈答應了，Sarakataw就成為她的靈名。

不少老祭師都會說，她們一生都在抗拒成為Sikawasay。「神靈愛我，要我去。我只有去。」巴奈．母路也這樣說。「我們是不得不上路的，有一點天命。」

里漏部落現在的祭師團隊中，九十歲的Epah最為年長，在她年輕時，部落中曾有四十多位祭師，有男有女，有老有少。而在巴奈．母路剛剛接觸Sikawasay的二十世紀八、九〇年代，祭師只剩下三十多位，再到二〇一二年，已經不足十位。

「我曾經目睹過部落每一張老人的臉，就像神一樣。」巴奈．母路說。阿美語中，祖靈叫tu'as，和老人matu'asay同義，老人就是「將成為祖靈的人」。只要儀式中一唱歌，巴奈．母路的眼前就全是這些老人的臉。

老祭師們相繼去世，直到今年剩下六個。她還記得和老祭師們一起到曠野做儀式，悼念已故的祭師。大家開始唸悼詞，各報姓名，說我們來祭你了。曠野的風太大，巴奈．母路差點站不穩，其中一位老祭師就說：「等我們都死了，就只有一個連風都擋不住的瘦排骨巴奈，來祭我們所有的人。」

「完了，我立刻飆淚，那個眼淚是永恆的。」巴奈．母路說。「這太傷了，你知道前面的人都要走，你知道後面可能都沒人，可你知道你永遠在。那個感覺是非常非常……」她難過得說不下去。

為什麼是我？她問。這是她的不得不，可也讓她重新找回阿美族存在的方式。她要披上跟老人們一樣的東西，從這些已故的阿嬤、阿公永恆的愛當中，去累積出她現在的樣子。「我是阿美族的小孩，我是Sikawasay的小孩，我是非常飽滿的。」

老人們的不斷故去，也讓她幾次萌生給老人留下影像的念頭。就在大祭師Kamaya去世的前一年，巴奈．母路在東華大學認識了電影《賽德克．巴萊》的助理導演楊鈞凱，三年後，楊鈞凱得知巴奈．母路自己也要進去祭師團體，答應補她原來的位子，站在外圍拍攝儀式。紀錄片問世，是第七屆台灣國際民族誌影展的閉幕影片，就叫《不得不上路》。

影像留下了，可里漏部落的Sikawasay會不會後繼無人，還是未知數。巴奈．母路曾為此焦慮多年，現在看開了。「就這樣。」她說。老祭師們也說：「就這樣。沒了就沒了。」她們甚至還對巴奈．母路開玩笑，說我們都死了，你就再回去信你的耶穌啊。巴奈．母路又氣又笑。

颱風逼近，花蓮下起小雨。談了一整晚，巴奈．母路有些渴了，水遞上，她吞下一口說：「應該給我酒。」黑色祭師服上沾滿儀式殘留的米酒香氣，酒是她們的路。「有靈魂的人和有靈魂的人在一起，就要喝酒。」

過幾日她就要去海邊做最後的儀式。二十多年前，還叫林桂枝的她也是這樣穿過里漏部落去海邊，可是全然不知靈的事。她笑當年的自己，也笑他人：「何其美好的靈，讓你知道什麼叫永恆，人活著卻把這個都擺在一邊。」

「其實如果現在死我很開心，因為我覺得這個世界不值得活。人那麼壞，空氣那麼髒，世界那麼亂，對不對？各懷鬼胎，不美麗，不可愛，不永恆，都在說人的事情，我覺得快窒息了。」

那什麼才美麗、可愛、永恆？她眼睛很亮，說：「靈。沒有靈魂的人看不懂一朵花。你有了以後，你就覺得你永遠不寂寞。」

3、回到蘭嶼，
一個達悟女人的兩種生活

2017年11月24日，寫於蘭嶼

Sinan Yongala，你到底是誰？

從大島返回小島二十一年了，她每一日的生活，都是為了更好地回答這個問題。Sinan Yongala，是蘭嶼達悟族東清部落的一個母親、妻子和女兒，Sinan意為母親，Yongala是她長子的名字。漢人改變達悟人的命名方式，將戶籍制度植入她的家族，命這家族的親生兄弟一個姓黃，一個姓謝，姓謝的是她的爺爺，她就被取名叫謝福美。

「大島」是蘭嶼人對台灣本島的稱呼。在大島的漢人於二十世紀進入小島之前，這個距離台東九十公里、離菲律賓巴丹群島九十九公里的蘭嶼島上，達悟人依海而居，男人潛水射魚，女人上山耕種，從不曾想過「大島」的事。

那時，達悟語吟唱的古老歌謠中，勸人不必急著出門，唱的是：「難道你要去巴丹島嗎？」但到了Sinan Yongala父母的年代，老人的吟唱變成了：「你們幾時才會回到家鄉？……那個台北，是你們不斷回去的地方。」

現在沒什麼人叫她Sinan Yongala了。大家都叫她謝福美，是那個「住在××民宿後面」、「蘭嶼第二家7－11旁邊走上去的」，那個拍紀錄片的福美。貨幣經濟、觀光業、連鎖企業和來自都會的漢人不斷進入她的島嶼，也勾起年輕人對大島的無限憧憬。

「好想出去，去外面闖一闖看一看。」當年十八歲的謝福美，就這樣自然地走上了幾乎每個蘭嶼年輕人都不可避免的道路，可是三年後回到原鄉，卻差點成為精神上的異鄉人。

去大島

謝福美出生的東清部落，正對清晨海上的第一道陽光，可是也和其他五個部落一樣，留不住年輕人。這裡年輕人的生活路徑可以這樣概括：「國中高中畢業以後，如果沒有繼續升學的話，一定是去台灣工作。」

她自己也一樣。在島上讀完高中，她的家庭無法負擔她出去繼續讀書，成功大學在蘭嶼的高職分班「成功商水」是蘭嶼的最高學府，也成了她繼續就學的唯一選擇。她讀的是水產系，「因為當時只有水產系。」那麼就讀吧。

「有總比沒有好，有個文憑，總比只讀到國中要好找工作。」她心想。畢業之後，她便迫不及待地和幾個同鄉朋友一起到大島去找工作。

年輕人離開小島，留在蘭嶼的多是老人和小孩。這種情況在冬天尤為明顯。夏天，觀光客湧入蘭嶼，給島上的民宿、餐廳、潛水店帶來生意，也給打零工的達悟族年輕人帶來工作。但每年雙十節之後，東北季風開始吹襲蘭嶼，天氣變得極不穩定，風大浪大，飛機與船班頻次大減，觀光客離開，也帶走夏季的工作機會，直到下一年四月。台東縣去年底（二〇一六年）的人口統計數據顯示，島上四千兩百七十六個現住的原住民中，只有百分之三十五是二十歲到四十歲之間的青壯年勞動力。年輕人都去哪兒了？

台中和台北，是蘭嶼外出打工的年輕人最集中的地方。幾十年外出打工，蘭嶼人逐漸聚集在台中的潭子、豐原、大雅、神崗，和台北的板橋、三重。女孩子大多做服務業，餐廳、超商、小店鋪，也有的進工廠，例如鞋廠、紡織廠。男孩子則大多進入建築業和製造業，做綁木工、綁鋼筋工、零件加工和修理。

謝福美就在台中的頂好超市謀得了一份收銀員的工作。可是在大島闖蕩比想像中辛苦太多。學歷限制了她能選擇的工作，辛苦，賺得又不多。早班五點多就要在公司等卸貨，然後出勞力搬很重的貨物，擺上貨架，再做一天的收銀，下班時間也不一定。工作換來的，是一個月一萬多新台幣的薪水，她和幾個蘭嶼人合租，每個月一共要付八、九千的租金，還要花吃飯和交通的錢。

在出去之前，她的大哥就勸她要去同鄉聚集的地方，好有人照應，她聽了。原因是「怕」。怕什麼呢？她說：「在那邊和人家也不熟，我們又是鄉下來的。」而和偏鄉去都會打工的漢人相比，他們的達悟族面孔又給他們帶來加倍的困難。

「我們的自信心會比一般人不夠。」謝福美說：「也有很多年輕人不願意承認自己是原住民，特別是在原住民很容易被歧視的年代。」

被外地來蘭嶼的人歧視和欺壓，曾是不少蘭嶼人的共同記憶。謝福美記得，自己很小的時候就聽媽媽講，那時候媽媽在蘭嶼讀國小，只有上午教一下很簡單的漢語拼音，其餘時間每天都要抓「野味」給老師做午餐，還要被老師趕著上山砍柴。那是在二十世紀五、六〇年代，剛剛從日本政府手中接過蘭嶼的中華民國政府，把蘭嶼用來放逐犯錯的軍人、老師、警察和公務員。在朗島部落經營民宿的達悟男人，也還記得小時候被籍貫山東的老師大罵：「再講鬼話老子就斃了你！」「鬼話」，指的是達悟族的語言。謝福美母親的回憶也是，「那時的老師都很壞，會打人，很兇。」謝福美說：「那時島上的人很單純，外面來的人有拿槍的，還有犯人。你不知道他們要幹嘛啊，怕被打，就只好很聽話。」

達悟族不是唯一被這樣對待的原住民族。一直到了謝福美離開蘭嶼，到大島打工的一九九三年，原住民還被叫作「山胞」，比「山胞」更難聽的歧視性稱呼，還有「山地人」和閩南語「番仔」。一年後，始自一九八四年的原住民族正名運動才終於爭取到修憲，「山胞」被修正為「原住民」，但歧視並沒有隨著法律條文的改變而一夕消失。

這一年，已在大島打過不知多少底層零工的達悟族作家夏曼．藍波安已經完成大學學位，回到蘭嶼另一端的紅頭部落，決心要把漢人在一九八二年塞到蘭嶼的核廢料遷出去。而他同在大島打工回來的妻子則是勇敢的達悟女性，出身漁人部落的她在台北的工廠曾為同鄉出頭，喝斥工頭：「她和我們是一樣的人，你不要欺負她！」

用夏曼．藍波安的說法，這樣的環境，讓在大島謀生的蘭嶼人「需要很多的心理調適」。更何況達悟族是台灣原住民族中唯一的海洋民族，屬巴丹語群，和大島原住民在脈絡上又不相同，更難以融入。到謝福美這一輩，情況稍微好轉，但她說，年輕人還是會「心態複雜」。

而日復一日的勞力工作，不僅重複，也讓謝福美看不到自己的價值。她開始想念自己高中時的愛好：「我喜歡寫東西。」她的漢語讀寫都還不錯。在台中轉眼三年，當年那個興沖沖離開小島的少女開始想得比較多。她說：「做服務業不是我的初衷。」換了幾份工作，也都差不多。「我的出路在哪裡？」

就在此時，一九九六年，一通電話讓她回到了蘭嶼。她卻沒想到這一回去，就是二十一年。

回小島

給謝福美打電話的，是蘭嶼第一個本地基金會——蘭恩文教基金會的創辦人林茂安。林茂安出身高雄，以社工身分服務蘭嶼二十一年，他邀請謝福美到蘭恩文教基金會旗下的《蘭嶼雙週刊》工作。《蘭嶼雙週刊》是小島第一份本地報刊，一九八五年創刊，至今仍在發行，最初的服務對象正是在台灣工作的蘭嶼年輕人，定點寄送，一解鄉愁。

在網路甚至是電話都不普及的年代，雙週刊成了小島家人和大島遊子的重要溝通管道。父母會透過雙週刊給孩子留言，最受歡迎的是謝福美負責的「鄉訊」欄目，「比如這個部落哪一家生小孩、大屋落成、大船下水。」她也常常需要拿一個小ＤＶ機，去拍攝島上的各種歲時祭儀和大小活動、比賽，拿回基金會做紀錄。

搬出了在台中合租的房子，回到東清部落，她圓了自己寫東西的夙願，每天迎著海面升起的旭日騎車到美麗的八代灣，在雙週刊的辦公室體面地上班。日子平靜，事業有了出路，可她卻看到越來越多的危機。

「交通、醫療、文化。傳統技藝、祭典儀式、族語傳承。外來的東西一直不斷進入小島，每個領域都在改變。」這是她從前看不到的事。在大島闖蕩後，這份扎根部落的工作推著她慢慢看回自身。

比照作為他者的大島，她看到了自己的島嶼。

多年後回想，她覺得回來是一件幸運的事。「也許我沒有到雙週刊工作的話，就跟很多在外面工作的年輕人一樣，沒有意識到蘭嶼的文化是這麼重要。」

她看到這文化不僅重要，且正在逝去。和她同輩的人當中，已經有不少人和她一樣，只能說少許的族語。她反思自己從小接受完全漢化的教育，環境變化，講國語變得越來越自然，講族語則越來越生硬，父母和孩子在家中對話，也是一半族語一半國語。「有時候我心裡想的是要講族語，可是嘴巴一講出來就很自然、很直接的是中文。」更有些年輕人，只聽得懂幾個族語單字而已。

而達悟傳統的捕魚造舟，也越來越少人從事。在貨幣經濟進入蘭嶼之前，達悟族評判一個家族在部落中的地位，是看男人捕魚的多少、造舟的水準，以及女人種植芋頭的多少。可是逐漸地，能用錢買到的機動船取代了親手打造的拼板舟，外來的大米和麵食取代了本地芋頭所供給的澱粉，貨船運來的豐富肉蛋類取代了飛魚、鬼頭刀和浪人鰺所供給的蛋白質。觀光業興起，留在島上的蘭嶼人靠開民宿、餐廳、紀念品商店，以及帶浮潛、環島夜間觀賞來賺錢，或是進入公部門，例如鄉公所、衛生所、郵局、警察局、天文台工作。蘭嶼人似乎不需要再過傳統的部落生活，也可以活下去了。或者說，再靠單純的捕魚造舟種芋頭，已經沒有辦法滿足現代生活對金錢的需求了。

謝福美這才意識到自己原生家庭的珍貴。她是幸運的，她的家族是東清部落僅剩的幾個家族漁團之一，父親親手打造過拼板舟，熟稔達悟族的夜曆與儀式，也會親身下海捕魚。母親至今在芋頭田裡面耕耘，會挖陸蟹，會做芋頭糕。她想起自己小的時候，除了上學之外，每天都跟著媽媽上山，料理芋頭田。「以前的生活很單純，沒有網路和電話，連電視都只有一、兩家開雜貨店的有黑白的。」可她有天賜的遊樂場，「小孩子放學就是山上，海邊，海邊，山上。」

就是因為有這樣的家庭環境，她才知道從前的部落生活是什麼樣。她開始訪談自己的父母，一次又一次，努力地想為小島的文化做保存。她知道自己的年紀太輕，很多部落生活已經沒有辦法參與，但「總比什麼都不做要好」。

「你的文化到底是什麼？如果沒有文化做根基，你怎麼去跟人家講你的東西？你對自己的文化都不夠了解，你要怎麼讓人家知道你到底是誰？」謝福美瞪大了眼睛，語氣前所未有的強烈。「如果人家問我的時候，一問三不知，我會覺得很慚愧啊。」

這種強烈的自我詰問，促使她把自己的家庭拍成了一部又一部紀錄片。九年前，《蘭嶼雙週刊》給了她一個機會，去原住民族電視台做數位影音培訓，她留職停薪半年，到台北學習紀錄片的拍攝和剪接。在結訓作業中，她記錄了家族漁團五十年一遇的十人大船造舟過程。這也是她的第一部紀錄片，她取名為《男人的海洋，女人的水芋田》。

男人的海洋，女人的水芋田

「我是海，我是島嶼，我是人。」這是原住民樂舞團體「原舞者」在二〇一六年的演出《Maataw 浮島》中，描述蘭嶼的話。達悟文化中，海洋由男人主導，陸地的工作則交給女性，部落的家庭分工才令島嶼完整。

對男人來說，與海相處的方式，除了潛水射魚之外，還藉助重要的出海工具，拼板舟。拼板舟又分為十人大船、小船、有雕刻和未雕刻的等等，以十人大船的地位最高。紀錄片拍攝時，謝福美年近七十的父親透露心願，要在晚年尚有體力的時候，做一艘屬於自己家族的十人大船。

一艘十人大船，需要由至少五種木材打造的二十七塊板子拼接而成，不用釘子，是為拼板舟。五種木材包括 a ci yi（龍眼樹）、i tap（欖仁樹）、mozgi（麵包樹）、kolitan（台灣膠木）和 poro（蘭嶼赤楠）。所有木材都由家族男性上山砍伐、切割成型，再組裝、雕刻、上色，工程浩大而漫長。那一年，她的家族中有六個直系親屬家庭參與了造舟。

女人的工作也很繁重，謝福美跟著母親一起，從男人上山取材的第一天起，直到大船下水儀式完成，在三、四個月中每天都為家族的男人準備食物。「中午一定要有，如果男人工作到傍晚，也要給他們準備晚上的食物。」在沒有外來食物的年代，這些食物就是女人種植的芋頭。

下水儀式前幾天，謝福美的母親穿上傳統盛裝，到水芋田把成熟的芋頭一顆一顆挖出來，洗乾淨，在儀式上堆滿了大船內外，是對大船最好的祝福。父親則帶領家族的男人抬起大船，舉行盛大的拋船儀式，直到護送大船下水，帶回第一筆漁獲。

紀錄片《男人的海洋，女人的水芋田》拍完八年後，謝福美的父親去世。這段為文化保存而記錄的影像，也成了她懷念父親的方式。

她之後的紀錄片中，越來越多地出現自己的身影。她拍攝母親作為達悟女人的傳統部落生活，自己也眞的開始學習和思考，如何成為一個眞正的達悟女人。

在紀錄片《男人不知道的事》中，她拍攝母親和女性長輩怎樣上山挖陸蟹、製作芋頭糕，最後自己也穿起雨鞋、戴起草帽，趴在地上挖起陸蟹來，拍攝者變成了還不太會使用攝影機的母親。《另一個家》則記錄她自己成為兩個孩子的媽媽 Sinan Yongala 之後的部落生活。

二〇〇九年，她和同屬東清部落的丈夫結婚，隨後生下一男一女。這時母親告訴她，在達悟族傳統裡，兩個單身男女決定共組家庭之後，必須離開原生家庭，在附近找一塊地，蓋屬於自己的房子，開墾屬於夫妻自己的水芋田，這才能叫作成立了 matarek so vahey（另一個家）。男人要開始練習造舟，造完以後就要下水捕魚，女人種植芋頭，也要學習達悟的傳統織布技藝，製作衣服。

讓她印象最深的，是這一句：「我媽媽那時候說，既然你們已經組織家庭了，不可能每次傳統祭儀的時候，都要爸爸媽媽拿芋頭給你。」謝福美意識到這是一個很重要的問題。「因為你已經是一個個體，一個單位，一個家庭，總不能每次都伸手跟媽媽要，你是沒有手沒有腳嗎？」

就是這一句，讓她在四十多歲的年紀，和丈夫背上鋤頭，帶上攝影機和三腳架，到深山裡一邊開墾，一邊互相拍攝。「噢！那個過程。」她現在想起，仍然苦笑著搖頭歎氣。把一塊荒地變成水芋田，需要用手拔除土地所有的雜草，用泥土圍出田埂，再引山水到田裡灌溉。從第一天開墾到種下第一顆芋頭苗，從沒有做過農活的夫妻倆花了將近兩個月的時間。

開墾之後，種植和護育就是女人的工作了。可芋頭苗從哪裡來呢？還是要去找媽媽。蘭嶼的芋頭苗算一算也有七、八種，媽媽告訴謝福美，黑色莖的芋頭苗果肉最好，要種在邊邊，才不容易被風吹倒。種下之後，三不五時就要去除雜草、看水流、捉蛀蟲，直到一年多以後芋頭才能收成。

部落女人不易做，謝福美拍了那麼多年，可第一次感受如此之深。「真是自己試過才知道。」

可辛苦還沒有結束。好不容易種下的芋頭，本以為可以在飛魚祭前幾個月收成，卻遭遇了不速之客山豬。山豬聞到芋頭果實的香味，從鐵絲網下面鑽進田裡偷吃。「結果整個芋頭田被山豬夷為平地！我跟媽媽當下就直接大哭！媽媽說，怎麼辦啊，你們好可憐，你們第一次！」

她自己還留存一線希望，「我想說底下應該還有幾顆剩的，結果一顆都沒有！」可是哭完傷心完，芋頭還是要繼續種。「這就是部落的生活啊。在早期，沒有芋頭就沒有東西吃，必須要種。」幾個月後，她去補種芋頭，但已經趕不上那一年的飛魚祭了，只能為明年努力。

怎麼辦呢？我們的未來

儘管謝福美非常努力地記錄和保存島嶼的文化，身體力行去記住屬於達悟女人的農耕智慧，可是那終究無法成為她全部的生活。今天的蘭嶼人已經不能再忽視貨幣價值。她很坦白，也很苦澀。「現在住在部落很辛苦的一點是，你總是要想著錢的事，忙著賺錢。」

為了照顧家中兩個年幼的孩子，她在二〇一一年辭去工作，離開了《蘭嶼雙週刊》。但造舟、捕魚、種芋頭，並不能帶來經濟收入。現在家中主要的經濟來源，是丈夫從事觀光業，她則時不時接一些關於蘭嶼的短片和紀錄片拍攝專案，補貼家用。

什麼都要錢。孩子未來讀書，也一定需要錢。開墾第一塊水芋田時，丈夫常常要分心，花時間帶遊客來賺錢。原本只能由本族男性觸摸和使用的拼板舟，讓女遊客體驗一次就可賺到幾百新台幣。帶遊客浮潛一次的收入，可能比抓一夏天的魚都要多。7－11販售的外來食物養刁了小朋友的嘴，傳統的芋頭糕不加點外來的白砂糖，也有人吃不慣了，但在7－11工作的收銀員，又何嘗不是迫於生計的年輕族人？既要在現代生活中謀得生存，又參與真正的部落生活，怎麼可能是件容易的事呢？哪種生活是該拋棄的呢？

金錢總與傳統的部落生活尤其是歲時祭儀產生衝突。每年二月到十月的漫長飛魚祭，從大島回來參加的年輕人也越來越少。她感覺到這一代已經喪失了許多祭儀的知識，過程簡化，甚至擔心祭儀可能會消失。

她為此感到焦慮。「這很危險，我很難去想像今後會有怎樣的文化斷層。時間過得那麼快，哪一天老人就離開，是說不準的。」

從她十八歲離開蘭嶼到大島去打工，至今已過了二十四年，可蘭嶼的年輕人在高中畢業之後，仍然要面對同一個選擇：留在島上，還是去台灣？如果留在島上，也許有機會參與真正的部落生活，但能否維持穩定的收入？如果去台灣，有機會讀大學的話，讀完還捨得回到部落嗎？如果沒有機會讀大學，又是否只能永遠做底層的打工族？

怎麼辦呢？我們的未來。

就像達悟族作家夏曼．藍波安在小說《安洛米恩之死》中的話，「必須學好華語漢字，在台灣求職謀生才有競爭力。」安洛米恩的大哥無法適應大島的生活，在自殺前，這樣提醒弟弟。小說接著寫道：「然而，年少輕狂的他不認為如此……只要下海抓魚，其他的瑣事好像都不存在似的。怎麼辦呢？我們的未來。」

她也開始為自己的兩個孩子思考這個問題。沒有讀到大學的她，還是希望能賺到足夠的錢，讓孩子去大島讀大學。讀大學，自然要學好國語，可她又想在家和孩子多說族語，希望能兩不誤。

「這是蘭嶼每一個家庭，每一個孩子都一定會面臨的問題。」

剛剛過去的十月，謝福美忙著給原住民族委員會提交最新的紀錄片製作計劃，她要拍攝蘭嶼即將消亡的小米文化。達悟人在不同祭儀中給小米賦予了至少二十種功能，其中已經消失的一項，就是在飛魚祭中的祝福祭，東清部落的達悟女人要以煮熟的小米點在水源地的石子上，祝福芋頭田與家中的孩子。而東清部落只剩一、兩戶人家還在種植小米，包括她的媽媽。

片名暫定為《小米的祝福》，謝福美打算請母親帶著自己和女兒，去自己開墾的芋頭田上，重新做一次這已經消失了四、五十年的古老儀式。

在現代性危機下，回到蘭嶼，並不等於回歸了原鄉。你有多認識你的家？她和幾代蘭嶼人一樣，差一點就喪失了對自己文化的親密感。為了不成為身在原鄉的「異鄉人」，她作為謝福美和Sinan Yongala的兩種生活，都在繼續。

4、飛屋環遊記

2018年6月18日，寫於上海、金華、杭州江南，自古富庶之地，古時向皇家奉上魚米、絲綢、龍井；到現代，則擁有一年批量產出二百二十七部電視劇的橫店影視城，每天批發超過百萬種小商品的義烏國際商貿城。但鮮有人知的是，從上個世紀末起，與橫店、義烏同樣轄屬於浙江省金華市的縣城東陽，興起了一種充滿爭議的批發產業：明清古宅批發。

東陽木雕，居於中國四大木雕之首，作品收入北京故宮與人民大會堂。巧手的工匠形成世家，代代精於木結構榫卯工藝，也為古建築的拆除、變賣和遷移，提供了足夠的人手。以東陽所在的浙江省為中心，周邊的安徽、江西、福建、上海、江蘇，乃至於黃河以北的山西，都在過去二十年裡輸出了大量的明清古宅。而聚集了能工巧匠的東陽，就順理成章地成為了這些古宅尋找賣家的中轉地與批發市場。

古建築都能批發，因為「在中國，這樣的老房子實在太多了」。中國收藏最多古建築的企業之一秦森企業告訴我。僅浙江一省，木結構、粉磚黛瓦的江南古建築，列入全國重點文物保護單位的就有一百二十二處，省級重點文物保護單位則有五百零一處。儘管國有文物不能買賣，但還有大量被文物部門認為做工不夠精細、歷史價值不夠高，或是藏於偏鄉深谷而未被發掘的明清古宅，根本沒有被納入文物評級，數量巨大，難以統計。

但房子不是古玩字畫、花瓶，要怎麼搬到東陽，買家付了錢，又怎麼帶走？

巧匠能搭，就一樣能拆。「古人也許知道我們會拆會搬，所以做了活動的榫卯結構，就像樂高（LEGO）一樣。」收藏古宅十三年的商人柯海廷笑言，「所以我叫它『可移動房產』。」但古鎮保育界泰斗、學者阮儀三說，這與傳統古建築保護的原則已經大相徑庭。

買下六百座明清古宅的中國商人

紹興會稽山，是王羲之寫下〈蘭亭集序〉的地方。如今，這座山中最多人光顧的地方，是一座名為「蘭亭安麓」的高級酒店。占地九點二公頃，八十八間客房及別墅藏在山谷之中，配以雪茄吧、泳池、太極館、水療等奢侈享受，大部分客房都配備十萬元人民幣一張的歐式大床，住一晚的價格在一千九百到五千八百元人民幣之間。但這些都不是這間高級酒店的最大賣點，它的噱頭在於，酒店的每一棟建築都是由安徽的徽州移建過來的明清徽派古宅。

這些古宅的主人，是「蘭亭安麓」的業主方秦森企業總裁，秦同千。三十年前，在幾萬塊錢就能買到一棟老房子的年代，他就開始買下全國各地的古宅，至今收入六百多座，拆成「樂高」之後，擺放在上萬平米的倉庫之中。

除了蘭亭安麓之外，秦森企業和酒店管理企業安麓合作的另一間上海朱家角安麓，也大量使用了秦同千的個人收藏。即使這樣，這也只用去了他六百多座收藏中的不到一百座。

他手中的這些古宅，最早建於明代，一些古宅的石製構件則可以追溯到宋元。秦森企業的副總裁郁萍回憶，自己當年陪著秦同千跟隨「踩地皮」的人，開車好幾個小時到安徽、江西的偏鄉去看古宅。「當時這種事情是非常多的，我們一天可以看到非常多的房子，幾十棟。當地有那種踩地皮的人，他就跟你匯報，有多少多少可以看，要拆了，你們要來看嗎？」二、三十年前，許多村落的對外交通狀況還非常差。「很難到達的，都是那種很窄的路，拐拐拐，你根本就不知道是什麼村。」郁萍說，「如果不是有人帶著去，你是絕對到不了那個地方的，我都不敢相信那地方還住著人啊。」

最初的時候，他們常常從東陽帶幾個懂建築的木雕師傅一起去看。房子值不值錢，要看雕刻，然後看木材的種類，是不是銀杏木、香樟木？再來看尺寸，越是大戶人家留下的老房子，尺寸就越大。看多了，他們自己也懂了，一眼就能看出房子品相好不好。「一般品相有百分之六十完整度的，我們就買了。」郁萍說。

踩地皮的負責報價，如果是村民集體擁有產權的老房子，那就要開村民大會，所有村民都簽好字，同意賣。買賣完畢，隨行的師傅就在古宅的每一個構件做上標記，畫下測繪圖，然後動手，拆。

大件的柱、樑、枋、斗栱，小件的椽頭、椽望、雀替、牛腿，還有階條石、垂帶、踏跺、下碱，乃至於殘存的瓦片，全部拆下，裝上大卡車，運到秦同千自己的倉庫。到了以後，哪幾個師傅拆的，就由哪幾個師傅來修，修好了所有的零部件，秦同千再找到合適的土地，讓師傅們把房子給重新搭起來。

在他與安麓合作的第一間酒店「上海朱家角安麓」，就有一座安徽拆來的大型明代宗祠，名為「五鳳樓」，相傳是「江南第一官廳」，也就是朝廷官員在家鄉修建，用來回鄉休假或辦公的場所。歇山式屋頂，五對狀似鳳凰的翼角豎在頂上，三進，兩天井，前面五個開間，後面七個開間，木材是銀杏、柏木、椿木、榧木。這間古宅由安徽買回，在秦同千的紹興倉庫裡修了整整五年，然後才運到上海朱家角，異地重建，作為這間安麓酒店的大堂和前廳。每天早上十點，酒店人員會帶領客人在這裡打太極，也常租給不同品牌做新品發布會，或是承辦中式婚禮。

擁有建築學博士學位的丁艷麗是秦森企業的古宅修復專家，她指出位於正中的一根直立冬瓜樑，上面用黑筆寫著：中進東二列後今柱向前今，還有一個數字七十二。她解釋說，這就是老房子拆下的時候，師傅們做的標記，意思就是，這根樑柱是中進的院子裡東邊第二列的後金柱，方向是朝前的，在所有一百六十九根冬瓜樑中，是第七十二根。這樣，再搭建的時候，師傅們就知道每一根樑應該放在哪裡了。

秦同千的倉庫裡，最高峰時曾招攬了兩百多名工匠，現在仍有幾十位。工匠的工作，除了拆和搭之外，還要為缺斤少兩的建築補上腐爛破碎的構件，比如一對雕花壞了其中一個，那就要照模樣雕刻一個新的，補上去。「我們也想以舊補舊，儘量用老木頭來做。」郁萍說，「但是大多數情況下都找不到，爛光了。」

當年幾萬塊就能買到的古建築，三十年間市價大漲，曾有人出千萬人民幣來買秦同千的一棟古宅。但秦森企業堅稱，秦同千從來只是買入，一棟也沒有賣出過。「秦總這三十年光是花在修復這些老房子上的錢，肯定已經過億了，絕對已經超過了這些老房子本身買入的價格。」郁萍說，「我們賺錢是靠周邊的房地產計劃，做收藏和做酒店都是不賺錢的。」所謂周邊的房地產計劃，是指環繞著這些古建築重建的地塊，成片成片的仿古新中式豪宅別墅。

中國收藏界人數眾多，古建築雖然是其中一個門檻較高的類別，但達到秦同千這種規模的，據郁萍說，也有四、五個。當然，六百多座的數量，還是讓他多年來穩居第一。

和他們合作開酒店的安麓，則是國際豪華連鎖酒店安縵（Aman）在中國的子公司。子母兩間公司都熱衷於用古宅建造酒店，上海的「養雲安縵」，移建古宅規模更勝過秦同千參與的安麓酒店，要價達到四千至三萬餘人民幣一晚。更有網路紅人試住過的私人宅院，八萬一晚，在網上引起激烈爭議，但也成功拉高了品牌熱度。

而不管是秦同千，還是安縵官網的宣傳，都有意識地強調自己並不是炒賣古建築的暴利商人，而是將自己定位為保護瀕危古建築、守護中國傳統文化的企業。「我們不是做古董販子的。」郁萍說，「秦總說他一旦賣了，哪怕賣個零件，他的行為就跟那些給他踩地皮的人一樣了，就是倒買倒賣。我們不做這種事。」

「踩地皮」致富的村莊

若將秦同千這樣的商人視為古建築產業鏈頂端的人，那他口中「踩地皮」的人，就是連接產業鏈兩端的重要角色。什麼是踩地皮？就是由熟悉村子狀況的當地人擔當的古建築買賣中介。

一位不願透露姓名的東陽收藏界人士告訴我，在東陽，有的村子整條村都是做踩地皮發家的，可謂是踩地皮致富的村莊。古鎮保育界泰斗阮儀三證實了這種現象。受訪時已經八十四歲的阮儀三是同濟大學建築與城市規劃學院教授、國家歷史文化名城研究中心主任，從三十多歲起奔走各地古鎮，反對盲目追求城市化，呼籲「刀下留城」，曾經保下平遙古鎮、周莊古鎮、烏鎮、西塘等上百個古鎮。

阮儀三說，炒買炒賣地皮的、拆下零件倒賣的，甚至是火燒古宅的，都大有人在。村民這麼做的原因，是一些老房子年久失修，而一代一代人口增長，住不下了，土地政策又不允許擴建，就有村民偷偷拆了老房子賣掉。「有些賣不掉的，就乾脆放把火燒了，說『我不當心失火啦』，那就可以在燒完的土地上蓋個四、五層樓的新房子了。」

這一點和郁萍的說法也很一致，她說自己曾對村民感歎：「這麼好的房子，為什麼要賣啊？」對方說：「要不你住住看？看舒不舒服？」年久失修、沒有廁所，這樣的老房子，當然是不舒服的。「所以他們都想住磚房，乾乾淨淨的，就跟我們說，趕緊把這房子拉走吧。」

村民之中，總有那有生意頭腦的，知道有錢人喜歡收藏老房子，又有村民想賣，中介生意就這樣做起來了。郁萍回憶自己接觸過的踩地皮的人，形容對方十分刁鑽，發現有房子可以賣之後，就先把一些牛腿、窗花等零件拆下來，賣給另外一批人。牛腿，指的是用來支撐屋簷的一種木雕構件。「等你去看房子的時候，就剩架子了，就剩柱子了，剩墩兒了。然後我們買完房子，還得配，還得去找另外那堆專門賣牛腿窗花的人，這個價格就是這樣翻上去了。」

她記得當年在東陽、安徽、江蘇都見到過賣老房子零件的鋪子，如今都已經沒有了。「踩地皮的人會有專門的點，把所有這些東西集中，放在一個院子裡，然後介紹你去看。」二十年前，一個牛腿可以賣到兩萬。「所以他們早就發了。」她搖著頭說，「他們比我們賺得多啊。」

踩地皮行業的興盛，到了二〇〇五年，陡然轉衰。這一年，《中華人民共和國文物保護法》在安徽省實行時，修正了其中關於不可移動文物的內容，即使是還沒有核定為文物保護單位的不可移動文物，也要由文物部門登記和保護，要拆或者移建，也必須經過政府審批。

新的地方修正法擋住了踩地皮行業的財路，大量踩地皮的人失業轉行，用賺到的錢做其他投資買賣。如今，也鮮少有人承認自己幹過這一行。

不過，踩地皮的沒有了，買賣卻還在繼續。一些早已被收藏界人士買下、已經拆了卻還沒來得及異地重建的古建築，仍然在市場上流通著。秦同千倉庫裡那五百多棟，就是這個類型，雖然他堅稱不賣。

但總有人沉不住氣，要轉手。古建收藏界有一些行話，比如價格，「一百」就是一百萬的意思，轉賣也不叫轉賣，叫「調劑」，意思是，大家都是收這個的，只不過是從我的手上調劑到了你的手上。

學國畫出身的商人柯海廷，就「調劑」過一些古建築。他是浙江寧波人，二〇〇五年，一位收藏石雕的朋友突然拿出一百多張古建築的照片，問他要不要，全都是浙江、福建、江西和安徽的明清古建築。那時候只要幾萬塊錢就可以買下一棟，後來慢慢漲價到幾十萬、幾百萬。至今，他手上流通進出，還有四十多棟，很可能會再賣掉一些。其中有民居、祠堂、官邸，在江西景德鎮、浙江東陽、上海寶山都有倉庫。其中的二十棟，他要拿來在杭州靈山的大嶺村，做一個園林茶室和民宿，再留一間做自己私人度假的會所。

和純收藏的人不一樣，柯海廷早年曾經承包過上海租界區的一些洋房修復工程，懂建築，有自己的團隊。今年，他就接下了阿里巴巴在杭州湖畔大學的一個工程，要用一些古建築零件來修復出幾個亭子，作為園景。他以自己拆建移建古建築的經歷為樣本，大推「活態建築」、「可移動房產」的概念，希望能從買賣古建築的商人轉型，也許，是走向秦同千那樣的路。

「掛羊頭，賣狗肉」

和秦同千一樣，柯海廷也有許多和村民打交道的小故事。他說，一次在浙北一個村落，村長和村支書透過朋友找到他，請他去看一個明清的戲台，他看了之後覺得拆了可惜，建議對方原地保留，哪知道兩個月後，戲台就被賣給別的商人了。

「我坦白講，我還真是不希望有這麼多哪裡房子要拆要賣的消息，原地保護多好。」柯海廷說。郁萍也是這個說法。「沒有文物評級的老房子太多了！根本就沒有人來修。」朱家角安麓酒店的一個清代大戲台，就是江西修高速公路時被拆下來的，因為沒有文物評級，當地沒有人能留著它。

郁萍列出了許多秦森企業是真的在保育古建築的證據。例如，「我們很認真地去修復和經營，哪怕再慢，五年也修好一個。」相反地，她認為那些「永遠立在那兒的」，就是在標價、開價，是為了轉賣，跟他們不一樣。

再例如，她請她的博士員工丁艷麗利用學界的聯繫，和上海交通大學、南京林業大學、北京林業大學都建立了合作研究關係，開放秦森企業的古建築收藏倉庫給學生做調研，成立聯合實驗室，用大學的儀器來鑑定古建築的年齡。

這究竟是真的用民間力量在做古建築保育呢，還是如阮儀三所說，只是一種商業上的巧辯呢？阮儀三很早就接到過秦森企業的邀請，去看過秦同千的古建築倉庫。他說，向他伸出橄欖枝，想要他幫忙背書的這些古建修復計劃，是非常多的。但他德高望重，八十幾歲的年紀，沒什麼批評不敢當面講。

阮儀三記得，安徽就曾經有一個市，政府出錢和企業家一起，移建了江西一整個村子的古建築，還請藝術家加盟改建，做成旅遊一條街，收門票賺錢。「我說，你這是贛式的街巷，和周圍徽派的建築不融合的，這就失去地方特色了。」對方一聽就不歡迎他了，他還繼續說：「江西是江西，安徽是安徽，每個地方都有地方特色，這是張冠李戴。」

他畢生都堅持古建築保護要遵循「五原」，原材料、原工藝、原式樣、原結構，還有所有這些移建的古宅都犯了大忌的最後一點：原址。秦森企業在他看來已經是相對好的，起碼做到了「四原」。但是拆建、移建古建築，就「遮蓋住了歷史」，讓古建築喪失了「可讀性」。

「生搬過來，就是商業行為，不是保護。」阮儀三說，說白了，他覺得這是「掛羊頭，賣狗肉」。

再進一步說，「國家有法例法規，你把老房子拆遷，是違章違法的，文物保護法也不允許你去重建，所以嚴格來講，這是違法行為。」不過，法律上的難題在於，許多被拆建的古建築，並不是文物，而各地例如徽州、蘇州雖有地方性的古建築保護條例，但全國範圍內卻沒有通行的版本，還是留下了可乘之機。

話沒有說絕，阮儀三還是對這些商人抱持觀望的態度，「從他們的角度來講，這些房子你本來都要拆掉了，那把它保留起來，花很多錢去修，不是比較好嗎？這點我還是很佩服的。」收費昂貴的高級酒店，在他看來也有兩面，從好的方面來講，「也弘揚了民族文化，把深藏在古村落裡的風光帶到了大城市，呈現出來。」但是，這種方法是「為了你自己的環境而破壞了當地的環境」，「從歷史遺產保護角度來講，不應該提倡。」

他自己曾在幾百個古鎮做過完整的原址保護，最出名的山西平遙，是中國至今保留最完整的古鎮。他回憶八、九〇年代，地方政府都急於發展，要現代化建設，要革故鼎新，拆了一批又一批的老房子。房地產的興起，也讓許多老城區成為地產商爭奪的地盤，原本的老房子就被毫不猶豫地拆掉了。

二〇〇三年出版的《護城紀實》一書中記載，阮儀三在一九八五年到浙江黎里古鎮呼籲保留古建築的時候，當地鎮長不僅推他出去，還對食堂大喊：「這幾個上海來的老師，食堂裡不要賣飯票給他們，不留飯。」在那個年代，沒有飯票根本買不到東西吃，他只好餓著肚子趕到下一個鄉鎮去。他氣憤地寫道：「鎮上許多最好的東西，都給這些敗家子們弄光了。」

今天，已經沒有人敢這樣對待成名的阮儀三，但是不少村落的地方官員為發展而推倒古建築的事，仍在發生，這也仍然是古建築原址保護面對的最大問題。秦森企業曾經打算聽從阮儀三的勸說，把拆建和修復古建築的錢用到當地去，做地域整體開發。「如果能把那個村變成日本的什麼合掌村，那不變旅遊勝地了？這個經濟效益不得了啊。」郁萍說。

但是看過幾個這樣的村子之後，她還是覺得風險太大。「這種事全看村官和村民的個人素質。作為企業還是要小心為好。」她說。這當中關乎土地產權問題，和拆建古建築不同，若在當地做修復計劃，房子連著土地，而土地的產權屬於村子裡集體的，企業只能租，不能買。「萬一我們給修好了，過幾年他們把我們攆走了呢？」她很擔心，「或者說，他就是看眼前，你給了一筆錢，等弄好了以後他又覺得，哎呀你搞這個這麼賺錢，我當初給你便宜了，我不肯，我不平衡，我要毀約。」

對於這種看法，阮儀三的回應是：「這些人確實是很聰明的。」他舉出的所有古建築保存較完整的例子，都是政府出資進行的直接保護，例如平遙古城、麗江古城、寧波的前童古鎮，四川的昭化古鎮。這也確實是他走了這麼多年，而行之有效的路。

出路

「建築是人類一切造型創造中最龐大、最複雜、也最耐久的一類。」這是梁思成在一九五三年的《古建序論》中說的話。

也正是因為這龐大、複雜和耐久的特性，古建築在現代市場上，既不隸屬於普通的文物收藏拍賣界，也不是現代房地產界的商品。若按阮儀三的觀點，古建築根本就不應該成為商品，不應該被買賣，應該和博物館、學校、醫院這些公共建設一樣，依靠政府的出資來進行全面保護。

不過，政府推出的新法例，似乎並不能如阮儀三的願。二〇一七年一月，中國國家文物局公布了《古建築開放導則（徵求意見稿）》，寫明古建築應該「盡可能對公眾開放」，開放的方式包括「遊賞紀念、科研展陳、社區服務和經營服務」等，其中的「經營服務」，明確寫出了可以作為「小型賓館、客棧、民宿、店鋪、茶室」等等。也就是說，秦同千和柯海廷把古建築做成高級酒店和茶室民宿的行為，一下子得到了政府法例的支持。

郁萍感到很振奮，她解讀，這是因為政府多年來花下成本做保護，卻總是有遺漏，希望今後可以藉助民間資本的力量。他們在紹興會稽山的「蘭亭安麓」酒店，其實早已經成了紹興市政府旅遊局網站的招牌。

這份《古建築開放導則（徵求意見稿）》還列出了博物館、美術館、小型表演場所、景觀、社區書屋、文化站、辦公樓等多種古建築的用途。

對上海澱山湖社區的策展人陳文玉來說，這也是一個好消息。她在七年前從柯海廷手上買下一棟已經移建完成的東陽古宅，就在澱山湖。本身是潮州客家人的她，當年就帶著女兒搬到了澱山湖的村子，用七年的時間，利用這棟古宅來做社區營造。

「我覺得有點像日本吧，中國我沒看到過這樣的。」澱山湖是上海的水源保護地，周邊沒有任何大型計劃和建設，保留了三百多戶當地的原居民，種菜、打漁、划搖櫓船。陳文玉的到來，帶來了以那棟本不應該在這裡的古宅為中心的藝術展和小劇場演出，歐洲的藝術家每年來此，給村民帶來收入。「雖然這棟古宅是移過來的，但它既然已經在這裡了，我們就嘗試用合法的途徑，讓它跟當地的村民產生文化和經濟上的連結，建立一種新的土地倫理關係。」

村子裡的每件事，她都要跟村民商量，「不是說我已經畫好一個圖紙，然後給村民看，是村民要參與設計。」這似乎就是阮儀三所說的「原址保護」最需要的東西。他的一大遺憾，就是經他手上保留下來的古鎮，有許多都已經被外來的經商人口所占據，本地原居民早就不知所蹤，「這就失去了古鎮的意義。」

陳文玉似乎做到了阮儀三希望的事，唯一的分別是，她的古宅並不是本地的。她把這棟古宅和澱山湖社區都視為一個借來的空間，「首先要解決村民自己的生存問題，我們只是過客，村民才是土地的眞正主人，我們應該共建。」用藝術的方式，七年來，一個互助、原生的社區已經十分成熟。

「我今年四十歲，我在這個地方至少還要做三十年。」陳文玉說。她又補充：「有生之年。」

阮儀三要做的事，也是「有生之年」。八十四歲，他還到處演講、走訪，給年輕人開古建築保護培訓班。

至於商人們，柯海廷的二十座古建築正在一座座立起來。「你一個月後再來看，就完全不一樣了。」秦森企業做了酒店還不夠，下一步要做藝術館、茶室、酒吧、餐廳，要慢慢用盡秦同千倉庫裡的六百座古建築。「做成經營場所，好好用起來，才能永遠傳下去。」郁萍說，「這是一輩子要跟著的事。」

5、從深水埗到艋舺公園

2019年8月16日，寫於香港、台北

五月初，當在台北街頭露宿五年之久的賈西亞來到香港，參加兩地NGO聯合舉辦的「無家者港台生活誌」活動時，他被眼前的情景嚇到了。關懷露宿者權益二十年的NGO香港社區組織協會安排他和兩位台灣露宿者一起去參觀香港的劏房（分租套房及雅房），賈西亞發現，他在台灣用一千港幣租到的房間，在香港只能租一個廁所頂上的夾層位，沒有冷氣的木板「棺材房」。同行的另一位露宿者阿寬不禁驚呼：「這是人住的嗎？」

一個月後，香港社區組織協會又帶三位香港露宿者去台北交流，其中一位女性露宿者Maymay開玩笑說，她眞想留在台灣露宿算了。「就算做露宿者，在台灣也有比較闊的空間。」

二〇一九年，香港房屋租金比起三十年前，增加了百分之九十三，而台灣的增長率僅為百分之四點六。過去六年間，全港露宿者人數增加了六成，但宿位卻只增加了二十個。社區組織協會社工吳衛東形容，不論跟台灣還是日本、美國相比，香港針對露宿者的政策與服務，都像是「幼稚園水準」，亟待改變。這一年，社區組織協會與台灣NGO芒草心首次共同舉辦一系列的港台無家者交流之旅，希望看到共同的困境，分享彼此的經驗。香港與台灣分別有三位露宿者與社工、攝影師參加旅程，過程中，大家都不由自主地問自己：如果你是露宿者，你會選香港還是台灣？為什麼？我們可以做些什麼改變？

深水埗公園的流浪晚年

深水埗通州街公園一帶，曾是香港最多露宿者集中的地方。另一個地方則是尖沙咀文化中心外。社區組織協會社工吳衛東記得，一九九九年，亞洲金融風暴重挫香港，他在深夜的尖沙咀文化中心門外，見到近百個露宿者席地而眠。對著美麗維港，這一幕令人心酸又震撼。深水埗，則向來都是以基層市民為主的居住區，通州街公園、通州街天橋底、欽州街天橋底，一直延伸到油尖旺，整個九龍西，都有香港露宿者的身影。

今年七十五歲的穩叔，就是吳衛東在深水埗通州街公園做外展時認識的露宿者。穩叔在通州街公園睡了幾年，後來公園被封，他又轉去尖沙咀文化中心門外，也睡過其他地方。「油尖旺的街頭、公園我都睡過。」他說。

穩叔個子高大，雙眼有神又健談，讓人難以想像他在十年前曾因濫賭成性而輸掉全部身家，更搞得妻離子散。二〇〇四年，他從一間公司的管理層職位退休，拿到一筆可觀的退休金，正值各路保險、基金升得最旺，他就大手筆買入，眼看走勢一路高，卻沒想到撞上二〇〇八年金融風暴，血本無歸。賠了一百多萬美金之外，他還因此負債。深受打擊的他，上了尖沙咀的賭船，去澳門公海日夜賭錢，最後連好不容易買下的兩套房也輸掉了。「那時頭腦崩了，誰勸都沒有用，賭錢不理人。」直到家人離開，三個子女至今無法聯絡，他也終於輪到一無所有，流浪街頭。

為了讓自己不再賭錢，他儘量不要有餘錢在身，生活只求溫飽，有個公園可以睡，就可以了。他做四間機構的義工，把時間填滿，不留空間給自己胡思亂想。白天，他先去仁愛之家和露宿者行動委員會做義工，幫忙派物資、派飯，賣六元一張的飯票。兩餐都吃義工餐，晚飯後，他就去麥當勞坐到夜裡十一點。

今年一月底，通州街公園被政府清場，穩叔就改到尖沙咀文化中心外睡覺。晚上等到保全鎖門，他就可以睡在門外。第二天早上六點不到，保全開門，他就離開。去年十二月底，政府清拆通州街天橋底露宿者搭建的木屋區，用鐵絲網圍封，到通州街公園也被清，附近的露宿者紛紛四散，不少和穩叔一樣，改去文化中心外過夜。

穩叔記得，二〇一七年十月，勞工及福利局局長羅致光新上任，到通州街公園探望露宿者。那時穩叔拿著一份當年度的施政報告問：「局長，為什麼施政報告裡面沒有關於露宿者的政策？」羅致光淡然回答：「是呀。」就沒了下文。氣憤之餘，穩叔明白政府靠不住，在各間NGO積極做義工，又加入社區組織協會的外展隊，每個星期一次，從晚上十點到凌晨三點，在深水埗探望露宿者朋友，派送物資。

吳衛東很希望穩叔可以申請失業年長綜援，這樣一個月就可以有三千五百港元的基本生活費，再加實報實銷的租金最多一千八百八十元，起碼可以租到屋住，不用在街上睡。

社區組織協會在去年十月成立單身露宿者宿舍「友家」，可以提供長達三年的租期，月租只要一千八百多港元，但穩叔現時的收入，連這些都無法支付。雖然年長失業，但穩叔不想申請綜援。他聽街友說，去申請時職員會問，為何好手好腳要去拿綜援，講些很難聽的話。「既然這樣，我就不想去申請。」他現時唯一的福利金收入，是一千三百多元的長者「生果金」（香港政府提供的老人津貼）。

不過，最近他加入了社區組織協會的滅虱隊。香港不論是狀況較差的私人樓宇劏房還是公屋，木虱情況都很嚴重。他們總共三、四人，兩個星期去一次，幫獨居長者把床搬出房間，撒上滅虱粉，再用熱的滅虱藥水噴上木床板，滅虱之後又把床搬回去。整個過程要花費四到五個小時，穩叔每小時可以賺到五十元。

因為在滅虱隊和外展隊的積極參與，五月底，穩叔成為了去台灣做港台無家者交流的露宿者之一。印象最深刻，是香港租一間的價錢，在台灣可以至少租兩間。最開心是吃火鍋放題（吃到飽），有牛肉、海鮮，吃到晚上十一點，久違的快樂與飽足。

女性「麥難民」

與穩叔一起去台灣交流的露宿者Maymay，是少有的女性露宿者，也是近年麥當勞開始二十四小時營業之後，出現的「麥難民」。社協統計，二〇一八年，香港有一成露宿者為女性，平均年齡五十四點七歲。與二〇一三年的調查數據相比，女性的比例在短短五年中翻了一倍。但全港兩百二十二個提供給露宿者的宿位當中，卻只有五個是女性宿位。

在台北的無家者「眞人圖書館」港台交流會上，六十歲的Maymay作為香港露宿者的代表在台上分享人生故事，道出女性露宿者的艱難。比起男性露宿者，女性露宿者流浪在外的原因更複雜，因家暴或家庭關係破裂的不在少數，Maymay的情況也類似。她出身基層家庭，年幼時疑似有讀寫障礙，會考只有一科合格，但她好學上進，一邊繼續讀夜校，一邊做售貨員。到三十歲結婚，本來婚姻尚算圓滿，哪料兩年之後她生下女兒，丈夫原形畢露，控制欲太強，她決定分開，做補習老師糊口。為了女兒，她又再度回到丈夫身邊，但仍不放棄想成立補習社的夢想，為了買教材而欠下信用卡債。丈夫發現，帶著一班兄弟到住處，強行清走了她的東西。她一怒之下衝進房間，從抽屜拿出打火機，手提圍裙作勢要點火，丈夫立刻報警，衝鋒隊拿著盾牌衝進門按住她，強行送她到了精神病院。精神科醫生診斷她有人格障礙，她在精神病院住了三個月，終於和丈夫離婚。出院後她無家可歸，在私營的殘疾人士院舍度過了兩年多。

之後她開始自行租屋，但三千六百五十港元一個月租金的劏房只有六十呎，而且滿是木虱，「又有好多小動物陪你睡，床虱、跳蚤、甲蟲、老鼠，什麼都有。」小動物們全年二十四小時無休，不分晝夜一日三餐招呼她，她終於無法忍受，寧願帶著大大小小七、八件身家行李，走到麥當勞過夜。

即使到了台北住在旅舍，她也保持露宿以來的著裝習慣，從頭到腳包得嚴嚴實實，三十幾度的大夏天，仍然緊緊包著長袖長褲，腳上則著長襪，一絲不漏。這是被「小動物們」咬得多，養成的習慣。就算去了麥當勞睡覺，二十四小時營業的麥當勞常常坐滿人，清潔不及，「也都會有小昆蟲」。七件行李被她帶了來台北，包括一個行李箱、六個大袋和背包，還有一把既可以做拐杖又可以遮雨的長雨傘。行李裡面有她的七條充電線，寫了自己名字的拖鞋，還有用層層塑膠袋包住的，還沒來得及洗的衣服。

對露宿者來講，手機充電是個大難題，多數麥當勞的充電位有限，且不少都已經損壞。有時為了給手機充電，Maymay不得不特意花錢搭一程巴士，只為在車上充電。女性露宿者洗澡也很難，她找到幾個比較乾淨的公共廁所，有配備沖涼房，但一天只開四個小時，有時她會特意跑去遠一點的地方，只為沖個涼。在這種情況下，每天洗澡幾乎是不可能的事。

在香港時，因為無家可歸，她把所有行李都帶在身上，不論去哪裡，上下樓梯，搭巴士，都帶著這七、八件東西。甚至夜晚，當她在麥當勞找到一個稍微昏暗的角落位，俯身靠在自己臂彎中睡覺時，也要把這每一件行李背在身上，從不放下。這源於兩年前，一次她在麥當勞給手機充電，不過半小時，不小心睡著後再醒來，發現手機和行動電源都被偷走了。

她從此「學乖」，東西不敢再離身。

比起公園和天橋底，麥當勞更受女性露宿者的青睞，因為有冷氣，而且「始終有職員，感覺會安全一點」。但Maymay也試過被不明身分的男性搭訕、言語騷擾，她唯有不理，把帽簷壓到最低，臉埋進手臂。

在台灣的分享會上，有台灣聽眾問，為何她願意出來做分享，不怕講出自己的經歷。Maymay說：「我是一個很普通的市民，需要生活，要生存下去。以前香港經濟不好，沒有福利金的資源，我們都沒什麼怨言，要跟政府共度難關。但後來香港經濟好了，福利資源卻還是那麼少，我就發現資源的分配太傾斜給商界和有錢人。」這種信念也讓她在關注自身居住權益的同時，參加各種各樣的弱勢互助聯盟，常常去立法會請願發言，出席各界聯席會議，希望為精神病康復者、基層、露宿者提供服務。

街友的台北車站

一個月前，賈西亞到香港看了穩叔和Maymay睡覺的街頭與麥當勞，一個月後，他在台北再度見到兩人，這一次他要介紹的，是他自己的租屋。五十二歲的賈西亞有些胖，近乎光頭的短髮，走路有些一瘸一拐，但非常爽朗、幽默。他曾在台北車站附近流浪了四、五年，也去台北別的公園睡過覺，直到因為舊疾入院，出院後無處可去，台北市社會局就把他介紹到中和的遊民收容所，有床位住，有「以工代賑」的零工可以做，他的情況才穩定下來。

台港交流之旅的台灣合作方，是成立於二〇一一年的NGO「芒草心」，不僅有自營的無家者宿舍，還創辦了「街遊Hidden Taipei」，訓練露宿者成為城市導覽員，為大眾講解都市遊民文化，也賺取生活費。賈西亞在遊民收容所接觸到芒草心的服務，不僅成為第一位《The Big Issue大誌》的街友販賣員，還在芒草心的「眞人圖書館」開講，做過芒草心「流浪生活體驗營」的導師，更在長達八個月的訓練後，終於成為一名台北車站遊民文化的導覽員。

台灣的《The Big Issue大誌》聘用露宿者販賣雜誌，銷售所得一半歸露宿者所有，成為部分露宿者的主要收入來源，賈西亞的街友販賣員編號是〇〇一號。在「眞人圖書館」，他講出自己從小到大的坎坷經歷，為何流浪，又怎樣可以不再流浪。和「眞人圖書館」一樣，「流浪生活體驗營」也是開放給一般大眾報名參加的活動，請參加者扮演四十八小時的露宿者，要自己打零工賺錢、買食物、找地方睡覺，體驗兩日的流浪生活。

這次台港交流之旅的「流浪生活體驗營」，就以賈西亞的家作為最後一站。在一棟二十六層高的豪華住宅對面，賈西亞脫離遊民生活後租住的第一個房間，就藏在一棟舊大樓的三樓。由狹窄的樓梯走上去，一層隔出兩、三間木板房，沒有冷氣，牆上、天花板都破了洞的房間，就是賈西亞的家。這裡的月租是四千新台幣，政府每月給他的租房補助，再加上他的低收入戶津貼和殘障津貼，可以維持最基本的生活需求。他的房間堆滿雜物，牆上的大洞用廚房鋁箔紙貼上，廁所與人共用，熱水爐外殼已經嚴重生鏽，但仍在使用。儘管如此，賈西亞在房間門口貼了大大的「安居樂業」春聯，這表明了他不再露宿，有屋可居的開心。

三年前，社會局安排他以工代賑，掃公園，房東見他天天認真做事，沒有喝酒鬧事，就決定租房子給他住。

在此之前，賈西亞一直居無定所，從幼年時就因媽媽精神疾病，他被送到育幼院。到十幾二十歲，他去跑船出海，但船隻停靠日本，他不幸得了腦膜炎，在病床上躺了一年才醒來。腦膜炎給他的腳和記憶力都帶來後遺症，無法完全恢復，只可以做一些簡單的勞力工作，例如舉地產廣告牌、做清潔等。他也短暫租過房子，但卻因為打零工的收入不能穩定交租，還是到了台北車站流浪。

台北車站是一個四方形的高聳建築，中庭寬廣，可以席地而坐，而四邊的門外都有圍廊，上面有瓦遮頂。地下通道連接兩條捷運線和周邊大廈、購物街，亦有不少通風的隧道位可供露宿者停留。在台北車站的那幾年，賈西亞見盡社會對遊民的歧視與欺壓。偷東西的人自然有，更過分的是「賣人頭」。賈西亞說：「有的人自己有家可以回，就來找遊民做壞事，出了事，倒楣的就是遊民。」他曾遇到過「賣人頭」的，讓他把身分證借出去報稅用，還答應給他一千五新台幣的酬勞，實則是對方想要逃稅、洗錢，但被他拒絕。更有人出錢，讓他和素未謀面的大陸女子假結婚，以便對方拿到台灣身分證，做假的婚姻移民，他也拒絕。

台灣NGO芒草心的祕書長李盈姿和「街遊 Hidden Taipei」創辦人曾文勤說，台灣有不少利用遊民的類似案例，甚至謀財害命。曾文勤就曾遇到過有人給遊民買了保險，然後假結婚，配偶作為保險受益人，再每天買酒給酗酒的遊民喝，盼他快點去世，就可以取得保險金。更有一樁十二年前的大案，是一名新北市淡水區的民宿老闆李憲璋拐騙遊民詐貸一點三億新台幣，還讓女友和遊民假結婚，再帶遊民到大陸旅遊，一把將遊民推下黃山，製造意外死亡，企圖騙取五千萬新台幣的保險金。最終案件依殺人罪處理，判李憲璋無期徒刑。

世道險惡，賈西亞是所有「街遊 Hidden Taipei」導覽員中，第一個解說台北車站的人。他說，雖然萬華的艋舺公園遊民數量更多，但台北車站的環境更複雜。他的T恤上寫著：「人生而平等且自由。」如果有屋住，誰又想流浪？

流浪在艋舺

在台北市萬華龍山寺，絡繹不絕的遊客衣著光鮮，到處拍照留念，卻少有人注意到正對面的艋舺公園，正是台北市最多遊民聚集的地方。和賈西亞一同作為台灣露宿者代表去香港交流的阿寬和飛機，都曾在艋舺公園露宿。

艋舺公園呈四方形，四面有四條有頂的圍廊，圍廊中坐著、站著、行走著過百名老人，大多都是遊民。在公園的一角，管理處專門設置了給露宿者放置私人物品的空間，只要是跟政府登記的露宿者，就可以領到一個巨大的塑膠袋，裡面塞一張紙，寫上登記的日期和名字。公園的警衛會負責看管這些行李，到每天晚上七點，露宿者就可以來領取自己的物品，準備睡覺。

艋舺公園管理有序，治安也好，沒有「大哥」拉幫結派。女性露宿者會自己劃出一個區域，和男性分開。作為街友文化的地標，這裡也是「街遊Hidden Taipei」導覽的起點和終點。

芒草心祕書長李盈姿說，艋舺公園在夏天人特別多，因為就算有些人租了屋，也會因為沒有冷氣或電費太貴，寧願到公園去睡。也有人是因為年長獨居，生活空間太小，不如到公園來睡。大眾普遍認為露宿者好吃懶做，沒有工作，自我放逐，但芒草心的調查發現，百分之八十四的露宿者在流浪期間是有工作的，但他們大多從事臨時工和雜工，收入太過微薄，百分之九十二的人月收入低於一萬新台幣，實在無法負擔租金。在全台北約七到八百個露宿者中，三成都曾試過租屋，但都十分短暫，最終還是回到街頭露宿。

和賈西亞一同去香港交流的飛機和阿寬，都是曾有成功事業，願意積極生活的人，但卻因不同原因流落街頭。阿寬是生意失敗，宣告破產，飛機曾是電影放映員，但生活遭變，再難有起色。芒草心發現，不僅是老人，租房市場對他們這樣的大齡單身男性也十分不友好，因為房東總會質疑其經濟狀況或是人際社交是否有問題。在台灣，有三成多的露宿者已經流落街頭十年以上。

透過芒草心的服務和「以工代賑」的自我訓練，賈西亞、阿寬和飛機現在都已經自己在外租屋居住，脫離遊民身分。但艋舺公園人潮未減，更多的露宿者還在風餐露宿，下一步，該怎麼走？

露宿者的今日香港，明日台灣？

無家者台港交流活動在台北剝皮寮歷史街區開幕當天，台灣衛生福利部副司長和台北市政府遊民專責小組主任都出席活動，這看在芒草心祕書長李盈姿的眼裡是喜，但看在香港社區組織協會社工吳衛東的眼裡，卻是憂。他想起上月，同一個活動的香港場在尖沙咀文化中心開幕，香港政府只派來一個專員。「從官員的級別，就可以看出兩地政府對露宿者議題的重視程度。」吳衛東歎氣。

芒草心與社區組織協會的合作，源於去年的東亞包容城市會議上，兩家機構同時對露宿者、遊民議題表達關注。吳衛東發現，原來飛機兩小時就可抵達的台灣，也和香港面臨類似的露宿者問題，而在許多露宿者政策和服務上，台灣都比香港做得好，有許多可借鑑的地方。

截至二〇一八年，香港七百四十八萬總人口中，有一千兩百七十人為露宿者，台灣則是在兩千三百多萬人口中，有兩千五百八十五人為露宿者。針對露宿者，台灣有《社會救助法》第十七條，和各縣市的《遊民安置輔導自治條例範例》，但香港並無專門針對露宿者的法例和政策。台灣有公營公辦的收容中心，人手充足，有專職護士、生活照護員、司機、廚師，一日三餐吃到飽，白飯任裝，還提供以工代賑的工作機會，或安排無力工作者入住安老院。而香港的情況是，有四間政府資助、民間機構管理的收容所，但都要收費，且最多只能住半年；其他民營民辦的收容所，則只開放晚上六點到十一點，早上九點就要起床離開，最多只能住一到三個月，且沒有冷氣。

吳衛東說，台灣政府會為艋舺公園已登記的露宿者提供物品暫存服務，更有專責人員看管，香港政府卻在過去幾年接連圍封通州街天橋底與公園、欽州街天橋底、油麻地渡船街，而做慣了「順民」的香港露宿者，在被清走時根本不敢與政府爭辯。「光是看台灣政府的開明態度，已經贏了。」他說。

他服務香港露宿者十六年，見過政府封橋、在公園和運動場灑水、在天橋底立起尖石、在休憩位裝上過窄的欄杆、趕走露宿者，甚至扔掉露宿者的個人物品，一切只是趕、趕、趕。他還記得幾年前，有媒體報導某地下隧道睡著很多露宿者，猶如「喪屍隧道」，當晚警察就出動，分別在凌晨兩點、三點、四點拍醒露宿者，要查他們的身分證，然後驅趕。

「這是頭痛醫頭，沒有政策，解決不到問題。」他說，「有台灣NGO的朋友問我，為什麼你們不去告政府？沒政策、沒法例，就算我們要告，也沒有政策和法例可依。」

他形容香港露宿者面臨「三路不通」的難題，公屋申請的輪候時間太長，若入住短期宿舍，住宿期又太短，若租住私人單位，又常有居住環境惡劣的棺材房伴隨木虱，業主還會不時加租、迫遷。就算是長期支持社區組織協會工作的深水埗區議會，也因為經費原因，只能請到一個兼職護士來做外展隊。「香港的露宿者政策是幼稚園程度，是低水平、落後水平的服務。」在台北的分享會上，他開玩笑似地總結：「所以我的結論是，還是台灣好。」

但台灣的環境又真的好嗎？儘管有法例、政策保障，平均房屋租金也是香港的四分之一，但台灣也有自己的難題。芒草心祕書長李盈姿說，儘管有法例，但法例其實沒有清楚定義過，什麼人才是「遊民」，也沒有規範要怎麼計算人數，各縣市常常是接到公文當天才急急忙忙去街上數人頭，數字真實性有待商榷，而收容所、便利店、麥當勞裡面的遊民，也常常被統計忽略。

儘管台北有不少社服機構提供淋浴設備給露宿者使用，但開放時間是早八點到晚五點，白天要工作的露宿者根本無法使用。芒草心希望政府可以推出更多的社會住宅，即相當於香港的公屋，來為露宿者提供保障。

「我們常聽到今日香港，明日台灣的說法。」在台北分享會的最後，「街遊Hidden Taipei」創辦人曾文勤感觸地說，「香港的狀況我們都看到了，不只是買不起房子，許多人連租也租不起。那麼，台灣是不是要在租不起的那一刻到來之前，跟政府說，應該要做點什麼，不讓這件事也發生在台灣呢？」

芒草心的眾多「以工代賑」活動，對應到香港社協，原來也有露宿者組成的滅虱隊、足球隊、長跑隊、搬家隊服務。穩叔就是滅虱隊成員。足球則用來培養露宿者的信心，從二〇一五年成立到現在，他們每年都去參加國際比賽，去年還把足球踢到墨西哥，今年亦正在籌款，希望送這班球友去威尼斯。

對香港民間的努力，李盈姿非常敬佩。「大家都很有能量和開創性，而我沒有想到的是，大家是站在香港政府前面去引導這些事，政府卻是踢也踢不動。」交流過後，她發現台灣政府對無家者有更多的責任感，與民間合作也更多，「但我們永遠都覺得政府做得不夠，對政府的期待和要求更多。」

港台兩地的情況，說不同，也有很多相通之處。「公眾對他們的不友善，或是公共設施的灑水、造扶手、地上放釘子等，都是類似的情況。我們都還有很多的的努力空間。」她說。

吳衛東則打算回港之後想辦法把台灣的經驗傳開，民間努力，也向政府訴說。但他擔憂，香港政府的服務項目是自上而下進行，民間機構提出倡議，很難獲得政府支持，除非政府先提出計劃，民間機構再去投標。但政府針對露宿者的計劃幾乎是零。社協的「友家」宿舍剛運作半年，他已經在擔心三年之後租約到期怎麼辦。「好多流浪者朋友都住在裡面，到時他們怎麼辦呢？」

後記

二〇一八年的東亞包容城市會議在香港舉辦，隨芒草心出席的曾文勤記得，當時的香港立法會議員邵家臻曾問台下來自日本、台灣、韓國的社工同行，香港已經用了影像、立法會抗議、國際人權倡議等種種方式，向政府要求保障露宿者權益，但都沒有收效，香港還有什麼可以做？

吳衛東想起自己十五年前在日本大阪公園的一次對話。那年他在大阪公園見到露宿多年的人，坐在比人還高的帳篷前，很悠閒地喝著咖啡，有如正常的生活一般。「我就問他，你覺得大阪公園是屬於誰的呢？他說，屬於市民的，我們的。」吳衛東感歎，當香港的露宿者一次次被政府清場、驅趕時，「通常是政府趕我，我就走了。好少人會說，這個地方是屬於市民的，是我們人民的公園、廣場。」他想，這也許是公民意識的差距，要讓露宿者問題得到緩解，香港人居住權得到保障，也許還要從「人」的意識做起。

二、陣痛

圖書館

穿短袖的人不見了
一個假的夏天玩弄台北城
我們躲進圖書館
先按解除鎖定　再按熱水
忙碌與困頓使人讀不下民族誌
聽說水星逆行到星期四

中聯辦開始賣水果
同志遊行成為恩賜

工廠爆炸無人關心
環球時報說　娜娜是個好孩子

是誰在雨天搭貓纜？
我們低下頭　躲進圖書館

——201902，台北，政大中正圖書館

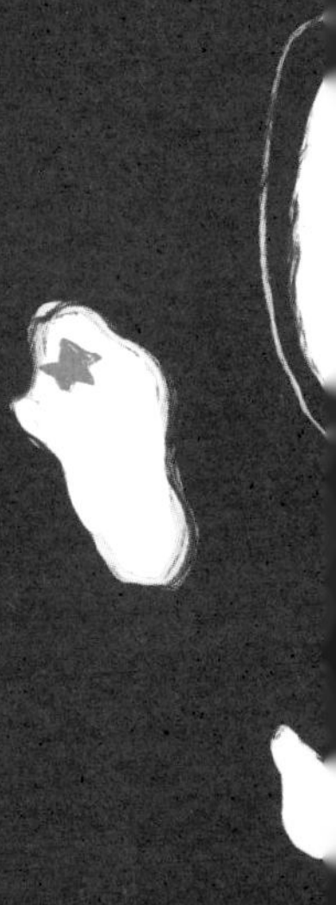

跨界碰撞

一、兩年前起，我迷上看NASA的各種星圖，起初被宇宙的絢爛色系吸引，久了卻發現那些美麗的紅、黃、藍，通常是星系碰撞的結果。例如上個月NASA發布的一張Cygnus Loop Nebula星系圖，明亮的藍色在黑的底色上像青煙一樣漂浮，呈現長扁的環形，但其實質則是五千到八千光年前的一次劇烈爆炸。爆炸的核心是極熱的高溫，而這樣久遠的一次碰撞，產生的衝擊波卻到今天仍在向外擴張。

比起宇宙光年，我在本章中寫過的這些故事，訪過的這些人，距今不過六、七年。但我們的小小地球上發生的碰撞，人與事的變化，也不比爆炸的星系平靜太多。

二〇一六年，在香港生活了兩年的我感受到升溫的中港矛盾，找到兩位被斥為「五毛小粉紅」的受訪者，試圖還原一場從足球場蔓延到校園民主牆的「中港大戰」。合寫作者是我當時的同事江雁南，她訪問了另一位主角和兩位學者，感謝她授權此文的出版。那時我還是個困在自身處境中的生澀寫作者，還未能找到在身分政治的糾纏中安放自己的方式。

這篇文章就是在這樣的背景下寫成，我透過一次次的對話嘗試與受訪者建立關係，看到與理解彼此，然後寫下衝突事件中的一個碎片。

這種跨界碰撞，不只是他們與香港學生之間的碰撞，也是他們與我的碰撞。也是香港與我的碰撞。而正如章節題目所說，碰撞會帶來陣痛。當時我曾在文章後記中形容他們為「中國的本土派」。六年後，我打開微信公眾號看了看今天的他們，那些中港之間的隔閡和撕裂只有加深，沒有平息。他們又如何看待今天的香港和六年後的我呢？我明白了那些碰撞從未結束，留在彼此身上的陣痛，或是猶如星系爆炸產生的衝擊波，也遠沒有停止。

寫完這篇文章後半年，我離開了《端傳媒》，到位於柴灣的《明報周刊》工作，仍然是辦公室最年輕的記者之一，也是唯二的非本地同事。入職第一天，當時的總編輯張帝莊就送了我和另一位年輕同事各一本《普利策新聞獎獲獎作品集》。一個月後，他告訴我香港要禁止象牙貿易，可送我去非洲做一個專題。那是我當時做過規模最龐大的專題報導，訪問人數超過二十人。我在肯亞密集採訪了十天，第一次摸到AK－47，又去廣州臥底調查，還跟著一位有好多假名片的英國環境調查工作者艾力克斯．霍福德（Alex Hofford）在香港紅磡的工業大廈裡假裝鑽石買家。艾力克斯總讓我把頭髮再剪短些，摘掉眼鏡，喬裝成他的祕書和翻譯。我們總在深水埗的一間祕密咖啡店商談，我問他為何相信我能寫好，我那麼年輕。他說，Gillian，象牙是個老題目，記者來來去去，從沒有人花超過一個星期的時間，但是你不同。我總共花了三個多月時間才把報導完成。

帝莊給專題的推薦語，標題是「遠方的紅一片白」。血腥和死亡都是在非洲發生的，香港的象牙收藏品是潔白無瑕，佛光慈祥。這專題是關於走私，但不止於走私。它讓我在往後數年中都不斷想起這個問題：香港到底是誰的自由港？它到底讓什麼流通，讓什麼阻滯？

二〇一七年夏天，我在一個短假期中拜訪了台灣的蘭嶼，開始對原住民議題感興趣，也因此讀了一些民族誌，發現人類學裡似乎有些新世界。雖然香港滋養我的書寫，卻也使那時的我感到疲累和自我重複。整個社會好像都是灰調的，我對餞別的朋友說想去更有希望的地方生活看看，他們只是點頭，沉默不語。離開的契機讓我有機會寫一些香港以外的議題，我回到自己讀了四年大學的北京採訪一個演抗日神劇的日本演員，歷史與戲劇在他身上碰撞出豐富的矛盾體。對非洲的掛念又把我帶回香港中文大學人類學系的辦公室，透過人類學家麥高登（Gordon Mathews）的眼睛去看非洲人怎麼在廣州生活。在寫著許許多多跨界故事的同時，我自己也在跨界。這些故事並不都有一個光明的結局。

香港在二〇二一年十二月三十一日正式禁止象牙貿易，我仍和前文提到的英國人艾力克斯保持聯絡。一九九七年，他在彭定康離開後不久搬到香港，比我早了幾十年。他有香港汽車駕照，閉著眼睛也能在那些迷宮般的工業大廈裡找到出口。但他告訴我，二〇一九年後他離開了香港。像是什麼隱喻。

1、燃燒的民主牆

2016年2月5日，寫於香港

一月，在香港少見的連綿陰雨中，來自湖北武漢的二十歲大學生汪煜走出香港理工大學包玉剛圖書館，站在貼滿標語和口號的民主牆前。不遠處的旗杆上，鮮紅的中華人民共和國國旗和香港特區區旗在雨水中並立。

民主牆，沿用七〇年代北京西單民主牆的名稱，是香港各個大學都設立的公開討論區，供師生以實名方式自由張貼意見，辯論議題。正在理工大學物理系讀三年級的汪煜，沒想到自己才來了香港兩年多，就在民主牆上和本地學生打了一場激烈的筆戰。筆戰的表面主題是：「香港到底屬不屬於中國。」

點燃戰火的，是從港中足球對壘的賽場，一路燒到香港各大學民主牆上的一句標語：「Hong Kong is not China」。

二〇一五年十一月十七日，世界盃外圍賽，香港隊對上中國隊，一群香港球迷在觀眾席舉起這句標語，隨著電視鏡頭傳遍世界各地，引起輿論譁然。香港左派報紙《大公報》評論稱其「宣揚仇華」、「卑鄙無恥」，而在網路上默默傳播這畫面的香港人，卻咀嚼著近兩年，在北京的強勢壓力下香港核心價值難保、本土主義抬頭、民意撕裂的複雜心結。

第二天開始，這條標語又先後出現在香港城市大學、香港大學、香港浸會大學、香港理工大學的民主牆上。

來自內地的留學生坐不住了。這股長久以來隱匿於香港主流輿論空間的年輕力量，在中港的對立情緒升至頂點時，跑出來加入了戰局。

他們在民主牆上用英文、簡體字寫下：「HK belongs to China」、「香港沒有民族自決權」，還直接留下名字，註明：「不服來戰！」

他們是誰？在北京與香港之間，他們會扮演什麼樣的角色？《環球時報》讚揚他們「用自信的話語體系，在香港高校中的辯論平台上實現了輕鬆碾壓」，香港人則罵他們是被黨國洗腦、只有玻璃心而沒有獨立思考的「五毛」。但事件的核心參與者說，這兩個標籤，他們都不接受。

戰況

汪煜每天從校外的宿舍走到理大圖書館溫習，都會經過民主牆。「我每天都會看看民主牆上貼了什麼。」他說。

最初看到「HK is not China」出現時，他形容自己只是在心裡「哦」了一聲：「你們香港學生這麼想……我也沒有辦法。」

但後來，標語裡的「NOT」突然被撕掉，香港學生認為是陸生撕的，於是在下方貼上「你可以不同意，但你不能擅自撕走它」的辯護，並說「撕一貼百」。

汪煜說自己是在這時坐不住了。

「我們都不知道是誰撕的。」他辯解。儘管在城市大學有發現陸生撕掉「NOT」，但汪煜覺得理工大學的情況是，眞相並不淸楚，這種「憑什麼就說是內地生破壞討論規則」的憤懣讓他選擇還擊。

十一月三十日，他在理大民主牆貼出一張用簡體字書寫的標語：

「HK is not China這句話很奇怪，而且我覺得它是對的。因為城市不能與國家相提並論。所以應該是HK belongs to China。你們啊還是要多學習一個。」

十二月一日早晨，汪煜從朋友處得知，自己的這條標語上了本土派網媒《熱血時報》的臉書專頁，報導中稱「大陸生以殘體字作反擊」，而下方的網友評論中則夾雜了大量的髒話和攻擊言論。

一氣之下，汪煜把這條報導和評論的截圖發到微信朋友圈。不到一天，這條貼文就在他的朋友圈裡迅速獲得了一百多個「讚」，點讚的大部分是和他一樣在港讀書的陸生。還有許多人專門留言，誇他「幹得好」。他由此決定，繼續在民主牆上貼文反擊。

「我認同中國，不喜歡共產黨，但我不會刻意去跟它反著來。」回想整件事時，汪煜這樣說。

和許多接觸過「牆外中國史」的留學生一樣，汪煜有意識地強調自己對中國的認同是

「文化上的認同」，而不是來自政黨。

「中國確實有很多不好，但我以後還是會留在內地，因為歸屬感不是來自於政黨、國家，而是來自文化。」汪煜說他喜歡中國的詩詞歌賦，和政黨無關，「要我入黨，很熱血地喊口號，對我來說是不可能的。」「香港人覺得中共作惡。但我感覺我沒有背負中共被罵的那些東西，你罵共產黨哪裡不好，我沒感覺受到屈辱。」

他在大陸的網站「知乎」上發文詳解香港的民主牆戰況，第一句話就是：「聲明一下，我們不是被洗腦的五毛黨，沒有搖旗吶喊，沒有意淫狂歡，平日裡也沒少黑我黨。」——「我黨」是不少中國人對中共的諷刺性稱呼。然而戲劇性的是，他的這則貼文後來被知乎警告含有「不宜公開討論的政治內容」，無法再被其他人看到。

他不喜歡被簡單地貼上「洗腦」、「五毛」的標籤，這種不喜歡，讓他更覺得應該說出自己的真實立場：比如，在香港屬於中國這個主權問題上，他和官方立場完全一致，而「這沒有什麼不對」。

Darwin二〇〇九年從哈爾濱來到香港，成績優異，在理大從本科一路讀到應用數學系的MPhil（哲學碩士），二〇一六年八月就能成為香港永久居民。因為組織過很多陸生活動，他在理大的陸生群體中頗有聲望。

十二月一日，在聽完汪煜的吐槽之後，Darwin決定加入「戰局」。

第一次發言，他選擇了「高端黑」的諷刺方式。他模仿中共前領導人江澤民二〇〇〇年駁斥香港記者張寶華的經典對話，寫了三頁「膜蛤」體的文章貼上民主牆：「……我今天是作為一個長者給你講話。我不是香港大學生，但是我見得太多了，我有這個必要告訴你們一遍人生的經驗。」

Darwin後來才意識到這是自說自話，香港人不會懂得這些中國特色的嘲諷。於是十二月五日，他換了一種方式，直接寫了長篇分析文，貼上了民主牆。他將幾天來的爭論總結為「實然和應然」的問題：大陸學生一直在重申「香港的主權和治權屬於中央政府」這一「事實」，而香港學生則是在表達「香港不應該屬於中國」，兩邊也都在自說自話。

以強調「香港的主權和治權屬於中央政府」加入論戰的內地學生不只Darwin一個。十二月一日下午，汪煜的朋友就印了一份《紐約時報》在一九九七年七月一日的頭版報導，報導標題為〈China resumes control of Hong Kong, concluding 156 years of British rule〉，貼上了民主牆。來自遼寧的郭瀟，則以一篇兩頁的長文論述了「香港人是否有民族自決權，是否可以決定香港主權」。

Darwin承認生在中國，長在紅旗下，特定的文化、教育和環境對他們的思維模式和政治觀念有很大的影響和塑造。而即便是發出相似的聲音，他們各自的政治立場實際上仍有不同。但他強調，自己是「有論述有邏輯地」去證明自己，而「不是單純喊政治口號」。他同時也坦承：「對中國，我是有強烈的國族認同，我從來沒有否認這件事。」

利用

而事件的另一主角劉子豪，選擇的卻是另一種更簡單的反駁方式：在民主牆上寫書法。劉子豪來自貴州省貴陽市，六歲開始學書法，二〇一二年來理大讀金融系，今年大四。他長相頗為帥氣，穿著打扮也講究，出門時，頭髮永遠都要用髮膠捋出造型。他平時很宅，說自己「讀書的力氣在高中時就已經用完了」，因此有一門功課不及格。

十二月一日晚，他印了一張「NOT」貼回了民主牆「HK IS＿CHINA」的句子中，並用簡體字寫道：「幫你們 print 個 not 上來，免得又在那邊滿腔幽怨說不尊重言論自由。」但很快被香港學生反駁他使用簡體字。

十二月二日，他專門買了毛筆，洋洋灑灑寫下豎排繁體的一張書法大字並貼上民主牆：「吾自六歲始學書，先柳顏後篆魏，行草以二王為模範，金文甲骨亦有涉獵，繁體較之簡體，法度嚴謹端莊大氣，中國書法文化博大精深底堅蘊厚，何長以繁體誇誇，日日掛於嘴上懸於額前，更何況，你的繁體字，還不如我。」

他給自己的書法作品拍了很多張照片，並從中精選了一張，發到了自己的新浪微博，註明：「主權無小事，視聽需嚴正。我只是一個學生。在主張言論自由的地方發出自由的言論。不代表任何人。只發聲。」

這條微博被轉發了兩萬兩千九百三十二次，他的個人微博也從原來的幾百個粉絲一下子漲到了接近兩萬粉絲。這些粉絲中，還包括了《環球時報》官方微博。

在微博上走紅之後，他接受了《環球時報》的微信專訪，《環時》微信公眾號當晚即發布報導，題為〈帥！香港高校上演一場痛快打臉！〉。

文中引述劉子豪說，香港大學生只願意相信自己想相信的，不加檢驗，對內地的一切完全否認。對此，《環球時報》欣慰地表示：「我們眞的不要因為我們內地新一代的年輕人看到了境外『太多』的『不良信息』而感到擔心。因為實踐已經多次證明，那些信息不僅沒令他們迷失，反而令他們更加清楚的看到了對與錯、是與非的界限，令他們變得更成熟。」

被報導的主角劉子豪事後告訴記者，他並不滿意「極左立場」的《環球時報》借他的口表達他們的政治立場，「我覺得他們有點利用我。」

劉子豪說自己很愛國，不想申請香港永久居留權，因為不願意放棄內地戶口。另外又說自己「政治冷感」，會以「外國是否反對」來作為判斷事物好壞的標準：「外國都反對的，就是要做的；都支持的，不會是好東西。外國怎麼會眞心實意希望你中國好？當然希望你越亂越好。」同時，他又再三聲明，自己「不是參加反日遊行的腦殘愛國」。

在媒體上走紅以後，家鄉的媽媽每天都擔心他會「被泛民激進派打」，吃個飯都要打電話來，叮囑他「吃完飯就回家」。

汪煜和Darwin非常反感《環球時報》，覺得民主牆的事被《環球時報》報導，讓他們有「被當槍使了的感覺」。但Darwin也說，即便被利用，自己也不會沉默不發聲。「因為《環球時報》要拿我們寫文章，我們就不幹了？不能這樣。這是完全兩碼子事。」

《環球時報》報導的走紅，令事件由校園走向公共領域，引發了大量大陸網友對香港的嘲諷和恥笑，也令部分陸生「士氣大振」。

自此，民主牆上陸港兩邊攻守互換，大量不同年級、男男女女的陸生一窩蜂參與了進來，用中國特色的網路文化「洗版」了民主牆。有貼暴走漫畫（一種流行於網路的開放式漫畫，常被用來做迷因圖）的：「你們這麼鬧我就放心了，香港的未來就靠你們了」、「我為你們的智商感到捉急（註：著急）」；有貼「Beijing is not China」的；還有用文言文回應的：「爾等衣食中國之衣食，非他國之衣食也……亂者乘釁，混亂香港，妄圖盜中國之天下。」

香港學生則直接在陸生貼的紙上寫文反擊：「大字報睇來似中國文化大革命（大字報看起來像中國文化大革命）」、「我出生就係香港人，非中國人！」，有的還貼出香港網路流行表情圖「奸淫擄掠貪偷呃拐騙這就是中國」，還有的貼出了中華民國國旗和「HK is not China. China is not PRC.」、「三民主義統一中國」、「全港大專生使用民國紀年抗議打壓香港民族自決，中華民國框架下實現香港民族自決」等等大字告示。

民主牆就此進入了中港混戰模式，一直持續到學期結束。

衝突的結束與開始

自從在民主牆發言之後，汪煜收到了很多陸生回應，許多人對他表示「出了一口氣」，「憋了兩、三年的怒氣終於發出來了。」他說，日常生活中積攢的怒氣，同學們「平常都忍了」，而這次的「HK is not China」，讓陸生中的不少人都感到「實在是忍夠了！」

也有陸生批評他們，指他們的莽撞反擊讓事情鬧大，令香港網民「加深了對大陸的敵意」。

事件落幕之後，汪煜也「心情微妙」起來。他自己寫了一條總結發在微信朋友圈：「一天以前我還在想怎麼搞個大新聞把local（本地生）批判一番，然而火得太快不免有些惶恐，記者會怎麼去寫新聞？內地朋友看到了又會怎麼去想？中港矛盾是不是只會加深？」

很多人擔憂，未來類似的衝突會越趨激烈。

香港入境事務處資料顯示，二〇一四年，有一萬九千六百零六名學生從內地到香港就讀，大部分修讀專上學院的課程。在爆發民主牆風波的理工大學，二〇一四到二〇一五學年的新生中共有一千五百九十七名陸生，占學生總人數的百分之九點二一。

這些內地學生的圈子很小，尤其是同一所大學的本科生，入學時都是在非本地生O week（迎新周）、O camp（迎新營）中由學長姊一步步領進門。在這些活動中，內地新生會自動劃歸到內地舊生的帶領下，老鄉幫老鄉。曾組織過三屆O week的Darwin說，他們接待新生時事無巨細，會把對香港交通懵懵懂懂的新生們從各個地方接到學校，帶他們辦學生證、銀行卡、身分證，再幫他們找到宿舍、餐廳、圖書館、教室，還會組織各種「吃喝玩樂」的破冰活動，總之就是「帶著跑，別丟了」。

這樣一年一年的迎新下來，陸生數量又相對少，很容易就形成了內部的「抱團」（小圈圈）。「我們和香港學生也玩不到一起去。」汪煜說。

在近兩年的政治氣旋中，香港與大陸在對方心目中的形象都在急劇下滑。香港眼中的中國大陸，背信棄義，政治高壓；中國大陸眼中的香港，嬌生慣養，崇洋媚外。而夾在其中的在港陸生，大部分很難真切地知道，這過程是如何發生，也未必有自覺去辨析和思考。

許多人看不清這中間有多少是官方輿論引導造就的偏見，也不了解背後有多少複雜痛切的歷史政治背景，初來乍到，感覺到來自本地年輕人鮮明的排擠與壓力，便本能地使用自己熟悉的系統語言去還擊。這類表達，卻幾乎無法促成理解。往往是一把猛火，越燒越烈。

「豺狼當道，安問狐狸？」Darwin心聲如此，「我們出來讀書的大部分是中產階級，不是掌控國家命脈的人，也不是大資本家。香港人針對我們沒有任何意義。」在他看來，香港人無法改變那些來自北方政權的痛苦，就發洩在他們身上，「我們這些人，只不過是替罪羊。」

一位不願意透露姓名的香港中文大學副教授坦承：「這兩年內地生所感受到的敵意是眞的。陸港矛盾越來越激烈的背景下，不僅僅政治上，包括利益上、宿位上都會有衝突。而在香港，隨著本土主義興起，尤其是香港人在轉變自己身分認同的過程裡，會格外要與內地人區隔。內地生當然可以感受到這種夾縫感和敵意。他們會抱團，很自然。」

嶺南大學文化研究系副教授羅永生曾撰文分析，自二〇一一年起，香港的本土意識追求便由重寫殖民歷史的、非排他的多元文化左翼立場，讓位於明確地以激化「中港矛盾」作為新的抗爭手法的右翼路線。香港中文大學社會學系副教授陳健民認為：「這一路線通過攻擊內地人來建立本土概念和論述，不僅認為中共政權有問題，連帶著對中國社會、文化和內地人都有負面評價。這使得近年來香港的陸生處境變得更為尷尬。」

陳健民對前景相當悲觀：「內地生對香港的自由、民主不公開表態，也會令本土主義持續誤解中國。而香港本土主義發展下去，一定會對陸生全面開戰。」

「你不知道香港經歷過什麼」

一月二十四日，星期天。Darwin難得有空走出實驗室，作為宿舍的tutor，組織了一群學弟學妹們打羽毛球比賽。汪煜知道後，也去觀戰。

和寫下「HK belongs to China」的那一天一樣，他從校外的宿舍出發，穿過重重的天橋，從民主牆旁經過。

他也路過了理大的學生書店，店裡左側第二排，顯眼地擺放著一系列暢銷的香港書籍：《鬱躁的城邦：香港民族源流史》、《中國天朝主義與香港》、《重寫我城的歷史故事》、《被時代選中的我們》。汪煜只看了一眼隔壁書架上的熱門科幻小說，很快就走了出去。

離開中國大陸不到三年的汪煜對香港政治不太關心，他說立法會選舉「如果加一下內地人福利的話，我可能會關注一下」。他覺得香港人上街沒有意義：「以為喊喊口號，大家支持，事情就會改變，這種想法很中二，真要改變香港，就好好讀書，爬到高的位置。」

在汪煜看來，「香港問題二十年內可以完全解決，人心回歸。」他說自己來香港三年，「見證了它的衰落」，感覺心情複雜。「我對香港感情很深。很多人過分強調『非我族類其心必異』，過分強調什麼土生土長，但其實我們都是一樣的，說到底都是中國人。」

不管是在民主牆，還是在理大Polylife臉書專頁的留言中，都有不少香港同學明確寫下：「我生來就係香港人，非中國人！」汪煜顯然無法理解香港同學這一種憤怒的來源。

汪煜在書店錯過的這些書，Darwin曾看過幾本。

Darwin已經在香港第七年，對香港今天的處境，有更多的理解。「很大程度上我十分理解現在香港青年人的想法、做法、痛苦與困惑。」

不過他將香港的身分認同更多歸因於時間：「香港人產生香港身分認同是因為被占領的時間足夠長。出去不能說自己是英國人，也不能說自己是中國人，那就說自己是香港人，時間長了這種本土意識就起來。台灣不也是嗎？五十年足夠了。」

對「香港民族自決」的主張，他不能認同：「香港人在基因上和廣東一帶漢族幾乎沒有區別。我們東北幾百萬滿族人，還沒要民族自決，憑什麼你們就能說自己是一個民族，然後就要獨立？」

香港城市大學創意媒體學院教授魏時煜居港多年，在她看來，大陸人會罵香港人不愛國，是因為用斷裂式的眼光看香港，「因為你不知道香港經歷過什麼。」「有那麼多痛苦，香港的過去沒那麼簡單。但當陸生在民主牆上捍衛中國主權的時候，就等於把香港人變成鐵板一塊，認為香港人都一樣，把許許多多的香港人都忽略不計了。」

八月起，Darwin就將是擁有投票權的香港永久居民了。

「在香港，你有比較欣賞的立法會議員嗎？」我問Darwin。

「我覺得長毛（梁國雄）挺帥的，整天穿著個切・格瓦拉的T恤到處跑。作為正經的無產階級出身，還是挺值得讚賞的。」他說。但他又馬上話鋒一轉，嚴肅起來：「他還是太激進了，我不會投他。」

實際上，Darwin已經申請了美國某大學的PhD學位，一畢業就會離開。這也是汪煜對自己的前路規劃。

後記

在香港的語境裡，我們要尋找的情感痛點究竟是什麼。是中港矛盾的微妙平衡何時會「爆」，還是這群陸生究竟是不是「洗腦五毛」？

陸生群體是複雜的，我沒辦法精確地知道，高調愛國的陸生在這個群體中究竟有多主流，像「內地生撐香港」（成立於二〇一四年十月一日的內地生支持香港雨傘運動群組）這樣的小圈子在陸生中有多邊緣化，又有多少陸生是不沾政治、只為學業事業找更好發展平台的沉默大多數。雖然同樣離家在外，但這些圈子之間是互相切割和防備的。

而中港矛盾發展到今天，早已超越了論述對論述、政策對政策，已經是人對人了。中國官方一直以來解釋、不少大陸人也眞心篤信了的圖景是這樣的：「香港沒有中國早就玩完了」、「香港被寵壞了」、「香港丟了優越感心理失衡」、「香港年輕人沒吃過苦所以不懂珍惜」。在香港，人們看到的圖景，則是自由行導致鋪租高漲，老店消失文明下降、大陸學生是來「搶學位」和「搶工作」、新移民都是來呃（騙取）綜援……

民主牆事件中雙方的交鋒，脣槍舌劍不管多凌厲，總是打不到對方的刃上。從主權和身分認同扯到簡體字和繁體字，再來到互揭對方的歷史傷疤，最後陷入一片無論點、純發洩的嘲諷謾罵式混戰之中。

對陸生們的訪談做到深入處，我的情緒也越來越複雜。

他們都是普通學生，孤身在外，這一點其實和我一樣。Darwin和我一樣暈車，因為胃不好。採訪時他媽媽正巧打電話來，囑咐他香港降溫，要多穿衣服。我問他六四的問題時，他避而不談，但採訪結束後他卻沉吟一會兒，突然對我說：「現在你沒有錄音筆了，我們可以來聊聊六四。」

在中港矛盾不知何時就「爆煲」的今天，對各方的記錄和理解之必要，即使多艱難也要進行下去。理解和記錄的背後，是絕不可放棄的同理心。我的看法是，不是只有冷靜、全面的觀點才有記錄的價值。

那些眞實的情緒，站在中港兩側的人們無名的憤怒、壓抑下的失聲、掙扎著的怒吼，都眞實而事出有因，要好好寫下來。電影《十年》的走紅，正是香港人恐慌的最好寫照。

陸生在民主牆事件中的抱團「出戰」，也正是他們背負著國族認同、處在矛盾夾縫之中的一次情緒釋放。某種意義上，這些愛國陸生是否也可被稱為「中國的本土派」呢？他們與背負香港民族的認同使命、以矛盾來完成自我建構的香港本土派，是不是可以在共通的脈絡下，被視為各自生長的兩面？

文章刊出後，我發給 Darwin 看，他前前後後、仔仔細細地看了兩遍，然後告訴我，這稿子充分體現了他「作為中產階級準知識分子的進步性和妥協性」。

在言論相對自由的香港住得久了，看到這樣含蓄、「高級黑」的幽默，我總是要花好幾秒才能適應。適應過來之後，我明白他最終還是承認了自己的犬儒，他不反駁我所寫的任何一句，包括他自己的前後矛盾和有時略顯脆弱的自證。我們幾次的長時間採訪，也是增進對彼此和自我認知的機會吧？

在不同的人之間，對話總是有意義的，我始終這樣認為。

2017年11月10日，寫於北京

2、演「鬼子」的日本人

演員走在路上，都怕被認出來。日本演員三浦研一遇到的問題更棘手一些。走在北京街頭，他常被路人認出，被喊成「那個鬼子」，有時年紀大的男士看到他會直接罵，「你們日本人有啥了不起啊，你們日本人驕傲什麼啊……」

所以，最近幾年，三浦研一出門必備兩樣東西：一頂貝雷帽和一副沒有鏡片的黑框眼鏡。帽子下藏著一顆光光的腦袋，眼鏡的做工精良，不走近了，還真看不出是個「偽裝」。

他已在中國生活了整整二十年，其中有十八年是在各類電視劇、電影中出演「日本鬼子」，比如《建黨偉業》中代表日本與中國簽訂《二十一條》的日本外交官日置益、《生死線》中出身貴族並熱愛決鬥的日本軍官伊達雪之丞、《走向共和》中的日本海軍陸戰隊將軍野村。所以中國觀眾都叫他「鬼子專業戶」。

這份工作，兩面不討好。他不僅被中國人咒罵，也令日本人不滿。曾有好奇的中國網民在社群媒體上發問，為什麼會有日本人願意到中國演「鬼子」？討論的結果大多不過是「經濟原因」、「混口飯吃」、「為了生存」。不過三浦研一說，其他人也許是，尤其是二〇〇八年之後大批湧入中國的日本演員，那是奔著錢來的，可他不是。

他出身於東京江戶川區，童年曾跟隨父親在美國紐約的曼哈頓區生活六年，三歲學習劍道，讀私立高中，擁有青山學院國際政治學碩士學位，更是日本的中國研究大師天兒慧的弟子。來中國的那一年，他帶著三十萬人民幣，邊讀中國社會科學院的國際關係學博士，邊在五道口開一間「悟空酒吧」，還曾在中國社科院兼職任教一年，一群中國菁英學生跟他修習日本文化，其中一些學生後來做了大學教授。可他最後卻選擇做了演員，專演「日本鬼子」。

說到這，三浦研一輕笑一聲，有些無奈地糾正這句話：「我是選擇做演員，不是選擇演鬼子。因為我剛開始做演員的時候，沒想到會一直要演日本軍官。」

後悔嗎？他說不。用了五根菸的時間，三浦研一與我分享了他的異鄉故事。

研究中國，做學者不如做演員

三浦研一是最早進入中國的日本演員之一。二十年前，在中國大陸發展的日本演員還不到五個。那是一九九七年，日本的GDP總額超過四兆美元，而中國只有九千億美元。他卻覺得中國有活力。「雖然那時候老百姓穿得破破爛爛的，」他用帶日文腔調的北京話說，「但我特別喜歡那個時候，大家沒有裝逼。」

他愛強調自己與普通演員的不同。「我的老師天兒慧曾經說，他培養出了日本的國會議員、外交官、電視主播，唯有一個我，是他學生中唯一的演員。」在青山學院讀碩士的時候，三浦研一跟著天兒慧讀了兩年的中國研究。

他對中國的興趣，一開始與抗日戰爭並沒什麼關聯。三浦的祖父在二戰期間是做保險庫生意的商人，曾在抗日戰爭時期到過上海，但祖父與父母從未和他討論過中國的事。而在小學、中學階段，他只記得課本上總說日本是對美國戰敗的，「我們的假想敵是美國。」至於中國，「有說日本的軍隊『去過』，但有的書說『侵略』，有的書說『侵入』，很模糊。」

直到他上了高中，偶然看到兩本周恩來的傳記，才第一次對中國產生興趣。他至今心醉周恩來，「作為歷史人物，他還是當今世界我最欽佩的人之一。每次有日本朋友來中國找我，我都帶他們去天津的周恩來紀念館，算起來已經去了好幾十次。」他欽佩周恩來什麼？「他一路加入革命的理想，和他親民的態度。」

後來他成為一名佛教徒，隸屬池田大作創立的國際創價學會。在池田大作的書中，他得知周恩來曾在病榻上與池田大作會面，又讀到湯恩比與池田大作對話的《展望二十一世紀》。「看到他們的友誼，對我影響非常深。」

在青山學院碩士畢業後，三浦研一仍覺得對中國的了解不夠多。他告訴自己：「一個研究者需要客觀的分析，就要來這裡看看，來這裡生活才行。」大學畢業後七年的工作經歷，讓他攢下一些錢，他於是在一九九七年下定決心，買下單程機票，飛到中國，在北京城西北的五道口租房子住下，先在語言學校學一年半的中文，再去社科院讀博士。

他的研究興趣集中在意識形態。「我想知道，各個國家之間的意識形態差異是怎麼發生的，社會上的心理狀態又是怎麼造成的？」他舉例說，中國人從一九四九年開始不斷受到共產主義的影響，而日本則是自由主義和民主主義的國家。「現在中國人的片子，美國人、日本人看不懂，那有沒有可能通過一些文化的傳播方式，最終達到一種『共同的意識』呢？」

博士三年級，他在中國社科院兼職教日本文化，看著五、六十個學生，全是中國菁英，他卻覺得很不滿足。「我覺得我接觸不到大眾。」剛好那時，趙寶剛導演帶著《夜幕下的哈爾濱》來找他，片子講述的是上世紀三〇年代在偽滿統治下，哈爾濱共產黨人的抗日故事。他心一橫，放下博士論文的開題報告，決定入行做演員，出演城府頗深的日本高級軍官小原大佐。劇中，他用比如今吃力得多的中文威脅一個中國人：「在哈爾濱，還有關東軍不能進的門嗎？」

從《夜幕下的哈爾濱》開始，他逐漸獲得主要配角的扮演機會，包括二〇〇九年《生死線》中，讓人又愛又恨的伊達雪之丞，同年的《闖關東2》中的藤本警官。

頻繁出演日本軍人，讓他開始閱讀大量關於抗日戰爭的史料，去中國各地拍戲，也總愛和當地的老人家交流。「我想聽他們的眞心話，到底那個時候你接觸日本軍隊，是什麼感受？什麼情況？」有的老人告訴他，當年就是「鬼子來啦！特別害怕！」也有一位陝西農村的老人家讓他很意外。那是二〇〇六年他拍電影《圍剿》的時候，三浦研一出演日本軍官河野隊長，沒想到村子裡一位近八十歲的老人突然對他說出了日語。「好幾十年沒說了，村裡人都不知道他會說日語。他知道我是日本人，就告訴我說這邊有個山，上面原來有砲台，有砲兵。砲兵是只針對天上飛機的，陸地上和村民交情都非常好，一起玩。村子裡有婚禮，日軍都會來參加，還一起喝酒，他就是這麼學的日語。」

三浦研一說，在北京的學院裡做學者，和知識分子交流，當然有意義，可是能有這樣的經歷嗎？「這些事情讓我想到，戰爭是必須每個格子每個格子來看。當然，整個戰爭是最好要避免的。」

到今年，他已經出演了近百部電視劇和電影，演過至少兩次岡村寧次，兩次東條英機。但他的競爭對手越來越多、年紀越來越年輕，就連過去在台灣發展的日本演員也跑來中國「吸金」。其中最主要的原因是這二十年間，影視圈對能出演「日本鬼子」的日本人，需求越來越大。

發生在一九三七年到一九四五年間的抗日戰爭，一直都是既被中國官方相中、又被普通觀眾熱愛的題材。尤其是在臨近二戰結束紀念週年的年份，抗日題材的影視劇經常獨霸螢幕。但雖然劇集產量變多，卻大多是手撕鬼子、石頭打飛機、雪地強姦村婦的「抗日神劇」，三浦研一的選擇變得越來越少了。

不想拍神劇，想拍那些「不能拍的劇」

採訪中，三浦只拒絕回答兩件事，一是具體年齡，二就是他演過哪些「不想演的角色」。這兩項資料在互聯網上都能找到，可他不想證實。

「有些小角色，糟糕的角色，為了生活，有的時候需要演那種。這種我在演員簡歷上就不寫，忘掉。」

他列舉自己的接戲要求，要先看劇本，然後是導演、演員陣容、製片公司……「有的劇本看著實在太糟糕了！」什麼樣的太糟糕？「不現實啊，呵呵。」他笑笑說。「可能中國人估計呢，日本人是一定要欺負中國人的，必須要當一個壞蛋。這種場景，我覺得很幼稚。」

在演歷史上的眞實人物之前，他會先研究史料，看這個人在歷史上對這些事件是什麼想法。「演一個日本軍官，就覺得這個人他肯定要去南京了，他肯定要去大屠殺了。其實軍隊裡面也有人是不想做的、反叛的，這種矛盾也是有的。所有的日本人不一定了解所有的日本人，就像每個中國人不一定了解所有的中國人。每個軍人的想法不一定都是一樣的，就好像我們每天的生活，都有很多矛盾。」三浦說，演日軍不是想得那麼簡單。

再比如說，他看到很多中國演員演日本人，覺得「做不成」。許多細節方面的事，例如東京人、大阪人有不同的方言，有些思想也不同，中國演員就很難注意到這些事。

「我當然尊敬中國的英雄，但我也尊敬我的角色。」三浦研一說。

可惜，許多劇集並不需要一個有血有肉的日軍角色，只需要他出演兇狠的殺人機器。二〇〇五年，他在出演《我的母親趙一曼》時，就曾因為自己給角色演出了殺人前的表情變化，被導演制止，「不用這麼多。」

這種琢磨角色的習慣從他最早出演《走向共和》的時候就養成了。那時有一個簽署《馬關條約》的場景，扮演李鴻章和八國聯軍外交官的演員坐在前面，三浦研一站在後面的一排「各國軍官」中間，演一個日本小軍官。其他小演員都站著不動，只有他演的角色，先是正一正軍服，然後忍不住好奇，微微踮起腳想看前面，結果重心沒控制好，差點摔倒又趕緊站回來。導演張黎誇獎了還是群眾演員的他：「三浦是會演戲的。」

到了二〇〇九年的電影《拉貝日記》，他只演一個拿著喇叭、沒有名字的日本士兵，對一群中國人喊：「吃飯了！」然後這些人一過來，就被掃射殺害。但這個士兵事先到底知不知道這麼多人要被殺了？他覺得這很關鍵，因為如果這個士兵知道，拿喇叭的感覺就不一樣了。但劇本沒有寫明，他就去問德國導演，兩人討論了很久，最後確定這個士兵是知道的，他的「吃飯了」最後是帶著顫音喊出來的。

說起這些研究角色的細節，三浦研一說著說著就在咖啡店裡演起來，場景重現，興奮非常。他想和國際上的大導演合作，比如李安、吳宇森，但回到現在的現實情況，他就連連歎氣。「現在好作品不多了！」他曾經接過一部戲，本來的拍攝計劃是一百二十天，後來因為製片方要節省成本，減到二十天。他被迫放棄和妥協了很多自己原先的設想，心裡很不舒服。現在「流量」小鮮肉崛起，他自認不是「網紅」，「是演員不是藝人」，跟其他中國演員比，收入「不到人家的千分之一」。「前幾天一個製片人告訴我，某演員現在一部戲的價格是一個億，他還接了一個廣告，兩個億。一個演員幾十個廣告，那一年能賺多少啊！」

他放下半根菸，連連搖頭又擺手：「我是沒有，幾千萬都沒有。」

劇集品質下滑、影視資源分配不均，他開始想在中國大陸以外，拍一些「不能拍的抗戰劇」。說到底也是題材問題，他特別想拍的兩個題材，一是二戰結束時，滯留在中國東北的日本遺孤。二戰結束的時候，蘇聯軍隊進到中國內蒙和東北一帶，超過兩百萬日軍和日本僑民要撤離。「那個時候雖然國家之間發生強烈的衝突，但老百姓是無辜的，有些農民撿了日本女人留下的孩子，老百姓幫助老百姓。」他想自己找人寫劇本，做製片人。「這是我覺得中國人很好的地方。可是現在不讓拍啊！雖然說（不讓拍）是為了人民、為了國家，但是怎麼說呢，唉……」

另一個題材是更不可能在中國大陸開拍，劇本已經在創作之中，他希望可以去日本或美國好萊塢拍攝。這故事要講的，是一九四五年到一九四九年的國共內戰中，滯留在中國的日本殘兵分別為國共兩黨軍隊效力的事。戰爭史研究者、上海交通大學歷史系教授劉統曾在書中詳細提到，共產黨的東北野戰軍怎樣徵用了八千多名日本醫生和護士，並收編日本專家重建東北兵工廠，造出的砲彈用於淮海戰役。而國民黨徵用日本殘兵，則曾被中國共產黨新聞網發文批評，指日軍團長元泉馨被國民黨的閻錫山部隊吸納，「與人民解放軍作戰，繼續屠殺中國人民。」

三浦研一說，這種題材他不會考慮在中國拍，因為審查太厲害了。「但這是歷史非常盲目的一個點。這是真實的、充滿矛盾的歷史。」他不僅想做製片人，還想自己也演上一把。

中國人「還未長大」？

對中國大陸的媒體，三浦研一從不提那些不能拍的題材。他也不在微博、微信朋友圈發任何埋怨「鬼子」角色太幼稚、不現實的評論。

「這些東西還是敏感題材，現在都是上面來管輿論。」日本人的身分，也讓他對中國觀眾說話特別謹慎。「透過我的研究和觀察吧，美國人、歐洲人，或是我們日本，是自由國家，想知道什麼信息，都可以在網上知道，什麼音樂都可以聽，想看，什麼都能看。可是目前中國大陸不可以。」

他覺得這才是抗戰劇越拍越難看的原因。「老百姓知道的東西就跟其他國家不一樣，包括編劇導演，他知道的東西那麼少，他自己的意識形態限制了他的作品，做出來的作品就是那麼回事，很簡單，不能說服其他國家的人，只能中國人愛看，還感動。」

說到愛看和感動，他馬上想起票房破五十六億的《戰狼2》。他不屑，「我不看，沒意思。」

為什麼沒意思？他語調一轉，口氣沉沉地說，「現在的中國人，還沒有長大，還像孩子一樣。」這個「沒長大」，是他說的「不理性」、「只是仇恨別人」、「把過去不好的事情總記著」，還有對《戰狼2》式超級英雄的崇拜。「你要相信自己，沒有自己，就沒有家庭，那就沒有社會，就沒有國家。這不是從上而下看國家給你什麼，而是要看你自己。你自己幹嘛了？自己幹不了，就喜歡英雄，那你做得了英雄嗎？」他又比喻說：「這就跟我們看奧特曼一樣，是做夢。」

他記得在中日關係落入冰點的二〇一二到二〇一四年，自己有一段時間儘量白天不出門。「因為我住的隔壁有些房地產廣告，或是咖啡廳門口、羊肉串兒店門口，都寫著『日本人和狗不得進入』。」

那幾年，在中國的日本人境遇確實不好。曾有熱門新聞，講幾個日本人怎樣被友人一路護送離開中國，「避避風頭」。二〇一二年是中日釣魚島問題升溫的一年，九月，日本宣布「國有化」釣魚島後，中國各地出現大規模的反日示威，北京、西安等多個城市都發生了打、砸、搶。日系車被砸，有人的腦袋也被砸破。在三浦研一長年生活的北京，不少中國民眾到日本駐華大使館門口扔雞蛋、扔礦泉水瓶，還和武警發生衝突。到二〇一四年初，日本解禁集體自衛權，中日關係再度陷入冰點。

三浦研一說：「那我很容易被認出來，就不敢出門，也不敢坐出租車。不是說他們一定會做什麼，但就是怕萬一。」

他知道現在尤其是一些年紀大的中國人，對日本人還是有仇恨，或者是有刻板印象。「有的人會覺得壞事都是日本人幹的。比如誰偷東西了，你是哪的？你呢？哦，肯定是你日本人幹的。」

在中國被戴上有色眼鏡看待，很不好受。有的日本朋友勸他少演一點壞角色，不然大家以為日本人都這樣，怎麼辦？我也問他，就不擔心自己演那麼多日本軍官，會加深中國觀眾對日本的刻板印象，助長仇日嗎？

「沒有。」他辯解道，「因為這只是表演，而且我選擇的角色雖然是軍人，但他內心是非常豐富的。」

我追問：「你覺得觀眾能理解到這個內心的豐富嗎？」

他長出一口氣。「慢慢兒理解吧。」剛剛才說過老百姓「不理性」、「沒長大」，他又兜回來一點，「現在老百姓不像過去，所有播出來的東西都相信。」

在中國二十年，他的中國朋友已經比日本朋友多了。五十多歲了，「我沒有後悔來中國。」他自己算一算，又喃喃地說：「二十年哦！差不多快一半的人生在中國。」「我也愛中國。我是大愛的。」

他沒有孩子，離婚後一直獨身，父親去年去世，八十四歲的母親頗受打擊，讓他萌生了一個月回一次日本的想法。如果有孩子，他還是會讓孩子在日本，「要讓他有自由的空間，獨立思考。」

今年他難得接到一部不是抗戰題材的電影，去越南拍，演一個潛水店的老闆，他很喜歡。如果可能，他當然想多演一些「鬼子」以外的角色，想演好人，演主角，演「只能我來演的角色」。

採訪結束，三浦研一和我確認，中國大陸的讀者需要翻牆才能看到文章，笑說「那更好」，「這樣有些話他們看不到，比較好。」

天色暗了，他走出咖啡店，T恤背後寫著兩個大字：「過客」。我追上去問，他是不是過客？三浦研一笑笑，沒回答。

3、麥高登的非裔廣州

2018年4月2日，寫於香港

許多人類學研究都有點像長期的調查報導，人類學家麥高登（Gordon Mathews）說。但大部分記者時間有限，只能短暫接觸報導人，讓他覺得十分可惜。然而這一次，他發現自己遇到了相似的困境：「許多出現在我書裡的人，我後來再也沒見過。」

他說的是他去年出版的新書《The World in Guangzhou: Africans and Other Foreigners in South China's Global Marketplace》（南中國的世界城：廣州的非洲人與低端全球化），全書的重點是廣州的一到兩萬非洲人。這本書的田野調查在二〇一四年完成，三年多過去，他當時訪談的許多在廣州經商的非洲商人，尤其是奈及利亞人，已經在幾年間被遣返回母國，甚至不知所蹤。

「當然，」他解釋道，「商人本就來來去去。」但這種情況和他在香港重慶大廈遇到的實在不同。

出生於美國的麥高登在一九九四年到香港定居，現於香港中文大學人類學系擔任系主任。二〇〇六年，他開始在香港尖沙咀的重慶大廈做田野調查，二〇一一年出版的《世界中心的貧民窟：香港重慶大廈》讓他在人類學領域內外都名聲大噪。重慶大廈也承載大量的跨國商人和逾期滯留者，比廣州更早，許多南亞裔商人早在二戰前就生活於此。

「我十年前在重慶大廈認識的好多人到現在都還在那，沒什麼變化。」麥高登說，「但廣州不是。」

在《南中國的世界城》書中最沉重的第五章「合法與非法」中，他寫道：「截至二〇一五年十二月，廣園西路百分之六十的逾期滯留者都被抓了。」這解釋了他與這些報導人失去聯絡的眞正原因：中國政府開始大規模的抓捕與驅逐這些來自非洲的逾期滯留者。這些逾期滯留者大多數是來自奈及利亞的伊博人，廣州的廣園西路是他們經營小本生意的主要地區。同屬一區的小北路，則聚集著人數較少的、來自中非和東非的商人。當然，不是所有在廣州生活的非洲商人都是逾期滯留者，麥高登說。

要還原一個這樣的生活圖景無疑是複雜的。在廣州，這些故事裡有流離的命運、至上的利益、虛假的婚姻，還有各式各樣的傲慢、偏見與夢想。他花了一本書的篇幅，嘗試以人類學的方式，講述一個被主流華人社會排斥在外的，非裔的廣州。

低端全球化：從重慶大廈到廣州

不論是寫廣州還是重慶大廈，麥高登的書寫都圍繞著一個詞：低端全球化（low-end globalization）。與高端全球化相比，低端全球化才是全球七成人口置身其中的、更廣泛和貼地的全球化。研究重慶大廈時，低端全球化是他目睹的那些被運往非洲的廉價山寨手機。十年過去了，這種全球化的模式沒有變，但交易發生的地點，卻幾乎完全挪到了廣州。

「重慶大廈早就已經不是我寫它時的那個重慶大廈了。」麥高登說，「這也是我寫現在這本書的原因。因為低端全球化的中心從重慶大廈移到了廣州。」

這是一個拿來做標題一定能吸引香港人眼球的論述。但麥高登說，不要驚訝，「若是熟讀重慶大廈那本書的人，就會注意到我在那本書的結尾已經提出，低端全球化正在逐漸移往中國。」

他仍與重慶大廈的商人們保持聯絡，有一段時間，會每週六去給大廈裡的難民上課。變化如他所料，重慶大廈大部分的手機外貿商都已經搬到廣州。可為什麼重慶大廈看起來景況還不錯？那是因為旅館和餐廳的生意還不錯，他說。

和跨國大企業相比，低端全球化涉及的金錢和交易訊息都比較少，幾個家庭成員，乃至於一個小商人就能處理。「違法或半違法、山寨、假貨、廉價、賄賂海關、偷稅漏稅、路邊攤、小販、發展中國家。」這是麥高登給出的低端全球化關鍵詞，也描繪出非洲商人們在外國進貨，然後走私商品回國，再在路邊和露天市集販賣給本國人的路徑。

而他在廣州看到的，則像是一個放大、鋪平、伸展了好多倍的重慶大廈，包含廣州市越秀區的小北路、環市中路、天秀大廈、廣園西路、珠江新城在內，組成一個新的低端全球化中心。

麥高登生活在香港，之所以注意到廣州，是因為他在重慶大廈認識的一些商人要去廣州做生意，他就跟著去了幾次。二〇一三年開始，他工作日在沙田的中文大學上課，週末則幾乎全部在廣州的旅館度過。和調查重慶大廈時的方法一樣，他住遍了廣州小北路附近各種價位的旅館，從天秀大廈裡不到兩百元人民幣一晚的房間，到珠江新城裡一千元人民幣一晚的房間。搭訕的地點是酒店大廳、電梯，時間是早餐時間、晚餐時間。他也和兩個合作夥伴楊瑒、林丹一起，在小商店、餐廳、咖啡館、酒吧中尋找報導人。

他發現這裡生活著一萬到兩萬非洲人。他問商人們為何去廣州，得到的答案是：「很多重慶大廈的商品是在中國大陸生產的，那為什麼不直接去生產它們的地方呢？」和重慶大廈不同，廣州不僅是轉運中心，更直接是廉價商品的製造中心。

「對這些發展中國家的商人來說，廣州是他們在全世界能找到的、最好的進貨城市。」麥高登說。

有經驗的非洲商人告訴他，在一九九〇年代和二十一世紀初，扮演這種角色的城市曾是印度尼西亞首都雅加達，以及泰國首都曼谷。現在它們已失去吸引力，因為品質上升、仿冒貨品減少，「曼谷製造」在非洲已經成了優質衣物的代名詞，不再是多數人買得起的貨物。

在雅加達和曼谷褪色的同一時期，非洲人正慢慢進入廣州。麥高登發現，在一九九〇年代末，廣州就已經有一個奈及利亞教堂了，而他調查的一個重要地點天秀大廈，也在二十一世紀初就有了固定的外國社群。許多商人對他說，在那之前，要進入中國並不容易。但一旦大門敞開，聰明的生意人總是會湧向最少轉運成本的地方，直撲商品的生產源頭——工廠。

那麼香港呢？麥高登半開玩笑地說：「現在可能進入香港倒變得困難了，因為香港越來越擔心難民問題。」

不過，他認識的那些從重慶大廈去廣州的非洲商人，大部分還是對他說更喜歡香港。「因為廣州用Gmail、臉書都不方便，而且資訊不流通。」不過他們都認同，「那邊才是世界的未來。」

滯留者：像老鼠一樣活著

商機、未來、成功故事，廣州以全球廉價商品製造中心的身分吸引著非洲商人，但麥高登的田野調查發現，很少人能真的功成名就、衣錦還鄉，許多人甚至無法全身而退。

這些沉重的故事在各國商人身上都有發生，但人數最多的就是生活在廣園西路的奈及利亞人。「小心使用『非洲人』這個概念。」麥高登提醒，「換成『亞洲人』來想，這個概念完全無法表達香港人、日本人和巴基斯坦人的不同。」

那麼要使用什麼概念呢？他在書的第二章講述了八個外國人的中國夢，八個人中，有貧窮的歐洲男性、有錢的非洲女性，有跨國大企業駐華的日本雇員，也有散盡家財的奈及利亞滯留者。他想說的是：「貧富之分、第一世界與第三世界之分，不僅體現在國與國之間。即使是同一塊非洲大陸，中非、西非、東非，乃至同一個國家內部，也能看到同樣的分野。」

其中最弱勢的莫過於滯留者。奈及利亞滯留者Kingsley在書中對麥高登形容，自己就像是「Discovery頻道那些在水潭喝水的羚羊，隨時都會被水裡潛伏的鱷魚吃掉」。對滯留者來說，鱷魚就是查證件、抓捕他們的中國警察。

「世界上沒有哪國政府會對這麼多逾期滯留者放任不管。」麥高登說。他也這樣告訴這些滯留者。但不論是滯留者們，還是經過研究的他，都覺得這並不是中國政府大規模抓捕的唯一原因。政府官方宣稱的行動理由，是有「非洲犯罪分子」在廣州販毒。但麥高登認為，政府只是拿這一小部分的毒販作為藉口，以此遣返所有的逾期滯留者。「許多廣州市民也不喜歡城市裡有這麼多非洲人。他們會說，中國是中國人的。」

為躲避警察的抓捕，大量滯留者躲藏著生活，在警察下班後才敢出來做生意。被抓的下場，則是「不知被關在哪裡，也不知道關多久，也沒有人通知你的家人朋友」，「就像消失了一樣」。但警察會允許滯留者對外要求保釋金。麥高登打聽到的保釋金數額，是一萬到一萬兩千人民幣，這對絕大多數滯留者來說都是一筆巨款。交完保釋金，滯留者會被遣返回母國，並且五年之內不得入境中國。而許多滯留者已經有了中國女友或是事實婚姻的妻子，更有人生下了孩子，怎麼辦？「他們通常會以分手為結局。」麥高登說。

既然滯留被抓的後果如此不堪，為何還有這麼多奈及利亞人要在廣州非法滯留？原因很多，麥高登發現，奈及利亞是最不受中國海關歡迎的國家之一，一名滯留者曾告訴他，海關要他付兩萬人民幣來續六個月的簽證。「他當然付不起。」而另一個原因則更為複雜，關乎低端全球化的本質。「高端全球化以合約為基礎，但低端全球化靠的是信任。所以你必須親身在那裡，盯著每一步。」麥高登說，這也是為什麼非洲商人非得要跑到中國、住在中國才能進貨的原因，畢竟這在電商發達的年代聽起來有些麻煩。「但你不太能相信他們。」幾乎每個他採訪過的非洲商人都抱怨中國的廠商會騙人，但他能證實的例子不多。在書中，一名擁有英國居留權的西非商人則形容，中國人對待合約就像是對待廁紙。

即便如此，還是有許多奈及利亞人寧願非法滯留在廣州也不願空手回家。麥高登採訪的數名滯留者都開出不同的「成功價碼」，「我賺到五萬美金就回去」、「我賺到一萬五美金就回去」，因為他們想證明自己在海外賺到了錢。也有人說自己的要求不高，「別人開林寶堅尼，我起碼也要開個得勝吧。」

然而事實是，麥高登聽過太多這樣的暢想與目標，但卻沒見過幾個眞的做到的人。唯一比較接近的版本是，一個奈及利亞滯留者終於賺到了足夠的錢，去警察局自願交了高昂的罰金，然後自費買機票回到奈及利亞，但卻迅速在老家被騙光了錢。

這些慘淡的人生經驗混雜著他們對發財和出人頭地的憧憬，然而麥高登說，中國人並不歡迎他們。他的田野調查告訴他，中國人確實想要一個更加國際化的國家，但卻免不了是一種「嫌貧愛富、帶有種族觀點的國際化」。廣州，作為珠江三角洲最重要的製造業中心，想要吸引的是發達國家的白人。

但麥高登看到的是，「真正在國際化這座城市的人，可能偏偏是那些沒錢的外國人，而不是有錢的外國人。」一個例子是，他訪談到的為跨國大企業服務的歐美和日本人，都在自己的中產社區裡封閉地生活，不與中國社會有真正的接觸。反而是非洲與中東的小商人，才會在街道、商場、工廠裡和中國人直接打交道，用英文和中國人交談。

但看起來，中國政府正把這些廣州國際化的推動者一波一波地遣返回非洲大陸，漏網之魚則繼續不甘心地活在陰暗的角落，夜幕降臨時才伺機而動。一名奈及利亞滯留者在書中對麥高登說，他們就像老鼠一樣活著。

不存在的「Black Chinese」

在最暗黑的滯留者故事之後，麥高登還是不願放棄他最初開啟這項研究時的假設。他本以為，非洲人與其他外國人在廣州的大量出現，會把中國由單一的漢民族至上，變得更加多元、國際化，令廣州成為世界的城市。他問每一個報導人：你覺得會出現「中國的歐巴馬」嗎？

「中國的歐巴馬」，指的是非裔中國人（black Chinese）。有些人回答，會。但更多的人說，不會。麥高登發現，大部分非洲人對中國只有經濟層面上的興趣。「因為他們只是商人啊。」絕大多數商人都沒有移民到中國的計劃，他們只是來來去去，一次停留二、三十天，一年三、五次。簽證過期的滯留者則更不可能移民到中國，一旦有過期紀錄，被遣返後就更難再次獲批簽證。

來自中非國家剛果的一名中間商對麥高登說：「我在廣州是謀生（make a living），不是在此生活（make my life here）。我不想變成中國人。」

他們不想成為非裔中國人。為什麼？這個他問了多次的問題，最終令他反問：「他們為什麼要呢？不需要啊。」

他慢慢意識到，即使拋開政府的態度不談，廣州對許多非洲商人來講，也不是一個能自然而然吸引他們留下來生活的地方。太多隔閡，例如語言、宗教、大漢族主義。很少有非洲商人不是基督徒或穆斯林，但反過來，大部分他們接觸的中國人都沒有宗教信仰。一位西非商人在書中對麥高登說：「我信仰上帝，而他們信仰金錢。（I believe in god while they believe in gold.）」

一位在廣州小北路混得相當不錯的中非商人Cam則說，當中國人叫他「外國朋友」的時候，他們強調的是「外國」，而不是「朋友」。他們即使愛中國，也不會被接納，中國永遠不會成為他們的家。

不過，麥高登也遇見過不少會保護非洲滯留者的中國人，通常是商場的管理員和房東。但這並不是出自友誼或善心。有個中國女人告訴他：「要是我的非洲客人沒了，生意做不成，我可賠不起，我當然要幫他們逃跑了！他又不是我朋友，我也不特別喜歡他，但他還欠我一個月房租呢！」

拋開所有這些，麥高登也在廣州遇到過真心愛上了中國女性而在中國結婚生子的非洲人。不過幸福的案例並不太多，大部分面臨女方家庭的阻力。麥高登的分析並不浪漫，這些婚姻看起來更像是沒有城市戶口的中國農村女性為提高經濟地位而做出的選擇。而對許多非洲男性來說，一個中國女友或妻子可以幫助他們更好地和廣州的廠商做生意。

而他們的混血後代，會成為「中國的歐巴馬」嗎？麥高登並不樂觀。他在書的最後一章寫道：「我懷疑，在二十年內，我在這本書裡提到的所有非洲人和他們的後代將全部離開廣州。」

離開廣州之後，去哪裡？和重慶大廈的褪色一樣，麥高登覺得，廣州的褪色甚至不用二十年，「可能未來十到十五年，或者更快。」廣州，乃至於中國，在他看來，作為低端全球化中心的地位都是暫時的。褪色的原因都是相似的，工資上漲、貨品價格上漲、法律更嚴、山寨貨更難生存等等。許多非洲商人曾告訴他，他們考慮之後離開中國去東南亞做生意。「越南的胡志明市？或是孟加拉的達卡？還沒有人知道。」

儘管問題重重，但他肯定廣州為世界帶來的價值。低端全球化所倚賴的山寨貨、逾期滯留、走私、腐敗等問題，雖然非法，但在他看來，卻並非不道德。「他們給世界帶來的裨益終究還是多過損害。」他也並不把這本書的基調定位為暗黑與苦難。「我的書像是在說，嘿！這裡有一群人正為尋求更美好的生活而努力著呢！」

後記

和重慶大廈的研究一樣，麥高登這本關於廣州的書也不是典型的學術書籍。一個很有趣的概念是，他希望「將人類學民主化」，寫大眾能讀得懂的人類學。「因為讓人類學被更多人讀到，是很重要的事。」

他知道《重慶大廈》一書大部分的讀者都不是人類學家，希望這本書也能如此。他正在進行中的研究已經和低端全球化無關，而是探討死後的人生。但人類學家總不排除任何的可能性。「如果有一天我在廣州認識的商人朋友給我打電話說，『嘿，我們要去胡志明市了，這兒有一個超級大市場！』那我有什麼理由不去呢？」

4、走私者的自由港

2017年3月21日，寫於香港、肯亞、廣州

在肯亞北部的桑布魯草原，七十四歲的動物學家伊恩・道格拉斯－漢密爾頓（Iain Douglas-Hamilton）給我講述了七年前到訪中國雲南的經歷。他在西雙版納見到當地人對亞洲象的呵護，頓時獲得了某種信心：「既然他們那麼在意自己的大象，那也會在意非洲象。」事實是否眞的如此呢？

如果這個推斷成立，沒有大象棲息地的香港似乎不能給保育者帶來任何信心。香港的每一個合法象牙商人，如他們自己所說，手上並沒有沾過長牙從大象腦殼中拔出的鮮血。作為終端市場和中轉地，香港在這條漫長的利益鏈中，似乎處於脫離了黑暗原始積累的高位。喜愛觀音像的收藏家，欣賞的是觀音平和的面目，牙雕師傅畢生所學，刻出的鏤空牙球是嶺南雕工，足足三十二層。不過是隔了十七個小時的飛行距離，非洲與香港見到的這根長牙，已經是完全不同的樣子。

盜獵、犧牲、臥底；自由港、走私、全球貿易。同為《華盛頓公約》非洲象計劃首要關注地區的香港和中國，在過去一年中先後提出全面禁止本地象牙貿易。中國大陸要在今年年底全面禁貿，香港則要在五年內完成禁貿三部曲。但拆開貿易鏈上的每一環，禁貿之路，又何止三部曲？

反盜獵前線：「在殺死那隻動物之前，他們必須先解決你。」

東經三十八度，南緯二度。就在我抵達前兩日，肯亞東察沃國家公園，在今年的二月十七日傍晚，突然下起了雨。四個手持ＡＫ–47突擊步槍的人在茂密的灌木中挾雨勢而逃，腳印被迅速抹去。

「五個盜獵者，殺死了我們的巡邏員。我們幹掉了其中一個。」肯亞野生動物保護局發言人保羅．加提圖（Paul Gathitu）說。

保羅十五年前從反盜獵前線退下，此生失去過許多戰友。綽號「Charlie 2」的彼得．桑加維（Peter Sangawe）是第一個。那天，Charlie 2出去巡邏：「一〇五（總機號碼），我是Charlie 2！」對講機另一側的副巡邏長保羅如常回答：「OK，Charlie 2，前進！」

「Charlie 2，前進！」「Charlie 2，前進！」沒有回音。盜獵者一槍打死了他。這是一九九二年一月十六日，梅魯國家保護區。

而二〇一七年二月十七日殉職的亞當．哈皮．古由（Adan Hapii Guyoo），也並不是最後一個。三十歲出頭的亞當做了七年反盜獵巡邏員，被射殺前，正在拆除盜獵者為大象設下的陷阱。

殺象，是為了取牙。非洲象的牙齒有三分之一深入腦內，內有神經，盜獵者通常會切掉大象的整張臉，或是乾脆把頭砍下帶走。一隻成年大象的兩根象牙可重達十至一百公斤，根據白牙、黃牙、血牙的成色不同，可在中國廣州的黑市上賣到二十二萬至四百四十九萬港元，或是在香港賣到三萬至七十七萬港元。

層層利益鏈下，底層盜獵者只能從中分一小杯羹，但已令許多人甘心搏命。亞當遭遇的盜獵者，就在車中備下三十五顆子彈、煮食爐、電筒、水和糧食，潛伏在察沃的大象棲息地。與亞當隸屬的十一人巡邏隊交火前，他們已經成功取得兩根象牙。但正如保羅過去多年的經驗，兩星期後，在更多象牙的誘惑下，他們又回來了。

三月三日上午十一點，槍戰再度爆發，四人盜獵團再失兩員後，舉槍射中了巡邏員羅巴・杜巴（Roba Duba）的頸部，並未致命。剩下的兩名盜獵者負傷逃走，但不能走遠，六小時後再與巡邏隊交火。激烈對戰中，巡邏隊長伊薩・杜巴（Issa Duba）一命換兩命，與二人同歸於盡。

「這是一場殘忍遊戲。」四百多公里外，首都奈洛比，以獵獅習俗聞名東非的馬賽族武士丹尼爾・桑布（Daniel Sambu）對我說。

十四年前，桑布和族人改變對待野生動物的態度，停止獵獅，並開始為保育大象而加入反盜獵。多年來的數次交火告訴他，貪心的人類比獅子更加危險。「這裡的巡邏員和警察正因為盜獵而喪命。」正如彼得、亞當和伊薩。

「事情其實很簡單。你站在持槍的盜獵者和動物中間。在殺死那隻動物之前，他們必須先解決你。」他說。

肯亞全國有上千個這樣的反盜獵巡邏員，除了肯亞野生動物保護局的隊伍外，還有眾多民間力量。桑布所在的組織大生命基金會（Big Life Foundation）負責西南方向的馬賽地區，東南方向的察沃亦有察沃野生動物基金會，北部的桑布魯，則有北部草原保護基金會和「拯救大象」（Save the Elephant）的反盜獵組織。比起官方保護局，這些民間組織和當地部落有更密切的關係，不僅招募部落的青年男子加入隊伍，還幫草原叢林中的部落保護牲畜，提供淡水運輸、青年獎學金、手工藝品銷售及醫療協助等服務，令與野生動物共同生活的部落居民受益，從而轉化為巡邏隊最可靠的情報來源。

在北部的桑布魯保護區，來自博勒納（Borana）部落的阿卜迪卡里姆（Abdikarim）就是北部草原保護基金會的巡邏隊長，他的隊伍中還有來自索馬里部落的阿布迪諾爾（Abdinoor），來自桑布魯部落的萊塔拉薩（Letalasa），來自圖爾卡納（Turkana）部落的約翰（John），和其他二十人。

阿卜迪卡里姆是二十四人團隊中唯一受過教育，會講英文的人。在反盜獵前線，英文不是必須，會講部落的斯瓦希里語，擁有一眼識破幾公里外動物保護色的視力，在叢林中不迷路，認得出野生動物的糞便，會開槍，這些才是必須。「我們從小生長在野生動物中間，很熟悉大象的習性。」阿卜迪卡里姆說。他的隊伍曾在剛入行一年後擊斃兩名剛剛殺死大象的盜獵者。

「兩人都是一槍斃命。這裡的人不少都是神槍手。」

這天早晨五點四十五，我跟隨阿卜迪卡里姆的一個四人小組從駐地出發，進行三小時的晨間巡邏。這個時間，大象已從夜間休憩的山坡上下來，進入灌木叢吃草，盜獵者熟悉大象作息，會伺機動手。在叢林中行走，阿卜迪卡里姆提醒我注意腳印。「這個人類腳印是部落的人留下的，因為後面有牛羊的腳印，證明他是放牧的。但如果沒有，那這人在這深山老林裡做什麼？是不是盜獵者？」追蹤可疑腳印，是他反盜獵十四年來最主要的日常工作之一。

這裡受兩個地區組織和官方保護局一同嚴密監管，盜獵較受控制。阿卜迪卡里姆上一次遇到盜獵者，已經是去年十二月的事。當時，五個盜獵者帶著重型機槍，一見到巡邏車就開槍。「我們立刻從車上跳下來，大喊『停下！投降！』」阿卜迪卡里姆說。但對方沒有停下，激烈槍戰中有三個盜獵者被打傷，但最後還是逃脫了。所幸，盜獵者還沒來得及殺死大象。

過去十四年中，他曾和幾十個盜獵者交手，「他們很了解大象，知道子彈和毒箭要打耳後敏感位置，死得快。」

依照盜獵者的習性，他們總有一日會再回來。但逃脫的盜獵者實在無處不在，野生動物保護局的保羅已經不記得，當年殺死Charlie 2的盜獵者最後究竟有沒有抓到。「有時候抓到也不一定能控告成功，因為上了法庭要講證據，只有人證是不夠的。」Charlie 2的全名彼得·桑加維，已經刻在了犧牲隊員紀念碑上，亞當和伊薩的家人則剛剛為他們舉行了葬禮。

「世上還有很多其他專業工作，但做反盜獵的特別之處在於，你會知道危及野生動物性命的不只是乾旱和洪水，還有拿槍的人類。」保羅說。

國際禁貿二十七年，盜獵不止

在這個國家的反盜獵史上，早在一九七六年，就有野生動物保護局的巡邏員犧牲，此後幾乎每年都有新的死亡數字，二〇一六年仍有至少三個。而今年伊始就失去亞當和伊薩兩名巡邏員的察沃地區，一直以來都是盜獵熱點。二〇一三年至今，察沃國家公園已經有一百四十二人因盜獵被捕。這片四萬兩千平方公里的保護區裡，生活著大量成年公象，其中約十五隻擁有可垂至地面的驚人長牙，被稱為「長牙象」（Tusker），全世界僅存二十五隻。

二〇一四年，肯亞最大的「長牙象」薩陶就喪命於此，終年四十五歲。近乎七日、二十四小時的全天候保護也沒能救下牠的性命，盜獵者以毒箭射殺薩陶後，切下了牠的整張臉，帶走了象牙。而就在今年一月，同樣是在察沃，五十歲左右的「薩陶二號」也被獵殺，巡邏員最終從盜獵者手中奪回了牠的全屍，包括一百零二公斤重的一對象牙。

「情況本來不應該如此。」野生動物管理局的保羅說。因為這一切，都發生在旨在保護野生動物的聯合國《瀕危野生動植物種國際貿易公約》（CITES，又稱《華盛頓公約》）成立之後。一九七五年，CITES成立，一九七七年，非洲象就被列入附錄II，一九八九年提升至附錄I並禁止國際間的象牙貿易，唯一被允許的例外情況，是得到CITES大會投票通過的「一次性買賣」。各國在一九九〇年前取得的象牙庫存，則仍可以在國內市場進行買賣。這意味著早在二十七年前，國際間的象牙貿易就已經是非法，只能透過走私來完成，而非洲國家內部的消費市場，根本不可能消化如此昂貴的象牙原料。但時至今日，非洲的盜獵卻仍在繼續，難道是禁令無用？

象牙盜獵的貿易鏈彼端，是走私和黑市的猖獗。聯合國毒品和犯罪問題辦公室數據顯示，走私野生動物製品，是全球僅次於毒品、軍火、人口販賣的第四大走私問題。而在非洲，象牙在所有野生動物製品走私中排名第一，走私的目的地很集中，絕大部分在亞洲。

有象牙保育界「教父」之稱的七十四歲動物學家伊恩・道格拉斯－漢密爾頓、CITES非洲象專家組唯一華人成員張立，以及聯合國環境署野生動物貿易倡導官麗莎・羅斯・哈格柏格（Lisa Rolls Hagelberg），都認為盜獵狀況的起落，與中國大陸、香港、日本等主要市場的象牙價格浮動，有直接的連結。

畢生致力於大象保育的伊恩年輕時走遍非洲，晚年則帶領自己創辦的「拯救大象」在桑布魯駐紮。嚴密的管控令桑布魯成為整個非洲最受保障的大象棲息地之一。但二〇〇八年之後，隨著CITES批准中國一次性從非洲四國購入六十二噸象牙，刺激了需求，中國市場上的象牙價格在四年內翻了三倍。伊恩和他的巡邏隊員都感受到最直接的影響——因盜獵而死的大象數量從每年不足五十隻躍升至每年近百隻，在二〇一二年甚至超過了兩百隻，而這還只是桑布魯一地的情況。CITES素來以PIKE（Proportion of Illegally Killed Elephants）數據來顯示盜獵的嚴峻程度，二〇〇八年，桑布魯的PIKE超過了百分之五十，意味著每兩隻死亡的大象中就有一隻是死於盜獵。到了二〇一一年，這一數字更是破紀錄地逼近百分之八十，即每十隻死亡大象中，可能有八隻都死於盜獵。

「那幾年我們失去了大量的成年公象。緊接著，稍微年長的幼象也開始被殺。」伊恩回憶。在西南部馬賽地區反盜獵的桑布也有類似的經驗，「那時候我們每星期都能發現三到五具被盜獵的大象屍體。」

伊恩開始著手在全非展開評估，「我意識到，如果連桑布魯的情況都這麼糟，那整個非洲的盜獵一定惡化得相當嚴重。」如他所料，評估結果顯示，二〇一〇到二〇一二年間，非洲有約十萬隻大象死於盜獵。

沒有人敢斷言CITES在二〇〇八年的一次性銷售決定是導致這一切的罪魁禍首。但這場禁貿二十餘年後的盜獵高峰，再次印證了國際間一直提倡的「市場導向」，意思是說，消費市場的需求加大、價格攀升，不論是黑市還是白市，只要是旺市，就會給原產國傳遞一個清晰的訊息：象牙值錢。對非洲原產國的盜獵者來說，國家公園裡滿地跑的大象就是待掘的黃金，黃金越值錢，他們就越拚命。

時代的恐龍，還剩多少？

位於肯亞首都奈洛比的「小象孤兒院」（David Sheldrick Wildlife Trust）曾警告，若大象盜獵狀況再發展下去，到二〇二五年，非洲象可能會滅絕。一九七〇年代，全球有一百二十萬隻非洲象，到去年，國際自然保護聯盟（IUCN）統計顯示，只剩四十一萬五千隻。大象會在我們這一代滅絕嗎？會成為當代的恐龍嗎？

非洲的草原象和森林象同樣面臨威脅，草原象的牙齒更長，叢林象的牙則更硬。東非多草原象，而中西非多森林象。在今年三月三日的世界野生動植物日上，CITES發布了最新的PIKE數據，指出中非的剛果民主共和國、馬利、剛果共和國、加彭和莫三比克面臨著尤其嚴重的盜獵危機。IUCN的數據顯示，中非國家查德已經失去了百分之九十的大象，曾擁有最多森林象的剛果民主共和國，只剩下五千到一萬隻大象。相比之下，東非的盜獵情況則在二〇一三年開始趨向穩定，尤其是肯亞察沃的反盜獵成效顯著。但整個東非仍在過去十年中失去了一半的大象，肯亞南邊的坦尚尼亞和莫三比克是最大重災區。

非洲大地的草原叢林，廣袤無邊，大象又隨時都在移動，這些大象數量變化的數據，是前線巡邏員每天在叢林中觀察記錄、研究員在直升機上肉眼清點，與GPS衛星定位實時追蹤結合，才得出的珍貴數字。

但數字統計總是抽象的。為了保護每一隻大象，在肯亞桑布魯，「拯救大象」組織的長期監測計劃給每一隻大象都編號、起名字，記錄牠們的出生地、年紀、脾性、親子關係、經歷……

達維多・萊蒂蒂亞（Davido Letitiya），是「拯救大象」組織成員，每天由營地出發，清點桑布魯保護區的每一隻大象。不是每隻大象都會天天出現，例如二月二十四日，我跟隨達維多出車，就見到了這裡六十七個大象家庭中的五個。六十七個家庭中，每個家庭有十到四十個成員。雨季時，桑布魯平均每天會有一千隻大象出沒，旱季則會有一百隻左右。

大象壽命很長，可以活到六十多歲，記憶力良好，又是母系社會，每個家庭通常有兩隻高齡的母象作為領袖，憑藉幾十年生活經驗來決定全家何時行動，何時休息，哪裡安全、哪裡進食飲水。小象則懵懵懂懂，要一直跟著媽媽，夜裡，只有小象會躺下睡覺，媽媽和其他成年家族成員則將牠圍在中間，全部站著睡覺，更有幾隻整夜清醒，負責全家的守衛。

而在盜獵者眼中，成年大象更有吸引力，因為牙齒更長。一歲的大象就會開始長出牙齒，但通常要到兩歲，長牙才會伸出嘴巴。大象咀嚼用的牙齒對盜獵者無用，他們要的只是用來打鬥和自衛的兩根長牙。人類的這種偏好，常讓大象家族失去決定方向的領袖，導致家族的崩潰。

在灌木叢中，達維多找到了是日的第一個大象家族，Maro。大象吃草、灌木和一些低矮樹木的樹葉，但最喜歡灌木。達維多透過牠左耳被灌木刮傷的疤痕，認出了牠。這是Maro家族的一位少女，十二歲的M26-05，牠已經懷孕，生下孩子後就會被賦予名字。牠的身旁，是二〇〇〇年出生的表親M26-00。在完全沒有通訊信號的叢林中，GPS運作如常，達維多記下：緯度〇．五七二三〇二，經度三七．五四九五八〇，海拔八百四十五米，二月二十四日下午一三：二九：二一，見到Maro兩隻，進食中。

繞過被稱為「睡象」的小山丘，Shelly、Rosewood、Cloud家族都在灌木叢中進食。Cloud家族有桑布魯最年輕的小象，二〇一六年出生、不足歲的小公象Pilipili。小象依偎在媽媽身旁，用鼻子捲起地上的沙土，玩著撒土遊戲。比Pilipili不幸很多的，是幾百米外的Abiba。牠有一個糟糕的童年，二〇一一年，在牠十歲時，牠所在的Swaili家族因為盜獵而失去了所有成年的母象。在四個倖存的孩子中，年紀最大的Abiba不得不擔起領導家族生存下去的重擔。

牠的境況令「拯救大象」成員非常擔心，於是請來醫生為牠麻醉，在牠脖子上安裝了可以實時追蹤位置的GPS頸圈。整個桑布魯保護區約有六十隻大象裝有GPS頸圈，是重點監測對象，數據傳送到與Google Earth合作開發的手機APP中，過去每天的行走路線都可追蹤。六年後的今天，Abiba和一位表妹都已經做了母親，家族終於趨於穩定。

達維多繼續記下：Abiba，平靜。「拯救大象」的成員把大象對人類的反應分成三類，一是平靜，二是略有不安，三是緊張。大象的記憶力使牠們記得遭遇過什麼樣的人類，有時見到車會嚇跑，或是憤怒地追上來，這就是遇到過盜獵者、或是人象衝突而造成的結果。「大象很清楚，只有人類是牠們最大的威脅。」達維多說，「牠們現在看來很平靜，但我們永遠不會知道，什麼時候牠們就會一個一個死在槍下。」

野生動物保護局的保羅曾動情地描述，大象是和人類一樣情感豐富的動物。一隻大象死後，牠的家庭成員會圍住牠的身軀，甚至坐下來，十分鐘都不動，以示哀悼。

「這種動物具有象徵意義，我認為牠和肯亞人一樣，強大的同時，又很溫柔，照顧著彼此。」

在嚴密保護下，桑布魯自二〇一四年後，再沒有大象遭到盜獵。但開創這一局面的「拯救大象」創辦人伊恩並不滿足於此。他以最近被指森林象消失八成的加彭明凱貝國家公園為例，「他們有個很好的國家公園，但反盜獵資源嚴重不足，他們非常需要幫助。」二〇一六年，整個非洲的PIKE數字仍然在百分之五十以上，其中西非和中非都在百分之七十以上，意味著每十隻死亡大象中，就有超過七隻死於盜獵。而大象的出生率也還遠低於死亡率，種群數量仍在下降。

已經七十四歲的伊恩並不氣餒，也不打算停下。「七〇年代我在烏干達見到太多大象死去，情況似乎只會越變越糟。但你總要做你相信的事。」他說，「但當你看著那些還活著的大象，牠們仍在那裡，你今天仍可以走進草原和森林，近距離地，就像我和你這麼近，觸手可及，見到活生生的大象。這令一切都值得。」

拯救七十九個孤兒

人類對大象來說，究竟是怎樣的存在呢？長到六個月以上，大象的記憶力就會開始發揮作用。遇到過一次盜獵，牠們就會明白，人類是威脅。但在肯亞首都奈洛比國家公園的「小象孤兒院」，人類可以是小象的母親。

二月的一天，五歲的小象Barsilinga和七歲的Orwa在國家公園進行了一場頂鼻子比賽。這場力道的較量最終以平局結束，雙方都從樹林裡奔向各自的小木屋，因為下午五點了，是媽媽餵奶的時間了。牠們的媽媽就是「小象孤兒院」的飼養員。牛奶是精心配製的蔬菜配方，用人類嬰兒奶粉加營養片、消化片和維他命C，兩歲以上的小象，一次要喝兩瓶。奶瓶當然是大象使用的特大尺寸。牠們每天早上六點就和二十五個夥伴一起到樹林裡玩耍，適應野外的環境，中午回到孤兒院，在泥潭洗個澡，喝過牛奶再出去玩，到下午五點回來。

Barsilinga和Orwa都是母親遭盜獵的孤兒。

二〇一二年四月十三日晚，臨近北部桑布魯族部落的巴西林加（Barsilinga）社區傳出槍聲。第二天早上，當地居民發現了一隻前胸中槍的母象，牠的兩隻前腿都因為痛楚而跪下，身旁有一隻剛剛兩週大的小象。這隻母象就是Barsilinga的媽媽。盜獵者嚴重打傷了牠，但未能令牠放棄抵抗，小象也勇敢地保護著媽媽。肯亞野生動物管理局的獸醫接報到達現場，但她傷勢過重，無藥可救。Barsilinga在當日早晨九點最後一次喝了媽媽的奶，很快成為孤兒。下午一點半，「小象孤兒院」的救護人員趕到，救走了牠。

「小象孤兒院」自一九七七年創立至今，已經收養過幾百隻小象，其中七十九隻是盜獵遺孤，其他則源於人象衝突、饑荒或母親的自然死亡等等。

要代替大象媽媽養育小象並不容易，「小象孤兒院」的創辦人大衛．謝爾德里克（David Sheldrick）是第一個嘗試的人，他在七〇年代研究了許多方案，包括奶粉的配方，終於成功養活了一隻小象。位於國家公園內部的選址，也考慮到小象成年後回歸野外的問題。至今已有近兩百隻小象在成年後回歸野外，大多融入了國家公園的野生大象家族，被成年母象收養。

「小象孤兒院」育嬰主管愛德溫．盧希奇（Edwin Lusichi）回憶，由於Barsilinga母親死亡時，牠的年紀太小，還不能記事，因此一、兩天就適應了孤兒院的生活，對人類也沒有敵意。但一歲及以上的小象就要花一個月時間才能適應。而母親是不是因為人類而死，也影響適應期的長短，就算是已經一、兩歲的小象，如果母親是自然死亡，通常也只要幾天就能適應。

在適應期，小象和自己的人類媽媽幾乎二十四小時在一起，牠睡乾草，媽媽睡釘在牆上的木板床，角落有隨時可以取用的毛毯。全天候陪伴是因為牠隨時都會餓，也隨時都會冷，想念大象媽媽時，人類媽媽還會讓牠吮吸手指，以示安慰。

「小象孤兒院」的存在啟發了肯亞各地的保育組織，去解決盜獵的衍生問題，避免更多大象死去。例如北部的桑布魯，就已經有自己的「小象孤兒院」。而每天中午十一點至十二點、晚上五點至六點，奈洛比的「小象孤兒院」還會向遊客和學校開放導賞，愛德溫與幾名飼養員輪流解說每隻小象的來歷，做反盜獵社區教育。遊客更可以月捐或一次性捐款，成為小象的養父母，拿到領養證書，定期收到小象飼養員的日記和最新相片。

生態旅遊，正成為肯亞越來越重要的經濟來源。聯合國環境署的麗莎．羅斯和新聞官斯特凡（Stefan）都認為，遊客為野生動物而來，既能為當地帶來收入，也能令部落更珍視野生動物，還可以改變遊客的消費觀念。「這就像，當你探訪了沙漠地區之後，你回家再也不會開著水龍頭刷牙了。見到眞正的野生動物，會令更多人想要保護它們，就不再消費野生動物製品。」斯特凡說。

一百美金殺一隻象，前盜獵者的轉型

一條象牙貿易鏈的組成，包括非洲的盜獵者、地區收貨人、港口收貨人、遠洋集運商或人肉走私客，再到亞洲市場的中間進口商、轉口商、象牙加工廠、象牙店鋪，乃至中間每一次上高速公路、過海關、批證件，可能牽涉的賄賂。若這批象牙的走私要輾轉經過中東、斯里蘭卡、越南、菲律賓等地再上香港和中國大陸，則當地的轉口商或許也會分一杯羹。

開篇提過，中國廣州的黑市和香港市場對原條象牙的買入價非常高，一對一百公斤的象牙最多可以換來四百四十九萬港元，相當於五十七點九萬美金。不過原來，位於貿易鏈底層，卻冒最大風險去搏命的盜獵者，即使在市價最高的二〇一一年，也只能從一隻大象身上得到一百美金，不到最終利益的萬分之二。而平常年份的報酬，更是只有五十美金一隻象。

但這樣的「工作」，還是有人做。

「我曾經是一個很壞的盜獵者。」今年四十九歲的穆庭達・恩迪沃（Mutinda Ndivo）說。一九八九年，二十一歲的穆庭達從父親那裡學會了使用毒箭，成為一名大象盜獵者。沒有人知道他到底殺過多少隻大象，據他自己說，他曾在一天內殺過七隻大象。持續不斷的收入使他的這份「工作」持續了二十一年，也令他臭名昭著。

不過，二〇〇七到二〇〇八年，他被大生命基金會的巡邏隊抓到了兩次。攜帶象牙令他面臨監禁和高額罰款，巡邏隊手握證據，隨時可以送他上法庭。但大生命基金會創辦人，肯亞森林警察之子理察・博納姆（Richard Bonham）找到了穆庭達，勸說他轉型加入巡邏隊。同為巡邏隊成員的丹尼爾・桑布說，將穆庭達送入監獄，遠沒有招安他的用處來得大。「他了解盜獵的運作，可以幫我們抓捕更多盜獵者。」桑布說。

談話勸說後，理查給了穆庭達一個月的時間。一個月過去了，穆庭達選擇轉型，月薪兩百美金，並真的幫助巡邏隊抓捕了大量盜獵者。

「其他盜獵者不會恨他出賣大家嗎？他這樣做豈不是很危險？」聽到這裡，我忍不住問。

「但他別無選擇。」桑布說，「我們有他所有的證據。」

二十七歲的約翰沒有穆庭達那麼「資深」，他在十八歲的時候被一個盜獵頭目招攬，做了三年盜獵。由於年紀小，頭目沒有給他槍，只讓他做輔助工作，例如切下死去大象的臉，取出象牙。

約翰和他的頭目都來自桑布魯的部落，象牙收貨商並不清楚當地的大象是怎麼出沒的，因此必須利用本地的部落。和穆庭達一樣，約翰透過盜獵賺了不少錢，但問題是，他的部落和野生動物管理局及兩個地區組織都關係密切，成為盜獵者的他不再被部落接受，必須生活在叢林中，也見不到家人。

「那時候每個人都知道他在幹這個。他躲進森林，半夜偷偷回部落看一眼家人就走。」桑布魯的「拯救大象」組織成員杜德（Daud）說。

被部落排斥之外，賺的錢也不斷花完。他不能再吃部落的食物，需要自己買食物。為了把象牙帶出叢林，他還賄賂森林警察。逃跑需要車輛和汽油，殺象需要槍枝和子彈，都要花錢。他還要賄賂目擊他作案的部落成員，讓他們不要告密。「錢拿到手，都花光了。他當時是全部落最窮的人。」杜德說。

三年後，約翰也和穆庭達一樣，接住了地區巡邏隊伸出的橄欖枝。那時他已窮途末路，有一次身上帶著象牙被抓，好不容易逃走，而與他一起生活在叢林的頭目也被野生動物保護局的巡邏隊殺死了。他用斯瓦希里語解釋轉型原因：「部落和巡邏隊、野生動物保護局互動太密切，再做盜獵的話，很容易被抓。而且做了巡邏隊，家人也得到益處。」

的確，他加入桑布魯北部草原保護基金會的巡邏隊，可以賺到月薪兩百五十美金，比做盜獵時收入高多了，而且穩定。「錢不多，但總好過盜獵。」這是桑布的評價。

而在地區組織的幫助下，部落也重新接納了轉型後的約翰。杜德告訴我：「在他正式加入之前，我們已經先跟部落談好，說這個人我們已經招安了，你們給他留間屋，歡迎他回去吧。」

聽完約翰和穆庭達的故事，我心中最大的疑問是，這樣的「將功贖罪」，真的可以為兩人免除殺害野生動物的法律責任嗎？在肯亞，攜帶野生動物製品包括象牙，最低刑罰是五年監禁或罰款一百萬肯亞先令，即一萬美元。「但他現在已經是一個很有貢獻的巡邏隊員了，不是嗎？」桑布說。

「這裡九成的走私者都是中國人」

基層盜獵者之上，是橫跨全球的有組織犯罪。

肯亞第二大城市蒙巴薩，就是東非野生動物走私的主要出口。肯亞野生動物管理局的保羅說，過去六年中，烏干達、蒲隆地、坦尚尼亞、剛果等國家的許多走私象牙都從蒙巴薩出港，前往中國大陸、香港和越南。

走私犯很狡猾，會將象牙申報成雨傘、菸草、木頭、茶葉、花生甚至避孕套，或是混入這些合法的出口產品當中，以躲過海關檢查。二〇一三年前，肯亞國內的野生動物管理局、海關、警察和情報部門還未能連動，令監管尤其困難。

東非的走私狀況促使聯合國在二〇〇四年推出貨櫃管控計劃，計劃進駐非洲的二十三個國家，包括肯亞、坦尚尼亞和烏干達，幫助培訓海關人員識別走私者的慣用伎倆，也做情報互通。聯合國毒品和犯罪問題辦公室東非野生動物與森林犯罪協調員哈維爾・蒙塔諾（Javier Montano）說，改進海關抽檢貨櫃的抽樣方法，非常關鍵。以蒙巴薩為例，若情報顯示近年的慣用走私方式是象牙混入茶葉，那就提高茶葉貨櫃的抽檢率，又例如幾次大型走私都是以新加坡為目的地，則要特別注意前往新加坡的貨櫃。

蒙巴薩海關在二〇一七年二月中旬就曾截獲一艘以新加坡為目的地的象牙走私船，船長原本申報的貨物是木材，但在最後出海時偷偷混入了一批三、四噸重的象牙原料，情報部門接報時，船已離港幾小時，所幸沒有駛出公海，海關一個電話，把船拉了回來。

不過哈維爾・蒙塔諾說，近兩年，水路走私的案例似乎正在減少，更多出現了由「旅客」隨身攜帶或藏在行李箱中，透過民航空運進行的走私。他舉例去年在奈洛比國際機場，曾一次檢獲三十四個內有象牙製品的行李箱，且都屬於坐同一班飛機的旅客，當中的象牙加起來達到了四百六十公斤。「這已經說明所謂旅客和有組織犯罪正在結合，因為這種情況肯定不會是巧合。」他說。

哈維爾・蒙塔諾相信，大部分在非洲走私象牙的有組織犯罪，其頭目都在非洲之外，不排除在亞洲，在中國。Wildlife Direct法務主管吉姆．卡拉尼（Jim Karani）手握肯亞全國一百零九個法庭的每一單象牙相關案件，他肯定地告訴我，在肯亞機場因攜帶象牙製品而被海關抓捕的旅客中，九成都是中國人。

法庭案卷顯示，從二〇一四年到現在，三年中共有二十六個中國人捲入二十二個走私象牙案件。這些人多數都攜帶象牙製的耳環、手鐲、項鍊等小飾物，也有人攜帶切成幾段的原條象牙，混在其他動物的骨頭當中。吉姆記得有一次，一個中國人在一件特製的背心中藏滿了手鐲和象牙珠子，「那是最有創意的一個。」

不過，這些中國人在法庭上通常都會辯解，「我一開始不知道你們國家不能帶」、「我在烏干達那邊買的」、「我是初犯」、「我是路過你們國家轉機而已」、「我只是想買個手鐲做紀念品」，諸如此類，法官也會給予最低刑罰，罰款一萬美金就放人。多年來，只有不到五個在肯亞試圖走私象牙的中國人進了監獄。和哈維爾．蒙塔諾一樣，吉姆認為這些人不能單純稱為旅客，或是起碼要視為打上引號的「旅客」。

記者到訪肯亞期間，吉姆的同事茱蒂（Judy）正在監察一單去年五月發生的中國人攜帶象牙案。法庭文件顯示，三人包括一名來自中國河北的三十六歲男子，以及另外兩名姓王和姓高的中國男子。去年五月二十二日，三人在距離奈洛比約四十六公里外的錫卡（Thika）高速公路上被警方截停，車中發現兩公斤切成段的象牙原條。茱蒂分析，在高速公路攜帶原條駕車，顯示三人和普通旅客不同，可能是在運貨，不過案件還未進入審理程序，最後的結論還未可知。

另一種華人：為大象臥底調查

在這些中國人涉案的法庭現場，絕大多數時候都沒有黃種人出現在旁聽席，不過有時，會見到一個瘦小的華人翻譯出現在不諳英文的被告人身側，他就是前《南方週末》環境調查記者、在非洲創辦華人機構「中南屋」的廣東人黃泓翔。雖然站在被告人身側，但黃泓翔在非洲的作為和這些被告大不相同。

他曾在南非調查鮑魚走私、在烏干達調查犀牛角走私、在坦尚尼亞調查象牙走私。華人臉孔和一口帶中國口音的英文，為他提供了從事調查的先天優勢。「現在世界上畢竟對中國存在偏見。這偏見是有問題的，但對調查來說，這偏見是有用的。」他說。

中國人的身分令他可以輕易做到白人保育者無法做到的事。例如，他走進坦尚尼亞的象牙市場，所有人都覺得他是個買家。「如果你是白人，到了那邊，大家都會盯緊你。」這是在野生動物保育者當中，海外中國人「還是比較稀奇」。

他參與的第一次臥底調查，是二〇一五年在烏干達。一間本地NGO與警方合作，「釣魚執法」抓捕象牙販子，於是找他假扮買家。他的任務，就是打電話跟對方訂貨，然後約好時間地點看貨，最後在交易現場讓警方人贓並獲。象牙販子十分警惕，為了打消對方的疑慮，他裝作很緊張的樣子，率先懷疑對方是警察派來的臥底。取得信任後，他和一名假扮他下屬的非洲夥伴分別和販子約在商場看貨，在見到三麻袋象牙後，雙方最終把交易地點確定在郊外的一片樹林。警方接到消息後，埋伏在樹林，成功抓到了象牙販子。

幾年前在耶魯大學以象牙議題取得環境科學碩士學位的福建人高煜芳，也曾在非洲做過象牙走私調查。他曾在「拯救大象」的桑布魯營地做實習生，並促成了「拯救大象」組織成員雷松（Resson）首次到訪中國象牙市場。他的調查工作單槍匹馬，幾次遇到危險，最危險的一次是在坦尚尼亞。仗著自己會說漢語和一點當地的斯瓦希里語，他三番兩次造訪了同一個黑市，假裝是給老闆買土特產帶回家過年的祕書，不斷套問市場上象牙的來源、銷路、價格、客源。第四次去的時候，起疑心的商家跟蹤了他，並不斷追打他的電話，他非常害怕，趕緊上了一輛計程車回到酒店。

「我就趕快在臉書上跟朋友說我的狀況，如果我失蹤了，請他們把我的訊息保留好。」他還給在耶魯大學的老師和副院長發了郵件。「當時那些商販跟我說，他們如何與海關勾結在一起，海關能夠幫忙把象牙運出去，所以我很擔心自己是否能出得了這個國家。」各種訊息都發出後，他趕緊買了機票，所幸，安全離開了坦尚尼亞。

聯合國環境署的麗莎・羅斯認為，華人在保育大象中能發揮的作用，除了個別參與臥底調查和學術研究外，同樣重要的，是改變同胞的消費意識。她正策畫的一場舞台劇，講述生態旅遊點燃兒童對野生動物的熱情，最終阻止了父母的購買行為。而在黃泓翔身邊，真實案例也時有發生。

黃泓翔在非洲的幾個華人朋友就買過象牙，甚至還有人回國時成功帶了個象牙手鐲。但在他的遊說下，這幾位朋友認識到了象牙貿易的殘酷，都不再買象牙。「中南屋」定期舉行的野生動物保護青年營，會請中國各地的中學生、大學生到肯亞親身接觸野生動物和一線的保育工作者。就在二〇一六年初的冬季野保營結束後，一名來自中國一線大城市的高中女生告訴黃泓翔，她爸爸本來要她帶些象牙回去。「現在我要回去教育我爸。」那女孩說。

肯亞獨立律師團：走私象牙應判終生監禁

阿里（Feisal Mohamed Ali），是肯亞歷史上第一個獲重判二十年監禁的象牙走私犯。他的名字在象牙界幾乎無人不知，更多人叫他「象牙太保」（ivory kingpin）。二〇一六年七月二十二日，法官戴安娜・莫卡切（Diana Mochache）在肯亞第二大城市、東非最大港口蒙巴薩，宣布阿里應為一百二十隻死亡大象和價值四十四萬美金的三噸象牙負責，須入獄二十年，並罰款二十萬美金。

這單案件被全球象牙保育界視為莫大的鼓舞。不過，阿里的被捕，已經是二〇一四年六月的事。中間歷時兩年的法律程序中，他一度重金換取保釋，引來大批民眾在法院外抗議。並且，在獲判二十年後，他選擇上訴，意味著這單案還遠遠沒有結束。

從阿里被捕第一日起，來自保育組織 Wildlife Direct 的九人律師團隊，就一直追蹤案件的每一次開庭。「法庭允許我們這樣做。我們正在製作紀錄片，要公開阿里案的整個過程。」團隊負責人、Wildlife Direct 法務主管吉姆・卡拉尼說。

「獨立監察非常重要。法官和警察害怕被暴露在公眾面前。」吉姆說。這個獨立監察計劃從二〇〇八年開始運行，Wildlife Direct 創始人寶拉・卡罕布（Paula Kahumbu）是當年唯一的律師，一人監察奈洛比的三個法庭。當年，肯亞涉及攜帶象牙製品及象牙走私的案件，只有百分之二到百分之四能進入檢控階段，獨立監察改變了這一切。

吉姆和其他七人加入後，獨立監察範圍逐步擴展到十八個法庭、五十九個法庭，乃至於現在遍布全國的一百零九個法庭。九名律師追蹤著全國九百多個案件，再隨著二〇一四年新的野生動物保護法頒布，肯亞涉及象牙案件的檢控率提高到了百分之七十以上。

「只有透過監察，你才能發現問題所在。如果獨立監察人在法庭，司法人員就知道不能貪汙，不能有偏向。資源不足又高負荷工作的政府機關，很容易陷入腐敗，需要透明度。」

吉姆說。他舉例，曾有一個法官在宣讀判詞過程中注意到他們的相機，問他們是不是在記錄審判過程。「我說：『對。』然後她停止了宣讀判詞，休庭一陣，回來拿了個新判詞開始讀。」

監察的另一個原因，是審判週期實在太長，總要拖個兩到四年，「四年當中，任何事都有可能發生。」再者，肯亞司法體系陳舊，全國一百二十二個法庭都沒有互通檔案，一個人可以分別在兩個地方法庭被判不同的罪名，而另一個法庭全然不知。判罰可能是兩邊都罰款，但若這些跨地區的罪名統合到同一個法庭上，其實可能足以構成監禁。這就是缺乏監察可能導致的輕判。

監察之外，吉姆的團隊正在推動修法：「我們希望攜帶象牙的最高刑期，可以是終生監禁。」二〇一四年的野生動物保護法，已經令肯亞成為全球打擊野生動物走私最嚴厲的國家之一，攜帶野生動物製品包括象牙，最輕可處五年監禁或一百萬肯亞先令，即一萬美元。對比香港，漁護署資料顯示，自一九八九年至今，共有兩百五十多宗涉象牙走私的案件最終檢控入罪，但有史以來最重的走私象牙刑罰，是十八個月監禁。漁護署分管自然護理的助理署長陳堅峰認為，這已經判得「相當之重」。

「犯罪無處不在，但司法機關到處都不一樣，這是現在最大的問題。」吉姆說。他以肯亞和坦尚尼亞為例，肯亞的大象會自然遷徙到坦尚尼亞，但坦尚尼亞的法庭甚少檢控攜帶象牙，「真是豈有此理！」

吉姆的團隊還會培訓前線巡邏員如何在現場搜證，國家博物館實驗室的奧蓋托．姆韋比（Ogeto Mwebi）教授則利用二十六年的鑑定經驗為檢方提供證詞，證明涉案物品確實為象牙。不過，再有經驗的人眼也只能辨別象牙不是塑膠、不是犀牛角、不是羚羊角，要想知道象牙從何處來，必須依靠DNA和碳十四檢測技術。

香港：全球象牙走私中心

碳十四，又稱放射性碳素斷代，是二戰後興起的年代檢測方法，能透過分析樣本中的碳元素，推算象牙的取得時間。這種檢測方法昂貴而精密，全世界只有美國華盛頓大學的實驗室、紐西蘭實驗室等寥寥幾間提供服務。

華盛頓大學保護生物學中心，擁有世界上最精密，也最資訊開放的碳十四實驗室。其總監山謬爾．瓦瑟（Samuel K Wasser）告訴記者，香港政府自二〇〇六年起就運送海關截獲的走私象牙樣本給他。實驗室只為五百公斤以上的走私大案檢測樣本，至今他驗到的全部五單大案，其象牙全部是兩到三年前獲取的新鮮象牙，分別來自東非的坦尚尼亞、莫三比克、肯亞，中非的加彭、剛果、尚比亞、喀麥隆，以及西非的奈及利亞和多哥。

這五單大案包括：二〇〇六年五月截獲的森林象象牙，共六百零三根，重四千公斤；

二〇〇六年七月截獲的草原象象牙，共三百九十根，重兩千六百公斤；二〇一二年截獲的森林象象牙，共一千一百四十八根，重兩千公斤；二〇一三年一月截獲的草原象象牙，共七百七十九根，重一千三百二十四公斤；二〇一三年八月截獲的森林象象牙，共一千一百二十根，重兩千兩百三十公斤。

兩到三年的數字之所以重要，是因為CITES的國際貿易禁令在一九九〇年生效後，理論上，所有一九九〇年以後從非洲象身上取得的象牙，都是非法的。而這還是針對國內市場，若要合法地進行國際轉運，象牙的取得年份必須早到CITES成立之前的一九七六年，才會被允許，市面上稱為「公約前象牙」。兩到三年這個數字，無論對哪一個標準來說，都過分年輕了。

如果說合法市場的價格變化與非洲盜獵狀況的關聯只是推斷，那麼走私象牙的取得年份，無疑提供了更確鑿的證據。以二〇一三年一月和八月的兩批截獲象牙為例，共計一千八百九十九根象牙，若以每隻大象被取走一對完整象牙計，就已經相當於九百五十隻大象。而兩到三年前，正是二〇一〇至二〇一一年，全非洲的歷史性盜獵高峰期，每十隻死亡大象中有將近八隻都死於盜獵。

碳十四告訴我們，死後兩年，這些大象的牙齒被運到了香港。

山謬爾說，香港漁護署和肯亞野生動物保護局，是全球為實驗室提供最多檢測樣本的兩個政府。這一方面表明了積極的查證態度，另一方面，也說明兩地在全球象牙走私鏈中的地位。

聯合國數據與伊恩．道格拉斯－漢密爾頓都指出，八〇年代象牙進出口生意盛極一時的香港，即使在CITES國際禁令頒布二十七年後的今天，仍是全球前三名的象牙走私中心。

「野生救援」（WildAid）組織顧問艾力克斯．霍福德指，香港是自由港，每年有兩千萬乃至兩千兩百萬貨櫃出入，而海關在葵涌貨櫃碼頭的抽檢率只有百分之一，總有漏網之魚。

根據香港海關提供給保育組織「野生救援」的最新資料，去年全年，香港共截獲了四十一批，共計五百三十公斤的走私象牙。這一數字較前兩年有所下降，低於二〇一四年的兩千兩百一十五公斤和二〇一五年的一千五百八十八公斤。這些象牙主要來自奈及利亞、南非、加納、辛巴威、坦尚尼亞、象牙海岸、莫三比克、馬來西亞、阿聯酋、東歐國家摩爾多瓦、葡萄牙、剛果的港口，但原產國未知。

而漁護署提供的資料顯示，從一九九〇年到二〇一六年，香港共截獲了四十一噸走私象牙。但漁護署分管自然護理的助理署長陳堅峰表示，這些走私象牙大部分不以香港為目的地，只是在此中轉，部分計劃轉去中國大陸，另一些則計劃轉去周邊國家，如越南、菲律賓。

山謬爾希望，香港政府能在走私案件走完審判程序之前把樣本送到華盛頓，「這樣我們才能追蹤源頭，找到走私的眞正背後主使。」華盛頓實驗室共有四個全職員工，三星期內可以完成兩百個樣本的檢測，而且包攬貨運費和檢測費，免費為各國政府提供協助。

不過，香港漁護署高級瀕危物種保護主任關世平指出，象牙源於何處的DNA檢測並不擺在第一位。「檢測結果是很有用的，但不影響我們執法，因為不管哪裡來的象牙都是非法的。」他又補充，「不過這對將來做海關貨櫃抽檢的風險評估的確有幫助。」

這種執法思路被山謬爾評價為眼光不長遠，只追求個案的檢控成功。在現行的國際禁令下，只要經過各國海關的象牙沒有CITES發出的公約前證明，就可以斷定為非法。「可是，透過DNA找到源頭，才能儘快阻止下一次的盜獵和下一批的走私。象牙盜獵高度本地化，總是在某些地區集中發生，如果我們能在非洲各國找到熱門盜獵點，就可以從源頭遏止走私。」

殺一儆百？香港第一起碳十四檢測象牙走私案

相比山謬爾的實驗室，紐西蘭的碳十四實驗室要神祕得多，過去曾為香港檢測細小的象牙物件。不過今年二月十七日，紐西蘭實驗室立下大功，幫助香港漁護署第一次以碳十四檢測技術，對進入香港的象牙走私進行票控（類似起訴通知）。

漁護署當日宣布票控上環的一間工藝品店，指去年八月在該店購得的一雙象牙筷子，經放射性碳素斷代分析，顯示其象牙原料是在一九九〇年後取得，又指違反《保護瀕危動植物物種條例》者，最高可被罰款五百萬元及監禁兩年，有關物品亦會被充公。漁護署助理署長陳堅峰向記者確認，幫助進行檢測的就是紐西蘭實驗室。

和山謬爾的華盛頓實驗室不同，紐西蘭實驗室主力檢測象牙取得年份，並不做來源地DNA測試，並且不像華盛頓實驗室一樣全程免費。

漁護署高級瀕危物種保護主任關世平承認，此次碳十四檢測的費用由香港政府支付，目的在於利用檢測加強執法。

記者把這一消息帶給了遠在肯亞的伊恩．道格拉斯－漢密爾頓，他曾為美國碳十四檢測專家瑟爾．克林（Thure E. Cerling）的科研報告提供桑布魯的大象毛髮樣本，知道碳十四檢測價格高昂，一次檢測需要花費五百美元左右。不過，他對香港政府和紐西蘭實驗室的合作表示讚賞：「如果可以殺一儆百，那這個錢就花得值。」

案件的票控發生在香港去年宣布象牙禁令之後，象牙業界對此議論紛紛。去年的禁令中，香港政府表示要推行禁貿三部曲，到二〇二一年十二月三十一日，淘汰本地的象牙貿易。對此，港九象牙商會、香港合法象牙持牌人聯會以及新近成立的香港象牙工商聯會都多次抗議反對，指合法商人清清白白，不涉走私，政府不應侵害合法商人的財產權。

不過，有業界知情人士向記者透露，此次案件的主人公，正是今年二月成立的象牙工商聯會副主席、花名「中指文」的李俊文。知情人士透露，李俊文去年八月遭漁護署臥底調查，對方先打電話到他店裡，問他是否有十吋半長的象牙筷子，他回答「有」，但實際上，漁護署登記資料顯示他並沒有貨。接著，漁護署放蛇人員（臥底調查）就到他的店鋪購買筷子，並送去紐西蘭化驗，得出結果。

我以買家身分致電李俊文，佯裝自己去年曾在他的店鋪買了一尊象牙觀音，但最近聽說他捲入案件，要求退貨。李俊文在電話中間接承認捲入案件：「漁護署說我的筷子是一九九〇年後的貨，但我們已經跟漁護署解釋了。那時候二〇〇七年，我在隔離街買了一批貨，跟漁護署登記過，是有合法手續的。」對於我擔心「自己買的觀音」也是走私貨，他回應指：「那些很小的肯定沒事，那些肯定是舊的。」

他任副主席的香港象牙工商聯會召集人龐達理則在另一通電話中表示，若今年二月成立聯會時知道李俊文捲入案件，就不會邀請他做副主席了。

而李俊文的花名「中指文」，來自他二〇一五年的一張著名照片，當時，他對參與反對象牙貿易的示威者舉中指，《壹週刊》當年下標：「護象團體上環遊行．象牙商囂舉中指問候」。而被他舉中指問候的其中一人，正是前文中多次出現的肯亞馬賽武士丹尼爾．桑布。

第一次來香港的桑布從未見過如此密集的象牙商鋪，再面對商人的中指，他感到「十分痛苦」。「我們在前線冒著生命危險反擊盜獵，而這裡的商人卻若無其事地販賣著大象的牙齒。」

直到二〇一七年三月二十八日，李俊文與他同為象牙商人的叔父李寶權在香港東區裁判法院認罪，罪名為「非法管有禁貿後象牙作商業用途」，分別獲判罰款六千及八千港幣。這也正式成為香港有史以來第一宗經碳十四檢測的非法象牙案件。

過去雖有不少NGO及調查機構透過臥底調查等手段發現象牙界有人偷龍轉鳳，把走私象牙「洗白」，但一直口說無憑。野生救援組織顧問艾力克斯．霍福德認為，碳十四終於能夠幫助執法，對打擊走私有重大意義。但香港政府去年宣布的禁貿令，內容包括將違例的刑罰提升到罰款一千萬港幣及監禁十年。對比李俊文二人此次獲判的罰款數額，野生救援感到失望，認為判罰太輕。

世界上售賣最多象牙製品的城市

除了走私中心外，香港還被稱為世界上售賣最多象牙製品的城市，前文中提到的象牙筷子就是其中一種。這種筷子被認為具有清熱解毒的功效，甚至有商家說，象牙筷子和古代的銀筷一樣，能夠驗毒。

獨立研究者露西．維涅（Lucy Vigne）和艾斯蒙．馬丁（Esmond Martin）的統計數據顯示，二〇一四年底至二〇一五年初，香港有七十二間商鋪售賣三萬零八百五十六件象牙製品，包括象牙筷子。更早的一次統計在二〇一〇年底至二〇一一年初進行，兩人在全港六十二間商鋪中用計數器數出了三萬三千五百一十六件象牙製品。這些象牙製品的種類還包括戒指、手鐲、項鍊、耳環、圖章、小雕像、菸灰缸等等，最常見的是隨身飾物。

香港自二十世紀四〇年代開始銷售象牙，在七、八〇年代達到鼎盛，一九八九年，CITES頒布國際貿易禁令後，香港報稱有六百七十噸象牙。二十七年過去，漁護署二〇一六年十二月三十一日的全面盤點數據顯示，香港仍有三百八十六名合法象牙持牌人，共持有約七十五噸象牙。其中，一間位於九龍青山道的象牙廠，其主人持有五點九九八噸象牙，為全港儲量之最。

WWF與野生救援一直質疑，為何香港市場散貨二十七年仍有七十幾噸，又指按照銷售趨勢，本港象牙儲量早該消耗殆盡。野生救援的艾力克斯．霍福德認為，庫存不按正常速率下降的原因，是香港自一九八九年以來一直有新鮮的非洲象牙混入合法市場，並利用監管的漏洞重複使用證書，「洗白」走私象牙。

「任何合法貿易背後都有機會隱藏非法貿易，當有合法貿易存在，犯罪分子就會容易把非法和合法的貨物混在一起賣，這就是香港正在發生的事。」艾力克斯說。他由此認為，香港市場上絕大多數的交易都有非法成分。不過漁護署助理署長陳堅峰指，商業性買賣的速率很難統計，而漁護署的調查也顯示本地象牙市場並不活躍，導致庫存減少得慢。

WWF與其他保育組織的多段臥底調查影片則證實，香港貿易商完全懂得利用漁護署的監管漏洞，將新舊象牙偷龍轉鳳。二〇一五年，一位姓秦的象牙貿易商就對調查員表示：「我這個東西當年登記了，那就去了，再用非法的原料做了，換了代替上去。他們根本不懂得管。」現時漁護署的登記制度要求持牌人按象牙種類，即原條、切件、加工品、碎料來分類登記持有的象牙重量，每次買賣都要填表，留下進出貨紀錄。漁護署還要求每個持牌人將管有許可證擺放在店鋪顯眼位置，但我實地調查發現，許多店鋪都沒有做到。

究竟是什麼人在香港購買象牙？我在肯亞見到了露西與艾斯蒙，他們的答案是，香港市場上百分之九十的象牙買家都是中國觀光客。

不過，按照CITES一九八九年的禁令，把香港的象牙帶回中國大陸是走私行為。海關近年在連接深圳的羅湖、落馬洲關口都曾抓獲偷帶象牙過境的人，甚至有人將象牙製品藏在嬰兒衣物中。商鋪對此的態度又如何呢？是否默認這種行為呢？我為此暗訪了位於上環荷里活道、樂古道、皇后大道中，以及紅磡鶴園街與尖沙咀、尖東遊客區的象牙銷售熱點，以普通話假扮中國觀光客進行測試。

當被問到象牙是否能帶回大陸時，大部分店員的態度都曖昧不明，最常見的說法是，「我們賣給你，你帶到哪裡去是你的事」、「大件的帶不回去，小件的可以」。其中一間上環的商鋪講法獨特：「你帶回廣州可以，帶去外國不行，不能出口。」有兩間商鋪還接受支付寶付款。

上環一間兼賣木雕和玉器的古董店老闆則說：「基本上是不能帶過去，我們可以賣，因為我們有個牌照。但是來香港做生意的人還是這樣子帶，用個紙，我把這邊（的象牙）包起來，剩下一個木頭（底座），然後黏一個透明的膠帶。但是你要冒險才帶得過去。」

不過，亦有商鋪再三表示，「任何都不行，我們不做犯法的事。」

中國觀光客為何要特地到香港購買象牙？露西的解釋是，遊客在香港和大陸都會買象牙，但對比二〇一一年和二〇一四年同種類象牙製品在香港與北京、廣州的價格，例如手鐲、筷子等，香港的價格比後兩者要便宜一半。「便宜的價格鼓勵了更多大陸遊客到香港購買象牙。」露西說。我在微信朋友圈接觸到的廣州象牙販子，也像海淘代購一樣定期到香港進貨，並且每次到香港，都要拍照發文，證明自己進的確實是香港貨。

業界激烈反彈，象牙收藏家：支持禁令者佛口蛇心

面對多方輿論壓力，港府在去年十二月二十一日終於表示，要修例逐步淘汰本地的象牙貿易，在二〇二一年十二月三十一日前實行禁貿三部曲，五年寬限期屆滿後，就禁止在本港銷售CITES通過前的象牙。同時，還要將違例的刑罰由目前的罰款五百萬港幣及監禁兩年，提升到罰款一千萬港幣及監禁十年。

禁令一出，象牙市價暴跌。早在二〇一五年，當中國大陸宣布要禁止象牙貿易，但還未確定具體時限的時候，香港的象牙市價就已經應聲倒地，由二〇一四年的每公斤兩千一百美元跌至每公斤六百八十美元，此後的兩年中又緩慢回升至一千美元。

而香港本地禁令一出，商會痛訴象牙價格再跌七成，由禁令前的一萬至兩萬五港元每公斤跌到現在的三千至五千港元每公斤。價格暴跌令業界徹底失去市場信心，憤怒的持牌商人一度表示，不排除對政府提出司法覆核。

港九象牙商會會長蘇志強指，商會的要求很簡單，只要讓他們繼續賣下去。「這些貨物是我們合法得到的，我們對每一件貨是有擁有權和買賣權，我們又不是要求出口，只是在本地銷售。為何不給我們做下去？」

對於漁護署給出的五年寬限期，蘇志強認為遠遠不夠。「如果這個市場是好賣的，不需

要五年，給五個月我都夠了。但現在我們開門，可以十五日沒發市，一粒珠仔都沒賣過。我賣魚蛋都不止了。我真的不知道哪時候可以賣得到，是無限的。」象牙合法持牌人聯會主席朱振邦則指，自己仍有一噸象牙庫存在手，但去年一年只賣出兩個象牙球。

商會和持牌人聯會還一直質疑漁護署官員與兩組織之外的象牙商人暗中勾結，自二〇〇六年起不斷自歐盟國家和南非進口一九七六年前的「公約國前象牙」，「其中一定有問題，而這才是導致業界還有七十幾噸庫存的原因。」他說。

不過，漁護署回應指香港自八九年到現在約進口了十四噸「公約國前象牙」，每一批都有證書，也經過嚴格檢查，其中十一噸都是再出口到其他地方，留在香港的根本就不多，而且許多都是不做商業用途的私人藏品，因此商會的質疑不成立。而對於他們就漁護署官員所做的指控，漁護署表示不做評論，並歡迎有關人士向該機構和其他相關執法部門提供資料。

除商會之外，一些象牙收藏家也反對禁令，例如二十幾年前開始收藏象牙的金融業從業員Brian。Brian在上環、尖沙咀的許多商鋪買過象牙，家中有象牙藏品大的五、六件，小的幾十件。八〇年代時，他可以用過萬元買到喜歡的象牙公仔，但現在物價上漲，十幾二十萬一件都不出奇。他近年開始更多買象牙筷子，有朋友結婚、生日，都會托他去買，刻上名字，覺得很有紀念價值。

他最喜歡象牙雕刻的觀音像，佛教題材，因為觀音比較祥和、善身。「福祿壽就喜慶，但我喜歡靜態的，心靈上感覺舒適。望住一尊觀音，內心會感到好平靜。」八九年CITES禁令後，部分牙雕師轉型去雕已滅絕的猛瑪象牙，但Brian還是更偏愛象牙。「絕了種的猛瑪象牙，幾千年在冰層裡，質地已經氧化得很厲害，如果天氣乾燥，會爛的。你想想，如果觀音的頭無端端跌下來，見到眞的不開心。」他說。

他形容象牙比猛瑪牙更有生命感，「柔潤有光澤」、「摸到象牙筷子是有生命的感覺」。而禁令則使他和一些收藏家朋友擔心「麵粉變白粉」，自己買的東西突然非法。「收藏家如果需要錢用，要賣象牙給朋友，為什麼不合法？收藏了幾十年的藝術品，為什麼不可以轉讓呢？」他形容禁令和殺象沒有分別，「殺了所有合法商人的利益。」推動禁令的人口講保護動物，其實是「佛口蛇心」。

Brian不認為象牙商人和收藏家危害動物，「我家裡的狗我都好鐘意。」象牙商人陳宗和也多次重申，持牌人聯會的合法登記商人，沒有一個人到過非洲去殺象。「但禁令眞的能幫到大象嗎？」他覺得不能。「有這個動物在，就有價值，那就會有貿易。麻雀滿天飛沒有價值，老鼠都有牙，你會不會殺老鼠當工藝品？有價值的東西，就算禁了，還是有人偷偷做，說不定禁了以後象牙價值再升高呢？只要有人要，就會有人做。」他還以香港樓市做比，「辣招有辣招，樓市繼續升」。

常駐肯亞的英國學者丹尼爾・斯泰勒斯（Daniel Stiles）早年曾在香港與動物保育學者艾斯蒙・馬丁做過不少市場調查，他的理論就和Brian的看法異曲同工。他認為若有足夠的合法象牙供應，根本就不會有黑市，也不會有盜獵，「中國有一百七十多個城市，但大部分象牙市場只在北京上海和東南沿海的大城市，小城鎮的人買不到合法象牙，只能尋求黑市。」他還觀察到有人在二〇一一年全球金融危機時大量購入象牙，囤積居奇，「等到大象貞的滅絕，這些人就是世界上唯一擁有象牙的人，這就像儲存黃金一樣。」他認為，只有合法貿易才能停止這一切，若把合法貿易趕盡殺絕，象牙行業的人只會被迫進入黑市，監管難度會大升級。

漁護署：象牙必須禁，會幫助牙雕師傅轉型

業界叫苦連天，WWF等保育機構則嫌政府給的五年寬限期太長。野生救援的艾力克斯・霍福德希望看到市場價格繼續下降，並且相信，一個會做生意的商人用二十七加五年時間總是可以賣完庫存的。

不過漁護署助理署長陳堅峰澄清，五年寬限期並不是要業界在這五年內賣完庫存，而是利用五年的時間完成轉型，「存貨當然也要處理，但買賣只是其中一個選項。」其他選擇

還包括作為個人藏品，在五年後收藏、繼承或是展覽。他表示漁護署的調查已經發現許多商戶做了轉型，例如賣猛獁牙或其他工藝品，也同樣生存得了。面對禁令，整個象牙業界應該利用五年過渡期好好轉型。但政府既不會做賠償，也不會回購商人手中的象牙存貨。

與商人不同，香港還有十餘個年邁的牙雕師傅，以自僱形式從商鋪接單，原本秉持一門手藝，尚能在眼花之前養活自己，但禁令一出，可做的活計越來越少，養老成為問題。

七十四歲的關洪輝和六十五歲的黃海祥，一個車牙球，一個雕花鳥公仔，合租在工廠大廈的工作室。兩人在十二歲時分別進入灣仔和大角咀的象牙廠，吃住都在師傅家，五年學藝，出社會後，早上七點開工，一日挑八個鐘，由五元港幣一個月薪水捱到後來的一、兩萬，最近幾年又跌回三、四千。黃師傅半個月可雕到一尊觀音，關師傅要車幾十層的精細牙球，則可能要一年時間。

面對漁護署的轉型建議，黃師傅說：「我學了那麼久，都當作終生職業，已經不知道要怎麼轉型了。」八九年的CITES禁令出來後，黃師傅接受了港英政府的轉職培訓，「那時英國人開牛骨班（雕刻牛骨的訓練班），給我們優先考政府雜工，出來掃街都好。我又沒讀過書，還要養家。」但這一次禁令後，他已經七十歲，就想著做完以前的存料，做不完就擺街邊賣了。關師傅則說：「你看我們的年紀，五年之後要我們轉業，做什麼啊？」「牙都沒啦到時。」黃師傅說。

對於這些牙雕師傅，漁護署目前僅表示會考慮再培訓，初步考慮安排課程，讓他們雕其他材料或轉行，但仍在尋找合適的課程。

聯合國：二十年後回望，誰拯救了大象？

解決善後問題的同時，漁護署和保育組織都堅持象牙貿易必須要禁。仍在香港推動禁令的ＮＧＯ野生救援顧問艾力克斯・霍福德認為，現行的貿易禁令太過複雜，令公眾、媒體甚至政府都感到混亂，在市場上見到的象牙，是合法還是非法，是新還是舊，要透過檢測才能知道。而讓問題變簡單的唯一方法，就是全面禁貿。「以後只要你在市場上看到象牙，你就可以簡單地下結論，這是非法的。有禁令的好處就是，你把合法市場拿走了，以後就只需要專心監管非法市場。」

八九年的ＣＩＴＥＳ禁令剛剛頒布時，曾對盜獵產生有效衝擊，而艾力克斯相信，「我們可以把同樣的事情再做一次。只不過上一次是國際間的禁貿，這一次是各國的國內市場禁貿。」

「我們現在只要做三件事，第一，把現行的貿易禁令執行好。第二，在各國國內市場的禁令問題上達成共識，因為對消費者來說，區分合法和非法象牙實在太難了。第三，把現存的象牙庫存徹底銷毀，不賦予它們任何經濟價值。」聯合國環境署的麗莎・羅斯總結道。

在香港之前，中國大陸於二〇一五年就宣布要禁止本地象牙貿易，到二〇一六年十二月，國務院文件正式公布，要在二〇一七年底之前關閉所有商業性的象牙售賣和加工場所。我從CITES和多個NGO處得到消息，指中國大陸要在三月底前關閉全國一半的象牙商鋪和加工廠。廣州花城博雅工藝廠創辦人、牙雕師傅張民輝也告訴我，二月底，國家林業局召集受影響的牙雕廠去北京開會，但三月底的具體關閉名單仍在擬定中。「我們就以不變應萬變吧。」張民輝說。

CITES華人專家張立指出，在中國大陸，象牙加工的產業本來就人數有限，大概八百到一千人的規模。而在這些企業當中，象牙雕刻在整個業務量中僅占到十分之一、五分之一，廠內培訓工人做石雕、骨雕或其他雕工技藝，轉產基本沒有問題。像這樣的大型合法加工廠，不少都屬於國企或公私合營企業，員工有穩定工薪收入及退休金。

國際野生生物保護學會廣州辦公室的李立姝觀察到，禁令的消息出來後，廣州市場出現了不少打三折、五折拋售象牙存貨的情況，亦有合法商鋪突然倒閉。張立預計，未來還會有更多的降價銷售，而市價下降也能令黑市意識到，象牙不再是一個好的投資品、儲值品。

「象牙貿易對中國經濟沒有什麼好處，但卻弄壞了中國的名聲，這個國家根本沒有任何理由要繼續開放象牙貿易。」遠在肯亞桑布魯保護區的伊恩・道格拉斯-漢密爾頓分析道。他曾在二〇一〇年前往中國雲南的西雙版納，當時，中國野生動物保護協會的官員還會避談中國市場對象牙的龐大需求，說這是非洲的問題，中國控制不了。六年之後的CITES大會上，伊恩親眼見到了中國態度的轉變，「在禁貿的立場上，非常強硬。」

不過，青年保育學者高煜芳警告，中國大陸的禁令提出了一項例外，就是作為文物的象牙拍賣市場開放了。他在過去的研究中曾發現，拍賣市場可以透過媒體造勢把價格炒作得很高，整個一級市場的價格也就被炒作起來了。「中國人很愛跟風，即使只有古董象牙有價值，他們才不會區分古董和現代，只要是象牙就是錢，就會刺激購買動機，抬高價格。」此外，中國大陸黑市與香港最大的不同之一，是透過微信、論壇、貼吧等進行的網上黑市規模不小，又難以監控。受禁令影響而不能順利清倉的象牙存貨，未來是否會流入網上黑市呢？

艾力克斯．霍福德則擔心，比中國大陸晚四年才禁止象牙貿易的香港，也很可能成為大陸白市黑市象牙的接收地。香港或許會因此變成更糟糕的走私轉運中心。唯一的解決方法，似乎是加強海關的執法力度，或加快象牙禁貿立法，追上中國大陸的進度。

「二十年後，當我們回望，會是誰拯救了大象呢？」採訪的最後，麗莎．羅斯問。

三月底，CITES主席將受中國國家林業局邀請，到中國大陸視察第一批被關閉的象牙加工廠。在香港，三月二十七日下午兩點半，立法會綜合大樓會議室第一次討論逐步淘汰本地象牙貿易的立法建議。非洲象的命運，也許就在今年迎來轉折。

後記

回想剛剛接觸象牙貿易的那天，我獨自在家看完了Netflix紀錄片《象牙博弈》，記下片中出現的每個人名和他們所做的事，臥底調查、反盜獵巡邏、肉眼清點野生大象、見證充公象牙的焚燒地。三個月後，在廣州、香港和東非的肯亞，我不透過攝影機，而是親眼見證，乃至親身參與了這些瞬間。對野生動物的好奇和感受野外巡邏的刺激已經徹底褪去，在白人遊客慵懶享受下午茶的草原帳篷中，我卻只感受到沉重。

象牙貿易，牽扯著比我想像中更多的死亡。被盜獵者殺死的大象，被巡邏隊殺死的盜獵者，被盜獵者殺死的巡邏員，失去母親而死在野外的幼象……而在貿易鏈最遠的兩端，分別是基層的盜獵者，和基層的牙雕師傅，同樣獲益最少，同樣備具爭議。這個故事裡，沒有絕對正義的人，只有無辜的象。

因為做專題，我訂閱了「拯救大象」的News Digest，每天都收到非洲象最新的消息。最近的一個好消息是，綽號「惡魔」的盜獵頭目西塔尼（Boniface Matthew Mariango）在坦尚尼亞被判十二年監禁。西塔尼當年的被捕，被全程記錄在《象牙博弈》中，這條關於他的最新消息，彷彿是在告訴我，原來不論是象牙的故事還是我，都已走了那麼遠的路。

三、扎根

泡騰片

聽說各款的維他命C其實都一樣
除了價格與包裝
又聽說攝入維C對感冒其實無用
騙人的是藥廠
但我仍在台北的藥房尋找
和香港一樣的泡騰片

丟下去的瞬間
像放煙花一樣的泡騰片
像可樂和啤酒一樣滋滋作響的泡騰片
會在水面上游泳的泡騰片
消失的速度與水溫呈現正相關的泡騰片
忍不住湊近觀看全程時
一定會被激起的氣泡辣到眼睛的泡騰片
溫暖的泡騰片
有錫紙包裹每一片
像曼妥思糖果一樣的泡騰片

我在心裡這樣形容了一遍

店員問我找什麼
「找一款在香港喝慣了的泡騰片」
我沒有這樣回答

——201904，台北

流離中扎根創造

現在回想，人類學是我離開香港的一條路徑。離開香港後，我到台灣讀民族學博士班，花了幾年時間研究台東外海的一座小島蘭嶼，還從島上的達悟族原住民那裡獲得了新的名字。si mivilang，希．彌飛浪，達悟語，意為還沒有成為母親，且在讀書的人。

這個名字，這個學科，這個小島蘭嶼和它對面的大島台灣，對那時的我來說就像電影院關燈後，牆上的綠色指示燈：exit。我熱愛無日無夜地看電影，但也需要exit。這種離開，並不是單純的、或冠冕堂皇的把所謂書寫興趣從香港轉移到台灣，把研究興趣從新聞學轉到人類學，而是從一開始，人類學眼光下的台灣就是我從傘後抑鬱的香港社會氣氛裡跳脫的一個出口。

這種離開最初從幾次短旅行開始。那時香港有一間紫色的廉價航空公司開了直飛花蓮的航線，一、兩千新台幣就可以來回一趟。我還記得自己從香港島東區西灣河的住處出發，搭A11機場巴士到大嶼山的香港國際機場，然後飛往十分小巧可愛的花蓮航空港。下飛機後，走出機場立刻就見到山，像是我在青海玉樹見到的一樣。接著我會搭計程車沿花東縱谷到火車站，轉去台東富岡漁港，再搭三小時的船去蘭嶼。後來那間航空公司被海南航空收購，那條航線也停飛，但我留了下來，離開香港變成是「真的」，而不是短旅行。

我閱讀大量研究蘭嶼的人類學書籍和紀錄片，繼而發現了一種看待與詮釋人、事、物的全新方法。和讀新聞、做記者受到的訓練不同，這種全新的方法緩慢而綿長，充滿速食閱聽者可能錯過的細節，且允許你的筆流露溫柔與掙扎。我開始關心地理上似乎很近，但文化上卻異質性很高的原住民文化，乃至城市裡的東南亞移民、移工聚落，於是才有了本章所寫的菲律賓移工與泰國族群在香港城市裡生活的故事。

寸金尺土的香港中環藏著一個小菲律賓，最早告訴我這件事的是我在《端傳媒》時的編輯張潔平。那時我已經打算離開香港，也辭去了《明報周刊》的工作，有幾個星期的空檔時間來處理退租、搬家的事，最後一禮拜借住在潔平家，在她的書房裡寫完了這篇稿。她告訴我中環有一個很神奇的地方叫環球大廈，每個星期天會有菲傭在門口唱K，還有人賣便宜的電話卡。就在那幾個星期裡，我第一次試著用我在書中看到的人類學方法去做一個報導，也訪問了研究菲傭選美的人類學家陳如珍，跟她一起逛環球大廈。一年後，我短暫回港，借住在另一位朋友位於九龍城的家中，每天在樓下的泰國小吃店吃酸辣鳳爪和烤肉串，決定認眞寫一寫這個橫跨三條街巷的「小泰國」社群。

透過書寫，我才第一次認識這個版本的非主流香港。我看到這些社群的生長與暗湧，這座城市帶給他們的溫暖與荒謬。更重要的是，我意識到自己在他們身上找尋某種可能性，一種在流離中扎根的可能性，一種創造既非同化於主流社會，又相異於過去的自己的新生活，這樣的可能性。我寫的歸根結柢是他們的生命力及其限制。

二〇二一年二月，香港疫情嚴重，我時隔五年再與當時的菲律賓受訪者聯絡，是因為深水埗街頭出現了因染疫而被雇主趕出家門，在寒流中露宿在公園的菲傭。菲傭工會在網路上開記者會，希望募款幫確診的菲律賓移工租借短期的隔離空間。九龍城的變化則更大，二〇二一年六月，這裡的宋皇臺地鐵站開通後，地價就不斷上漲。名為九龍城重建計劃的都市更新在兩、三年中已經打散了這裡的泰國社群，泰人恩恤中心及泰國移工工會被迫搬走，一年一度的潑水節改去深水埗舉辦，而市區重建局的通知單根本沒有泰文。

這些變化發生時，我早已身在台灣。但我仍不斷遇見在異地扎根的人，例如從美國到花蓮學習阿美族語的人類學家傅可恩。他是猶太裔，在伊朗出生，紐約長大，有位印度太太，但最容易遇到他的地方是花蓮東華大學後山的鯉魚潭公園。人類學界實在不乏這樣遠渡重洋來探尋異文化的學者，但從第一次訪問到現在，我總是忍不住問他，我們會不會最終有一天回去研究自己的族群，我們走了那麼遠的路，是不是最終都會透過異文化來認識自己？

如果是這樣，那麼 si mivilang 這個來自異文化的達悟語名字，究竟帶給我什麼？我寫蘭嶼的音樂，學唱朗島部落的耆老謝永泉Syaman Macinanao用母語創作的歌。他的專輯主打歌〈Akokey（親愛的）〉在文章刊出後獲得了二〇二一年金音獎最佳民謠歌曲獎，是蘭嶼第一次有母語創作的音樂作品得獎。他說我把他心中的話寫出來，至今仍把我寄去的文章和他的專輯並列，放在朗島海邊的小商店。我好像多了一個可以回去的地方，人們叫得出我的名字，那大概不是「家」，但是可以回去。

2017年9月，寫於香港

1、中環折疊

在香港這國際金融中心的心臟地帶，中環，有一個「並不存在」的空間，只在每星期的最後一天，屬於菲傭——並非真的不存在，而是往往被視而不見。

這是一個藏在甲級商廈和地王縫隙之中的另類商場——環球商場（World-Wide House），生存三十六年之久，卻始終隔絕於華人社群。它就在中環地鐵站B出口的正上方，不過入口隱藏在一片不透明幕牆後面。人們從地鐵口快步走出，很快四散至鄰近的高級商場，也有人習慣性地從玻璃大門走入環球商場樓上的寫字樓——就像故意為了割裂兩者，從設計之初，高級寫字樓和底層商場就採用不同入口。

菲傭Leeh Ann記得，自己四年前第一次來到中環，是因為同鄉告訴她，中環有個「World Wide」。「我的天！這地方簡直就是馬尼拉！好多好多人！大家都在說菲律賓語，這感覺真好。」從此，視乎每月假期多少，Leeh Ann總要來這裡兩、三次。

在香港，沒有一個菲傭不知道環球大廈，這是一個藏在中環的菲律賓。

中環天橋四通八達，從環球商場出發，一分鐘可達JP Morgan亞太區總部，三分鐘可達Louis Vuitton全球四大旗艦店之一，但環球商場至今做的是港幣三元一瓶水、十元一筆匯款手續費、三十元一個午餐盒、一百六十元寄一個紙皮箱的菲律賓生意。

商場所在的環球大廈，樓高二十七層，四樓以上，是屢創地價新高的寫字樓，每逢週末陷入休眠；三樓及以下，才是屬於菲律賓人的世界，工作日蕭條平靜，到了週末人頭洶湧，來此消費的人，九成是菲傭。

很有可能，他們的雇主就在環球大廈工作，卻幾乎從不會在中環與他們相遇。Leeh Ann說，唯一的交集可能是，星期一早上，雇主的孩子在她的書包裡又一次發現了可口的菲律賓小零食，嚷著要吃一口。哪裡買的？環球大廈。

對目前十八萬在港菲傭而言，這裡是他們獨一無二的小社群，意義超越了一座商場。「我喜歡大家用母語聊天，哪家店有人生日了都會和大家分享食物，用菲律賓語說，生日快樂！」Helen Chavez對記者說，她曾做過菲傭，後來在環球大廈的貨運店工作長達二十年：「這是我們的第二個家。」

一日人生

對於Leeh Ann來說，到環球大廈一趟並不容易。

一來她不是每週都能放假，二來她的雇主家在元朗，距離遙遠。這天是星期天，雇主早上臨時讓她幫忙顧孩子，她十點多才脫身，如常趕去搭九六八巴士，搖了兩個小時，中午十二點多才到中環。晚上六點半前她又必須離開，以保證九點前能回到雇主家。

「如果我只有一個小時，要匯錢、寄東西、吃飯、買電話卡，還要能見到朋友，只有環球大廈能一次解決我這麼多需求。」儘管路程遙遠，Leeh Ann說她還是會來到中環。

環球商場的店鋪小而密集，三層商場中有兩百二十四間店鋪，這數字超過了一橋之隔的遮打大廈、歷山大廈、置地廣場和太子大廈全部店鋪的總和。但儘管店鋪如此多，星期天的環球商場，還是幾乎每家店門口都大排長龍。只要在通道上、店鋪中停留一會兒，會不停有人說著「excuse excuse（不好意思）」從你身側擦過。交談聲、打電話聲、問價錢聲、叫賣聲交雜，四處都是熱鬧的空氣。

踏入環球大廈，Leeh Ann第一件事是先吃飯，這裡的食物，是離鄉的Leeh Ann的慰藉。「我有時候會想家，吃菲律賓食物可以讓我好過一點。」Leeh Ann說。她熟練地在兩百多間小店中找到自己常去的一間，買一份外帶的酸辣蝦沙律搭配白飯，三十元，站在門口吃完就走。

在香港中文大學任教的人類學家陳如珍的觀察中，菲傭的個人生活，一直被擠壓在星期天，她研究的菲傭選美，培訓、彩排和比賽都安排在星期天。「她們絕大部分時間跟雇主的家庭或相關的人在一起，其實不是她的生活。只有休息日是她的生活。」陳如珍說，而在這僅有一日的生活中，所有的購物需要都被壓縮：「如果有人規定，你每個月只有一天能去購物，你也必須趕趕趕。」

不過在環球大廈，大部分菲傭最趕著做的，不是為自己購物，而是把賺到的錢寄回家。

若是月初，Leeh Ann一定會去銀行和找換鋪匯錢回家。環球大廈有菲律賓排名前五的三間大銀行，包括BDO、RCBC等，還有大大小小超過十間私人找換鋪，每一間都生意興隆，Leeh Ann去每間店鋪門口查看匯價，找到最優惠的一間。找換的手續費通常是十到二十元，匯價則浮動較大。

「第一次來的時候，我本來以為三十分鐘可以排到，結果排了兩個小時。」Leeh Ann說，其他店的人少一些，但這家店的價錢最好：「當你在外工作，賺到了錢要匯回家的時候，就算是一分錢的差別也很大。」二〇一三年在香港拿到第一筆薪水時，她把一半的錢都匯回了家，用這些匯回家的錢，Leeh Ann過去四年供弟弟讀書、結婚、生子，為母親養老。

在二樓一間私人找換鋪打工的菲律賓人Mirabel告訴記者，在星期日，僅她們一間店就能有近五百人匯錢。而對菲律賓來說，超過十八萬在港菲傭的匯款也成為穩定的外匯來源，過去十年內上升了百分之七十六。僅二〇一六年一年，就有十八億港元被匯回菲律賓。而環球大廈的小店作為樞紐，則靠著其中的手續費、中介費存活壯大。

同樣是匯錢回家，在環球大廈工作了二十年之久的菲律賓人Helen Chavez，已經用這些錢支持了她菲律賓的十多個表親，幫侄子姪女們通通完成了學業，直到現在，每個後輩都工作結婚，自力更生。

「菲律賓女人都很顧家，願意犧牲，我剛來香港做傭人時，每個月百分之六十的錢都寄回家，」Helen爽朗地笑著說，轉而小聲道：「菲律賓男人可不是這樣。」

Helen今年五十歲，一九九二年來到香港做菲傭。她是家族中第一個大學生，專業是工商管理。「即使大學畢業，當時在菲律賓收入也很低，我當時最想的就是改變家人的生活，所以來了香港。」隨後三年，她換過三任雇主，離開第二任雇主家那天，她一個人拿著大包小包的行李，在地鐵月台遇見了一個尼泊爾男人，對方問：「我可以幫你嗎？」兩人開始戀愛，並在一九九七年結婚。這尼泊爾年輕人有香港居留權，這讓婚後的Helen可以擺脫菲傭的工作，從環球大廈的消費者變成了員工。

「做菲傭是沒有自由的，有時候我們都有提升自己的野心，有人想娶你，讓你變成居民，為什麼不抓住這個機會？一開始不是愛情，後來在一起，慢慢就是了。」Helen說，她現在已是兩個孩子的母親，過去二十年，都在環球大廈做同一種工作：寄件員。每個星期天，她的店鋪塞滿了人，她一刻不停地開著寄件單。

廉價天堂

「現在通訊方便了，她們會一邊在這裡打包，一邊給家人打Video Call，一一說明自己買了什麼東西給誰，那時候，她們就像回到了菲律賓，和家人在一起。」Helen掏出一疊寄件單，上面寫的內容有毛巾、麵條、T恤、鞋子、洗髮液、巧克力、玩具熊、洋娃娃……而對應的收件人，有家中父母、兄弟姊妹，也有孩子。

環球大廈所有的船運寄件公司都在三樓，只有一間較昂貴的空運公司開在店租更貴的二樓。船運以箱子的數量計費，不管箱子多重，都一樣計費，而空運則以重量計費，所以大部分菲傭都會選擇船運。不同尺寸的紙箱和距離收不同價錢，例如Helen的店，從最小的長寬高十二厘米迷你紙箱到特大的二四乘二四乘三六紙箱，價格從一百六十元到一千五百元不等。

「寄東西回去是因為我們的愛，菲律賓人太愛我們的家人了。愛家是我們菲律賓人最好的地方。」Helen自己從前也寄東西回家，直到現在，每年還是會分三次寄一大箱子東西回家，分別在春天、夏天和聖誕節前。

Leeh Ann也常常寄東西回家。她記得上一次她把紙箱帶回雇主家裡打包，雇主的小朋友還幫她一起站在紙箱裡面，「踩踩踩，跳跳跳，塞到多少是多少。」環球大廈所有的貨運店都和Helen的店一樣，提供一週到三個月的免費寄存服務，不少菲傭會每次買一點東西存進來，湊夠一箱再寄出。也有菲傭像Leeh Ann一樣，雇主允許她在家打包，她就不必在大廈走廊和街道上打包，而在家裡裝好以後，提前一、兩日請貨運公司開車來取。

儘管Leeh Ann所在的元朗和更近一些的旺角也能買到各種便宜的東西，她還是會到環球大廈來，因為「這裡的東西最全」。寄東西也是精打細算的，她每次買東西之前都要問媽媽，「這個牌子是這裡便宜還是菲律賓的便宜？」環球大廈的物價很少令她失望，東西便宜到不像是在中環。去年她的外甥女在菲律賓出生，她一知道就馬上跑到環球大廈，十元的寶寶衫，二十元的寶寶背帶，還有「寶寶會需要的一切」，她都很快搞定，立刻寄回家。

而每次不管寄什麼，都一定要附帶巧克力，這幾乎已經成為菲傭們與家人約定俗成的一項傳統。環球大廈的雜貨鋪，有來自全球的巧克力可供選擇。Helen說，在菲律賓，進口巧克力很貴，而且只有在城市的超市才能買到，而對於重視聖誕節的菲律賓人來說，年底前寄回去的巧克力就更加重要了。

「一個有巧克力的包裹才是sweet（美好）的，不然就是不sweet的。」Helen說。

除了需求最大的貨運店和找換店，環球大廈還有各種雜貨店、小超市，販售菲律賓食品與日用品。三層商場裡，還有無需擔保即可分期付款的手機店，賣電話儲值卡的，賣K金首飾的，賣錶的，賣巴基斯坦便宜絲巾與窗簾的，收首飾和舊手機的當鋪，甚至還有一間手工婚紗店，三百元就能買到美麗白紗。

許多店鋪兼營好幾種生意，例如Leeh Ann買了第一部手機和電話卡的一樓小店，也賣她最喜歡的菲律賓什錦堅果「Ding Dong」，還順帶出租菲律賓影視劇DVD和菲律賓愛情小說。她有點害羞地承認，自己租過這裡的愛情小說來看，三到五元可以租一本看一星期。

真人漫畫風的封面風格一致，皆為妙齡少女，不少愛情小說各成系列。Leeh Ann最喜歡的是菲律賓作家Rose Tan的愛情喜劇系列，有整整三十四本。記者隨手翻開一本，書名叫《Lasting Tie》。Leeh Ann果然看過，告訴記者Tie是男主角的名字，是個樂團成員，而女主角是他的歌迷。

「有一天，Tie把自己的CD和雜誌報導送給女主角，對她說，看一看，聽一聽吧，希望你能愛上我！」說完Leeh Ann也忍不住大笑：「我從高中就開始追這個系列了，我朋友說是因為我單身才會喜歡，也許是的呢，哈哈！」

網路時代，她還是留戀晚上做完家務後，在床上靜靜翻書的感覺，採訪當天小店推出會員計劃，交三十元入會費可以當四十元儲值來用，她有點心動。「十元錢也可以差很大的，很要緊。」她說，「在環球大廈，十元錢已經可以買到一件寶寶衫了。」

相比起寄東西回家和匯錢，環球大廈的這一類小店，服務的是菲傭為自己而做出的消費。中大學者陳如珍說，這類消費在主流社會眼中，似乎沒那麼「正當」。「當一個菲傭為自己花錢，就會有人責怪她們，說為什麼要花錢買這麼多東西，為什麼不把錢都存起來，寄回家去？」她置換角色，請批評者也看看自己，「為什麼當我們當代城市的中產為自己花錢的時候，就不會聽到這樣的聲音？」

時空切片

每次放假，Leeh Ann最愛攝影。她脖子上掛一部相機，有時在環球大廈吃完飯、辦完事，會靠在三樓的走廊靜靜觀察，尋找可抓拍的瞬間。她發現在這裡，可以看到姊妹們在別的地方不容易看到的笑臉。

Leeh Ann請我仔細端詳來來往往的菲傭——來到這裡，她們就短暫地擺脫菲傭的身分，做回自己。「我在這裡可以做回自己，而不是家中幹活的乖姊姊，就算只有一天。」她看著許多菲律賓女孩三五成群地聊天、嬉鬧：「作為菲傭，我知道生活有多艱難。但只要來到環球大廈，我看到這些笑著的人，就感覺好像所有的問題都消失了。」

某種程度上，這是因為每一個菲傭，在這裡都成為了消費者。「我們在這裡被看作客人、消費者來對待，不會被人用教訓傭人的方式去對待。我們在這個社會裡面尋找的平等，在環球大廈得到了。」

但Leeh Ann知道，環球大廈只是一個切片。「人們來來去去，很快就走。」Leeh Ann說，如果要完整地了解菲傭是怎樣度過假日，還是要走出這裡，到街上去看看。

從環球大廈二樓的天橋出去，一分鐘就能到達遮打大廈，迎面是比環球大廈強勁許多的冷氣，和一面令人炫目的Giorgio Armani巨星廣告螢幕。不過，遮打大廈正下方的遮打道，才是菲傭的目的地。

菲傭在假日「占領中環」，從一九七五年香港開啟外籍家庭傭工政策就已經開始，每逢星期日，他們聚集在遮打道、皇后像廣場、大會堂和碼頭天橋這些公共空間，聊天、休息，分享美食。

比如遮打道，就是距離環球大廈最近的假日可用公共空間。一九八二年，香港置地集團為了促進商場的生意，在遮打道設立假日行人專用區，很快就被菲傭們所用，成為街道聚會、表演、練習舞蹈和貓步的重要地點。這種情況延續十年之後，置地曾提議重開遮打道給車輛行駛，想讓菲傭移到地下停車場去，但最終沒有成功。

再往前走，就到達最多人的皇后像廣場，往東則是遮打花園，若進入超長的地下通道，則可以到達和平紀念碑、香港大會堂，再往東，直到添馬公園。

「香港最貴的就是空間。」陳如珍說：「而菲傭是個沒錢沒時間的群體，她們不具備常常看電影、唱歌、爬山的條件，很多雇主也不喜歡菲傭去蘭桂坊『混日子』。」支付不了空間的菲傭，就用各種創意手法去利用空間。不少菲傭會買環球大廈的食物，到這些公共空間和姊妹一起坐著吃。她們墊在地上的紙箱，很多也來自環球大廈的寄件店，在Helen的寄件店，交五十元押金就可以拿走紙箱，寄出貨物後，押金會退回。

但所有這一切，僅僅發生在星期天。一天過後，環球大廈折疊翻轉，星期一的早上，從地鐵出來，走入大廈的，自然換成了西裝革履的白領上班族，而三層商場則迎來每週最冷清的日子。這種景象，曾讓菲傭被稱為假日中環的灰姑娘。

就連每星期天在環球大廈門口的手機大賣場不間斷響起的歌聲也突然消失無蹤——那是Leeh Ann很喜歡的大廈一隅，每個想一展歌喉的菲傭，不管唱得好壞，都可以高歌一曲。

逆勢淘金

回到一九七八年，開業之初，環球大廈這底層商場光景慘淡，一度幾乎成為「死場」，無人消費，無人租鋪。

中環德輔道中十九號，環球大廈所在的這個位置，最初不過是一片大海。一八八七年，第十任港督德輔爵士推動香港當時史上最大的填海工程，大商賈遮打全力支持，終令德輔道中誕生於一九〇三年。八年後，愛德華式建築風格的香港郵政總局興建起來，紅白花崗岩加紅磚設計，像是街角一座城堡。可是再美不過一九七六年，中環站要興建地鐵，郵政總局成為地鐵上蓋（正上方），要拆除重建。

李嘉誠的長江實業投得寶地，在一九七八年決定給予此地一個新名字：環球大廈。

全玻璃幕牆的環球大廈當時全城矚目，長江實業決定把環球大廈分層出售，交易總額和時間雙雙破紀錄，八小時內，交易總額高達五點九二億港元。四至二十七層的寫字樓，從此成為國際上市公司的辦公場所，時至今日，交易額之大之活躍，仍然常令環球大廈登上地產新聞頭條。可是一至三樓的環球商場，在最初數年卻一直蕭條冷清。

菲律賓回流港人丁建釗就是在這時進入環球大廈的。他的父親是菲律賓華僑，祖籍福建，他在福建出生後被帶到香港，讀完小學，又被帶去菲律賓。他中學畢業，十八歲就出來做生意，十幾年辛苦，到三十九歲，生意失敗。一九八四年，他帶著妻子與三個兒女回到香港，想找找機會。

他先在港島鰂魚涌的製衣廠打工，幾個月後，有朋友知道他會說菲律賓語，就介紹他去環球大廈三樓一間金鋪賣K金，做兼職推銷員，沒想到，一腳踏入了一個黑蒙蒙的商場。

環球大廈地處中環黃金地段，明明包攬中環地鐵站A、B兩個出口，是名副其實的地鐵上蓋，為何周邊商場都是旺鋪，卻唯獨它做不住華人生意呢？丁建釗說，原因之一，是環球商場的規劃鋪位狹小而擁擠，一間店鋪僅一百呎、兩百呎。「小鋪頭，做不到名牌，你LV租一個一百呎的鋪頭，給人笑嗎？」

另一個原因，是環球商場和寫字樓使用兩個入口，寫字樓入口正對地鐵站，明亮寬敞，商場的入口卻藏在另一側不透明幕牆後面，路人很難發現。「很多遊客也是走兩步就走過頭了，都找不到入口，沒人知道環球有個商場在這裡的，那就做不成生意了啊！」

但在菲律賓時做過行街小販、又會說菲律賓語的丁建釗靈機一動。他自己跑去菲傭聚集的皇后像廣場用菲律賓語拉客，菲傭口耳相傳，原本生意平平的珠寶店連連大賺。老闆說好一日三百元基本工資，賣得多有百分之三佣金可以抽，沒想到丁建釗抽佣還多過工資。

但到了年底，年終獎金卻只有一千元。丁建釗不服，索性辭職，自己開店，就在同一層，取名Victory，後來又把店鋪拓展到一樓和地下，成為環球大廈第一個成功的華人老闆。一方是被本地市場拋棄的地王商場，一方是日益壯大的菲傭群體，在無數個星期日，它們終於看到了彼此。

丁建釗回憶，那幾年，在皇后像廣場擺攤兜售衣服、食物和留影快照的小販正遭到嚴查，而環球大廈的小鋪位、低租金，讓小商販意識到，中環對他們來說，不再是無地可用。進來的小販越來越多，本身是菲律賓移民二代，或是持工作簽證來港的菲律賓人，很快看到商機，利用語言和進貨管道的優勢，迅速在環球大廈擴張。

港府在一九七五年才第一次由菲律賓輸入女傭，為的是彌補本地女傭市場的不足。在環球大廈落成的第二年，一九八二年，香港整體外傭數量還只有兩萬一千五百人，來自菲律賓、印尼等幾個國家。菲律賓因為殖民歷史的緣故，官方語言包含英語，因而菲傭都能講流利英文，不少還有大學學歷，深受香港雇主歡迎。這使得短短二十年間，菲傭的數量就已經在一九九五年上升到十三點一萬人，一九九八年達到十四萬，此後人數不斷上升，也開啟了環球大廈和丁建釗往後二十多年的黃金年代。

今天，丁建釗已經在環球大廈營生三十三年，摸透了小菲律賓城的筋骨，城中無人不識他，都管他叫Mr. Ding（丁生）。

憑著K金生意賺了第一桶金後，他又兼做菲律賓愛情小說的發行代理。起初，他見到有菲律賓水客帶愛情小說來賣給店家，行情不錯，就聯絡菲律賓的朋友幫忙進貨。Leeh Ann愛看的Rose Tan小說，就是他代理之後，批發給商場內其他商戶的。愛情小說、菲律賓潮流雜誌《Yes!》、菲律賓版的《花花公子》，都是他獨家代理。不少愛情小說，買就十五元兩本，租就三元一星期，單價不高，但銷量一直很高。

「有些菲傭一個星期可以看十本。」他說，自己又特別擅長推銷：「一個系列三十本，我先送她第一本，她看完以後下星期一定回來買。」他還會問客人這故事講了什麼，仔細記住了，就介紹給下一個客人聽，連看書的時間都省了。

後來他又發現，電話儲值卡的需求量非常驚人，很快打開另一條財路。那年代沒有社群媒體，菲傭要聯絡家人，全靠電話。「一個禮拜打五十元電話，一個月就兩百，十四萬人，那是多少錢？一個禮拜用一張五十元算是非常少的！」他記得二十一世紀初，生意最好的時候，一個月四個星期天，光是賣電話儲值卡，就能有五千萬進帳。店鋪有關公在頭頂坐鎮，大量現金收進來，就擺在紙盒塞進抽屜，一個經理看住，人來人往沒什麼好怕。

丁建釗是環球大廈第一個和電訊商合作，做電話儲值卡批發加零售的。後來，他的生意又進一步擴大，在一樓和地下接連開了兩間超市，賣五千多種菲律賓食品雜貨，包括他自己代理的Victory椰汁。現在的環球大廈，除了幾間菲律賓國家銀行和中庭的西餐廳Delifrance外，就屬他的店鋪最大。

千萬金流

由黑蒙蒙無人租到今日，環球大廈成為全港做菲律賓生意最興旺的地方，看似由商人開創，背後是十幾萬菲傭貢獻的現金流在成全。

「跟我們想像的不一樣，因為人數多的關係，菲傭每個月產生的現金流不少，而每個人都有購物需要。」研究菲傭社群的香港中文大學人類學學者陳如珍對記者說。今天，香港有超過三十五萬外籍家庭傭工，其中十八萬來自菲律賓，陳如珍請記者算一筆簡單的帳——

目前香港菲傭最低工資四千三百一十港元，乘以十八萬人數，是超過七億的現金流，即使八成都送回去菲律賓，兩成留下來消費，仍有一億港元可在市場流通。儘管沒有人統計過週日出現在中環的菲傭到底占總人數的多少，但就算是十分之一，也有千萬港元的消費力。

除了工資收入之外，熟悉菲傭社群的陳如珍還告訴記者，超過一半的菲傭都有薪水以外的灰色收入，管道各種各樣。環球大廈的不少店鋪都在門口長期貼著招聘單張，寫明招聘「假日兼職」，職責是在繁忙時段幫忙賣電話卡、賣水、賣首飾。有不願透露姓名的店主告訴記者，確實會聘請菲傭來做兼職，還有菲傭每星期日早上來買走數箱礦泉水，帶到附近的皇后像廣場或碼頭去賣。

入境處規定，外傭簽證不允許在港從事兼職工作，但陳如珍覺得，這種地下經濟一定存在：「所有貧窮的社區都有發達的地下經濟。錢會在菲傭之間流轉。」

過去三十六年，赴港打工的菲律賓人由不足兩萬增長到今天的十八萬，也養活了環球大廈的兩百二十四間店鋪。這個店鋪總數超過了一座天橋之隔的遮打大廈、歷山大廈、置地廣場和太子大廈全部店鋪的總和，而兩百二十四間店鋪，又養活了幾代開店謀生、做店員打工的菲律賓人和香港人。

以菲傭為消費群體，也造就了環球商場獨特的季節時令：週一週二人最少，週六週日人最多，開店時間也隨之調整，工作日朝十晚六，週末朝九晚七。折扣季也與其他商場不同，每月第一個星期日最忙，最多促銷，因為菲傭剛剛發薪水；暑假生意相對差，因為菲傭往往要照顧雇主小朋友，假期變少；聖誕節前生意最佳，因為菲傭會採購準備寄東西回家，此時最繁忙的就是貨運店。

不過，有一個時間點和其他商場是一樣的，那就是農曆新年。丁建釗解釋說：「因為有利是（紅包）收。有錢人的利是好多的，帶你去到親戚朋友家，人家給小朋友五百元，那給姊姊（菲傭）也五百元，難道還特意另外包一包嗎？」

中產新貴

生意興隆，租金也漲。

丁建釗八〇年代的第一間三樓鋪，租金兩千港元一個月，現在漲到兩萬多。在斜對面開旅行社的「環球新人」、三十六歲的菲律賓老闆Rhea Yanyan Boyce，二〇一〇年前以一萬五港元店租進場，記者採訪當年租金已經翻倍。不過大家都沒有退場的意思，菲傭人數不斷增長，消費也增長，店鋪收入水漲船高，付租金不成問題。

「我喜歡環球大廈，喜歡香港，因為這裡讓我賺大錢。」在中環置地廣場的露天餐廳裡，Yanyan對記者說。她的旅行社就在環球大廈中，與置地廣場僅有一橋之隔，她的客人，九成是菲傭。

「我曾經很多次被誤認為菲傭。」Yanyan戴著精緻耳環，身穿剪裁得體的洋裝，叼一根菸，喝一口酒，接著說：「我覺得環球大廈也給菲律賓人另一種工作的可能和想像，也就是說，菲律賓人在香港，不只是可以做家傭的。」

最近十年，更多菲律賓中產闖入環球大廈淘金，Yanyan就是其中代表。今年，她的旅行社開業七年，生意紅紅火火，抵得住加租壓力，「反正什麼東西都是年年漲價的了！我現在的目標是慶祝開店十年。」

二〇〇六年，Yanyan工作的菲律賓酒店派她到香港做海外培訓，短暫留港的半年間，她遇到了一個拿香港工作簽證的澳洲男人，閃戀，閃婚，拿到受養人簽證，得以在港長期工作和居留。不管是婚前還是婚後，她的生活圈子都遠離菲傭社群，直到二〇〇九年，她到環球大廈工作。這年，她在三樓的一間旅行社工作八個月後，就決定自己開一間。

「我還沒發現香港有什麼其他地方，一進去全是菲律賓客人的。」Yanyan說，從七年前到現在，旅行社生意穩定，星期日一天能接到近三百個機票訂單，而進進出出詢問價格的人更有近千。她和六個員工一人一台電腦，派一個人坐在門口拉客，旁邊是精美的微笑美女人形立牌，上面貼著價目表：香港往返馬尼拉一千兩百六十五元，迪士尼樂園五百二十五元，海洋公園三百五十五元。這價格優勢非常明顯，迪士尼樂園的官方門票價格是五百八十九元，海洋公園則是四百三十八元。來光顧的菲傭不僅會給自己買往返機票，也會趁國定假日接家中老小來香港遊玩。

僅僅七年時間，Yanyan的旅行社就推出了專用的會員銀行卡，廣告已經爬到了環球大廈各層店鋪的玻璃門上，這是「老環球」丁建釗花了三十年才做到的事。「我想我是環球大廈最成功的商人之一。」她自信地說。

Yanyan在環球大廈賺錢，但不在環球大廈消費。她不太依賴菲律賓食物，「也不要每天都吃吧？我有其他選擇啊。」在菲律賓的家人也不需要她匯錢和寄東西回去。至於衣服、鞋子、日用品，「如果我能在外面消費的話，我為什麼要在環球大廈裡面買？」

生活vs.生存

最近十年，環球大廈的店鋪類型逐漸飽和，該有的都有了，同類競爭開始加劇，價格戰也越演越烈。走過商場三層樓，丁建釗給我指出每一間超過十年的老店，足有近百間。但這也意味著，有半數以上的店鋪在最近十年才來到環球，不少販賣從中國大陸來的便宜衣服鞋包。二樓的Alteration牛仔褲店，菲律賓老闆就北上過海關買布料和便宜T恤，再來到環球大廈，十元一件地賣。

星期日一走進一樓，就會聽到帶菲律賓口音的廣東話叫賣聲：「十蚊十蚊！十蚊！（十元）」僅售十元的除了衣服，還有各種樣式的小飾物、手機殼。但價格戰壓力下，這些店鋪也倒得最快，然後又迅速被其他店鋪取代，這星期日剛撤走衣服貨架，下星期日已經在賣午餐飯盒，招牌都來不及撤換，就投入新一輪的生意當中。

有新產品興起，就有舊產品衰落。曾讓丁建釗月入五千萬的電話儲值卡生意，隨著社群媒體的興起和網路在菲律賓的普及，逐漸式微。Leeh Ann就說，她已經很少給家人打長途電話，現在大家都用臉書Messenger，「這眞的比較省錢。」不過作為環球大廈最大的電話卡商，丁建釗一個月仍能從這單生意中賺到百萬。

網路的興起也讓愛情小說變得無人問津。「現在上網就能看到很多免費的故事，都沒什麼人租了。」他說，像Leeh Ann這樣仍留戀紙本，願為此花錢的菲傭越來越少。不過丁建釗還不打算放棄這門生意：「有些老客一直來光顧，我們不可以說不做就不做。」

而對傳統的找換店來說，最近幾年的顯著威脅是電子錢包。曾有比特幣初創公司瞄準香港菲傭市場，到環球大廈試設攤位，因為手續費便宜，反應大好。中國大陸的騰訊公司也試過在皇后像廣場教菲傭使用微信支付來轉帳。儘管比特幣和微信支付最終沒有進入環球大廈，但目前商場裡最多人排隊的找換店之一，就是主推電子錢包匯款的TNG。

面對著龐大的外傭群體，商家們摩拳擦掌，一不小心，可能就被淘汰了。時代變化，環球商場的空間也隨之成長、變形，舊的細胞死去，新的枝葉發芽。

但Yanyan依然覺得，「環球大廈是香港做菲律賓生意最好的地方。」而已經開業十九年的小食店Ambo的老闆也希望，這種紅紅火火能一直延續下去，他的菲律賓BBQ曾被蔡瀾推薦，至今每天凌晨起床準備食材。

他望著自己只有數十平方呎的店鋪，神情滿足，又有點擔憂。「我還有四個女兒要供讀書，」他笑笑說，「都要靠這間小小的店啦！」

小店是他的生計，也是菲律賓社群的一個重要細胞。從菲傭轉型做環球大廈寄件員的Helen，每天都會在Ambo吃飯，每個月在其他街坊的店買衣服、匯錢，偶爾用自己公司的服務寄東西回家。她每天八小時坐在這裡，看著熟悉的人和店，說著菲律賓語Tagalog。

「我今年五十歲，而我二十五歲起就在這裡了。我的半生都在這裡，這真像是我的第二個家。」Helen說，三樓的貨運店密密麻麻，但她並不覺得大家是敵對的競爭關係，她的祕訣只有一項，做好自己：「我每天坐在這裡，無論對誰，我都會微笑，讓每位客人感覺到，我們歡迎她。」

但Yanyan不同意，她很清楚三樓共有五間旅行社，是她的競爭對手，她說在環球商場，「當你賺得很多，站在高位，下面的人就總想拉你下去。」這些後來的菲律賓新貴商人，和環球大廈整體社群的連結較弱，他們與那些從菲傭轉型做店員乃至老闆的菲律賓人，就像是環球大廈裡的兩個菲律賓，交集甚少。

但在這座垂直的小菲律賓裡，所有人都能找到自己需要的東西。這也許就是環球大廈裡的小菲律賓一直存活的原因。

「這裡營造了某種快樂的氣氛，」她說，「如果沒有環球大廈，我想香港不會有這麼多菲傭。」

2、九龍城．泰國城

2018年5月，寫於香港

兩千八百萬。這是香港舊啟德機場一年的載客量。這個一九二五年誕生，位於九龍城區、維多利亞港畔，只有一條跑道的起降高難度機場，國際客運量一度達到世界第三。

和各種移民家族史的開端一樣，這裡是絕大多數泰國人到達香港的第一站。Vita還記得，小時候自己最喜歡去啟德機場接泰國來的親戚。從媽媽在九龍城開的「三姊妹雜貨鋪」一路向東走，穿過啟德道和機場隧道，迎面就是一條斜坡路。從飛機上下來的泰國親戚們吹著大風拖著行李，從斜斜的路上走下來，讓那時讀小學的Vita覺得，「就像是走T台一樣，好有型啊！」

今年已經三十七歲的Vita，是泰國媽媽與香港爸爸生下的混血兒。媽媽在二十世紀七〇年代末來到香港，在九龍城的城南道和兩個親姊妹一起，開了全香港第一家泰國雜貨店。雜貨店後來盤給泰國友人，改名「同心」，至今生意興隆。同一條街上，還有Vita表哥開的「昌發」，有粉麵屋，也有雜貨鋪。隔壁街叫作龍崗道，曾經有著Vita舅舅工作了二十六年的香港第一家泰國餐廳：黃珍珍。姨媽和姨丈經營的泰式按摩店，則在再過去一條街的南角道上。

這舊啟德機場隧道外連接的三條狹長街道，在今日幾乎抬眼全是泰國商鋪，往北，則是昔日被稱為「黑暗之城」的九龍寨城。九〇年代，曾是世界上人口密度最高地區的寨城清拆，啟德機場關閉，加上九七移民潮，太多人霎時從九龍城離去。而在龍城暗淡之時，接手這些被放棄的店鋪、街道和住宅的人，許多都和Vita的家族一樣，來自泰國。Vita說，他們的泰國社群，就在那時徹底成型了。

這和菲律賓人、印尼人、印巴及非洲人在中環、銅鑼灣乃至尖沙咀的重慶大廈把一些不景氣的樓宇街道興建為自己的生活社區，是同一個道理。

香港政府統計處認為：「香港大致為單一種族社會。」理據是，百分之九十二的人口都是華人。但剩下的百分之八，也足足有五十八萬多人。泰國人在其中數量相當之少，僅一萬多人。無論是與近二十萬人口的菲律賓人相比，還是與主流敘事中總被連結到打架鬥毆、偷盜的印度、巴基斯坦人相比，泰國人在香港故事中，總被訴說得很少。然而在大歷史中，居於昔日繁華中心九龍城近五十年的他們，真的沒有故事可說嗎？

過埠新娘

Vita的媽媽有六個兄弟姊妹，七人中，如今有五個都在香港。七兄妹出生在泰國北部以農業為生的彭世洛府。「是鄉下地方。」Vita說。她只在七歲時跟隨媽媽回去過一次，雖然廟很漂亮，但人們住在一打雷下雨就會停電的木屋，蚊子也非常多。「你有沒有看過《鬼妻》？」這是一部取景陰暗的泰國恐怖片。「就是那種木屋。」她說。

窮人家的女孩常以遠嫁來尋找出路。而在二十世紀七〇年代，香港正興起過埠新娘風潮，剛好撞上Vita媽媽和幾個姨媽的青春年少。香港開埠時，男多女少，又尚未開放大陸新移民，就有不少泰國、越南、印尼女子到港相親。媒人會在兩邊都打好招呼，再讓女孩子搭飛機過來，雙方見了若合適，就結婚。先嫁過來的是Vita的大姨，媽媽跟著來玩，也生起了嫁人留下的念頭。

Vita說，她們在泰國見到的華人往往比較富有，皮膚也比較白皙，泰國女孩子們就比較願意嫁華人。而香港是移民社會，九龍城原是潮州人盤踞之地，與說廣東話、客家話的社群做區分。剛巧，在泰國華僑中，也有不少祖籍潮州的家族，後代的女孩子仍然會說潮州話。語言相通，彼此相親的好感就加了不少。

Vita的媽媽就這樣嫁了過來，用半年學會廣東話，但是不識中文字。不過鄉下人，本來也不認識泰國字，所以不要緊。爸爸做裝修工人，每天工作十幾個小時，媽媽則在家裡幫人做衣服，補貼家用。生活穩定了，媽媽再買機票給小姨、舅舅們過來旅遊，有本的就一起做生意，女孩子相親嫁人，男孩子打短工，逐漸都聚集在九龍城。

從七〇年代到八〇年代初，這一批過埠新娘主要都來自貧窮的泰東北，也有少數來自泰北。泰國大致可分為四部，泰中、泰北、泰東北和泰南。泰東北的語言接近老撾，菜色也和今日我們熟悉的主流泰國菜不同，例如冬陰功湯可以是白色的，稱為「家鄉冬陰功」，這也是九龍城最早興起的泰國菜系，服務泰國社群而不是香港人的「家鄉泰國菜」。Vita記得，生活穩定後媽媽從泰國聘請了幾個傭人姊姊照顧她和兩個弟妹，傭人都是來自泰東北，而泰語就像是中文的普通話，是不同地區的泰國人用來溝通的官話，所以她能聽得懂泰東北話和泰語，會說的則只有泰語。

貧窮人家無法供養孩子讀書，但都會送孩子去學一門手藝，所以這些過埠新娘個個都有謀生的本事，例如Vita媽媽會做衣服，舅舅會煮菜，姨媽會按摩，還有的人學的是化妝、剪髮等等。到了Vita上小學時，家裡已經能夠負擔起一間雜貨店的開銷，媽媽和兩個姨媽開起了香港第一間泰國雜貨店「三姊妹雜貨鋪」，利用機場近在咫尺的優勢，從泰國空運咖哩、指天椒、泰國人蔘、泰國沙嗲、泰式蝦醬、泰國龍眼、泰式粉麵，乃至於各種泰式日常百貨。因為是獨一家，九龍城的泰國人就靠這些來煮出家鄉味，生意十分興隆。沒過幾年，Vita的表哥也開了一間雜貨店，全家人的生活都好了起來。

不過，並不是每個過埠新娘都像她們這樣幸運。服務九龍城百年的慈善機構樂善堂就有幾位受助人，是當年嫁到香港而婚姻不幸的泰國過埠新娘。除了異鄉生活難以適應外，丈夫家暴，或是婆媳關係難處理等等，都是潛在的危機。一些過埠新娘結婚生子後，實在不能適應香港的生活，又重返泰國，但男方必要留下孩子在港，新娘只能孤身返鄉。Vita就接觸過這樣被留下的孩子，他們長大後希望學習泰語，到泰國去尋找媽媽。除此之外，還有未嫁就被騙得血本無歸的，媒人兩邊騙錢，拿走護照就消失了，女孩子只能被迫滯留在香港，等親人朋友來營救。

遠嫁始終有風險，在異鄉落地生根更不是易事，直到八〇年代中後期，泰國經濟逐漸好轉，九龍城才不再有新的過埠新娘。

寨城內外

那個年代，除了嫁過去之外，還有一種方法可以讓泰國人長期留在香港，那就是從啟德機場入境後，直接往西走一走，進入司法真空的三不管之城，九龍寨城。九龍寨城曾被稱為「黑暗之城」，因為城中魚龍混雜，黑幫橫行，出名的就是黃、賭、毒。香港政府在一九八七年統計過寨城的人口，約有三萬三千人，但寨城的面積卻只有兩萬六千平方米，算一算，是全世界人口密度最高的地方。十多層的大廈毫無規則地擠在一起，幾乎是牆貼著牆，居民靠私拉電線和水管來滿足基本生活需要，抬頭是黏滿蜘蛛網的、黑壓壓的電線，低頭是陰溝中竄出的老鼠。城內只有幾口井供應乾淨的飲用水，商業公司就趁機湧入，私自打井泵取飲用水，賣給居民。當時的香港政府提供的服務，只有郵差送信和清潔工來收走垃圾的服務，還有警察不時的巡邏。

寨城之所以會如此，最早源於一八九八年中英租借條約的爭議。九龍寨城本是清朝駐兵之城，但其位置剛好在九龍界限街以北的不遠處。當時英國人要求租借九十九年的土地，就是從界限街一路往北畫到深圳河以南。當時簽訂條約的李鴻章堅持，即使英國人租地，也要允許在寨城裡的中國官員可以「各司其事」，但又不得「與保衛香港之武備有所妨礙」。字句模糊之餘，一年後，時任港督親自率兵把寨城內的五百多個清兵全部驅逐出境，但又沒有再做他用，一直擱置。城內從此就陷入主權含糊不清、行政司法接近眞空的狀態，直到一九九四年完全拆除為止，都是如此。

這種狀態，為一些沒有長期居留簽證的移民提供了棲身之所，不少早期的大陸移民都在寨城生活過。Vita的舅舅Anuchat也曾在寨城中工作。「當時寨城沒有人管，有些人沒有簽證，或是來旅行之後不想走了，就到寨城裡去。」今年已經六十歲的Anuchat說。他在一九八〇年到香港來探望幾個嫁過來的姊妹，包括Vita的媽媽，先到新界的上水做藤條、雕花的工人，之後就進了九龍寨城，在裡面一間修理電線和插頭的小作坊工作。

初時，他也沒有工作簽證，只能偷偷做一陣子短工又回去泰國，過半年又飛到香港，直到一九八四年，寨城裡的一位傳奇老闆娘改變了他此後的人生。這個人就是七〇年代嫁到香港的泰國女人黃珍珍。今時今日，提起黃珍珍三個字，在香港幾乎無人不知是九龍城最出名的泰國餐廳名字。從太子道西進入九龍城，打眼最明亮的大招牌，就是黃紫色調的

「黃珍珍」。不過，今日的黃珍珍本人早已回到泰國去養老，店鋪和招牌都賣給了香港人，已經不是當年的味道了，唯有已經自立門戶的Anuchat和幾位大廚，還保留著當年的手藝。

寨城街道狹窄之極，所幸在九〇年代拆除之前，有文化保育人士手繪了街道圖，還製作寨城模型，讓Anuchat能回憶起當年工作的位置。但他不記得街名，又或者那條街本身就沒有名字，只能指出是在「中間」，而黃珍珍的餐廳則在「後面」，距離很近。「我一收工就走過後巷去那邊吃飯，就跟她熟了。」

就像Vita說的一樣，黃珍珍也是泰東北人，做的是「家鄉泰國菜」，起初在家裡煮，一盒一盒地賣給城寨內外的泰國人。後來賺到了錢，就到寨城外面去，到離機場最近的啟德道租個店鋪，學做香港人和西方人喜歡的「經典口味」泰國菜。黃珍珍見Anuchat人勤奮，也有煮菜的天賦，就幫他做擔保人，申請七年的工作簽證，還在寨城外給幾位大廚買下一棟獨棟房屋做宿舍樓，一人住一層。八〇年代，月薪就有五千五百港元，年終雙糧，年年加薪，到二〇一一年，工資已經漲到一萬四千八百港元。包吃住之外，黃珍珍還包他一年回泰國三個星期的來回機票，如此好福利，Anuchat一口氣為黃珍珍工作了二十六年，經歷四次搬店鋪。二十六年間，他也順利拿到香港永久居民身分，在香港娶了一名泰國女子，生下兩個孩子，也就是Vita的表哥表姊。

當年在香港很難買到泰國進口食材，黃珍珍全部都從泰國空運，即使這樣，也賺到盆滿缽滿，可謂經歷了寨城最熱鬧興旺的年代。他還清楚記得當年的價格，八〇年代，一鍋冬陰功湯賣四十五港元，明爐魚最貴八十港元，都是寨城裡的香港人來吃，即使後來九龍城開了其他餐廳，香港人也比較愛光顧黃珍珍，「比較高級一點，菜又美觀。」黃珍珍的招牌菜是Anuchat當年發明的「港式泰國菜」咖哩蟹，「因為香港人不如泰國人可以吃那麼辣，所以放少少的辣，不同於泰國的配料，小孩子也可以吃。」這菜式到了今日，已經是九龍城數十間泰國餐廳必備的菜餚。

生意最興隆的那幾年，他十一點到三點做午市，晚上六點到凌晨一點做晚市，十六個大廚一齊上陣，一天賣掉三百斤咖哩蟹，一天淨收入十三萬港元，除去成本，最少都有一日八萬的賺頭。

樹大招風，一間泰國餐廳做到這地步，寨城內外的黑幫終於盯上了這塊肥肉。「他們來收管理費、保護費，你不給，他就搞事。」Anuchat說。他常常見到在黃珍珍餐廳的後巷，放著黑社會的棍棒刀具之類。「有時黑社會進來，一張桌子坐一個人，坐滿了，客人進不來，他們一人就要一瓶啤酒，這倒是有付錢……但客人進不來，就沒生意，虧錢。」有幾年，晚上十點生意最好的時候，這些人總來黃珍珍餐廳做這種「問候」儀式。Anuchat還見過一次，他們用布包了幾塊石頭，從餐廳的玻璃門外直接扔進去。「真的很恐怖，裡面桌子椅子什麼都砸爛了。」他說。這樣工作，不害怕嗎？他說，怕，但是，「在裡面這麼久，都習慣了，見得黑社會多。」

寨城在一九九四年完全清拆，這一切都成為過去。Anuchat也離開了九龍城，到新界的大埔街市去開泰國餐廳，只是如今進貨方便多了，只需打個電話到九龍城的泰國雜貨店，對方就可送貨上門。寨城清拆三年後，香港回歸。大量居住在寨城內外的九龍城居民移民海外，店鋪清空，住宅放售。再過一年，營運了超過半個世紀的啟德機場也正式關閉，和機場有關的一切地名都被迫更改，地標「富豪機場酒店」改成「富豪東方酒店」，Vita喜歡的「機場隧道」也改為「啟德隧道」。九龍城作為人口最密集的商業中心、運輸中心的時代，也隨之過去了，但沒有走的，是泰國人。

我這一代泰國人

和上一代不同，一九八一年出生的Vita，在九龍城度過了整個童年和青少年時期。和她一樣的這些混血青年，被稱為「泰二代」，往往對自己究竟是泰國人還是中國人有著模糊的認同。

「我是在媽媽的店裡，聽啟德的飛機聲長大的。」Vita說。

媽媽的店在城南道，泰國人和香港人都會光顧，Vita從小就會在店裡做作業，和朋友玩耍，作業做完以後，就會幫媽媽賣東西。她和媽媽一樣，都會說泰語和廣東話，但媽媽不識字，她在香港讀書，當然認識中文和英文字。「有些香港客人來，就說想做冬陰功，我就問舅舅，寫下食譜，冬陰功怎麼做啊，咖哩蟹又怎麼做啊……我就幫客人挑選食材。」泰國人多數信佛，講究積善德，賣不完的食物都會送給衣衫襤褸的過路人。Vita就是送飯的信使。

儘管在九龍城的時光十分快樂，但一旦進入香港本地學校，Vita就感到文化差異帶來的不便和歧視。小學時，同學就不跟她玩，到了中學則變本加厲地欺負她，連老師也不喜歡她。長大以後，Vita回想，覺得其中的原因在於彼此不了解文化的差異。「例如泰國文化教導孩子不可直視長輩，就連從長輩身前經過也要躬身，但是香港的學校氛圍很西化，老師會覺得你不看他的眼睛，就是不尊重他，或是覺得你不專心。」

泰國女孩愛美的特質也讓她在學校備受嘲諷。媽媽會做衣服，連校服也是自己做，務求合身，用柔軟劑洗得香香的，再熨好，才可以給Vita穿。泰國人認為香味代表幸運，所以每天洗完澡還要擦爽身粉，頭髮也綁得美美的。「我的同學會問我，你天天都要抹香水嗎？學校不可以抹的。」老師見到她的頭髮辮子，覺得她不是在上學，是在開個人秀，會生氣地訓斥她：「你不如剪了它吧。你不要搞這麼多事了。」因為這些事，她常被老師罵「讀書多好都沒有用」，那時她不明白，現在明白了。

這邊廂被香港同學老師責罵，那邊廂，她也不討泰國的老婆婆喜歡。中學時，她有一次在表哥的雜貨店幫忙，一個不識字的泰國婆婆讓她幫忙看看一袋食物的標籤寫什麼，但她卻看不懂，被婆婆罵她，「小小年紀就不願意幫助別人。」她覺得委屈，自己是真的看不懂泰文，只會聽說讀，不會認字，可是百口莫辯。「當時我就覺得，是啊，我是泰國人，怎麼不認識泰文呢？」中學畢業後，她跟父母爭取了半天，終於回到泰國去住了一個多月，專心學泰文。

如今的Vita已經是泰文、英文、廣東話和普通話的多語老師，在九龍城擁有自己的補習學校，還主辦每年在港泰國人的最大節日，潑水節。潑水節在每年四月舉行，相當於泰國的新年，寨城清拆後重建的寨城公園和賈炳達道公園，就成了潑水節巡遊的起訖點。這一天的中午十二點半，Vita會帶領大家穿著漂亮的泰國傳統服飾，頭戴花環，從公園出發，沿著城南道、龍崗道和南角道這個「泰國城」區域一路巡遊、跳舞，直到兩點，回到公園，晚上再分兩次出來潑水慶祝。

這是Vita每年最重視的節日，但是卻一度受到香港政府的阻撓。她記得在二〇一五年的時候，香港旅遊發展局的人不允許他們在香港過潑水節，因為「這不是中國的節日」。Vita很氣憤，她質問對方：「我在香港出生，拿中國特區護照，有香港身分證，也流著泰國人的血。那我是香港人還是泰國人？你是歧視我這個香港人，還是歧視我這個泰國人？」

她還舉出反例，「香港也有人慶祝聖誕節、萬聖節，很多都不是中國的節日，我們不是共融的社會嗎？你不可以扼殺在這裡長大的人。」對方被她說得啞口無言，七天之後就通過了潑水節的審批。

Vita覺得這是泰二代必須面對的共同問題。「我們做共融的活動，就是想更多人認識我們的文化，才不會像我們一樣，因為文化不同，所以小時候就被欺負。」

這種敢做敢想的作風，已經和第一代到香港的泰國人完全不同了。Vita在香港的泰國長輩們，多數都是溫吞、低調的佛教徒，只在九龍城泰國人多的地方活動，舅舅Anuchat廣東話不好，連尖沙咀也不敢自己一個人去。

糅合了泰國與九龍城性格的這一代人，就像是Anuchat為香港人特別設計的微辣咖哩蟹，或是一些泰國餐廳發明的其他「泰國沒有的泰國菜」，榴槤炒飯、芒果炒飯……這也讓人想到居住在九龍城的泰國人那混雜的宗教信仰，泰國四面佛、潮州人的觀音、香港人的關公和黃大仙、泰國的泰王，都分享同一個神龕，庇佑著同一戶人家。

說是青年人，Vita也已經三十七歲了。九龍城已經有很多的「泰三代」、「泰四代」出生長大。隨著泰國旅遊業的發達，已經沒有年輕女孩會因為經濟因素而嫁到香港。

「所以移民潮已經結束了？」我問。

「是反過來了。」Vita說。

這幾年，她的補習學校有越來越多香港人來學習泰語和泰國文化，想要退休之後到泰國去養老。「畢竟在香港生活很辛苦，要不停工作，房子也沒有泰國大。」各人有各人的人生規劃，在九龍城的小泰國，如Vita般的泰國移民們還是充滿活力地生活著。

3、學阿美族語的猶太人

2017年12月，寫於台北

傅可恩沒想到的是，他現在反倒成了家族裡唯一在亞洲的人。

二十世紀六〇年代，一位猶太裔美國物理學家離開出生長大的紐約，舉家搬到阿富汗，在那裡做了八年的大學教師。這是Friedman家族首次踏入亞洲。沒過幾年，物理學家帶著懷孕的妻子去臨近的伊朗旅遊，未料妻子卻半夜陣痛，意外地把孩子生在了伊朗。他們給這個男孩取名Kerim，一個不管在美國主流社會還是猶太社區都不太典型的名字，有些中亞的味道，為的是紀念他的出生。二十三年後，這個男孩繞了一大圈，又回到亞洲，最終定居在台灣，現在的名字叫：傅可恩。

台灣花蓮壽豐鄉，是今年已經四十七歲的傅可恩在亞洲最熟悉的地方。壽豐鄉的東華大學，擁有全台灣第一個專注原住民族研究的原住民民族學院，主要招收原住民學生，傅可恩在此教授語言人類學和視覺人類學。夾在台灣中央山脈和海岸山脈之間狹長的花東縱谷中，北起花蓮，南至台東，這裡也生活著台灣人數最多的原住民族，人口超過二十萬的阿美族。

跨越太平洋的遙遠距離來到亞洲，最終讓傅可恩留下來的，正是這個採野菜、捉蝸牛、捕海魚、釀米酒，以母系社會傳統祭儀與古調歌謠而聞名的原住民族。從操著半生不熟的中文開始，傅可恩扛著一部攝影機，在花東縱谷做了數不清的田野調查。二〇一七年十月，亞洲第一個國際民族誌影展在台北舉行第九屆，五天放映四十二部紀錄片，關於台灣原住民的占去一半，策展人正是傅可恩。

他用中英雙語主持映後座談，對台灣原民文化的了解令觀眾驚歎。可就是這麼一個人，在一九九一年剛到台灣的時候，還驚訝地問朋友：「什麼？原來台灣有原住民的嗎？」

第一站雲南：我當年是個背包客

傅可恩不是沒見過原住民，中國大陸的叫法是少數民族。一九九〇年，他在全美排名前十的哈弗福德學院（Haverford College）讀到人類學三年級，決定休學半年，到中國旅行。那個年代，背包客們已經發掘出今天很熱門的中國西行路線，傅可恩走的就是這條路：他從紐約到香港，然後進入廣州，一路走雲南、四川、新疆，再沿著絲綢之路和沿路的背包客拼車，從全世界最高的高速公路走到了巴基斯坦。

他第一次見到少數民族，就是在這趟旅行中。在麗江，他遇到白族和納西族，在西雙版納，他遇到了傣族。那時少數民族的漢語也不好，跟他半斤八兩。「我遇到北京來的人，他們講中文都講得很快。可是那些少數民族都慢慢講，我們的詞彙也都比較簡單，反而比較容易溝通。」

他對中國最早的興趣，和他童年在亞洲的經歷並沒什麼關係。反而是在紐約，他讀聯合國附屬小學，交了兩個最好的朋友，是一對來自中國的雙胞胎。聯合國小學的學生種族國籍非常多元，每個人都必修法語課，到了七年級，還要選修第二外語。因為這兩個好朋友，他選修了中文。他還記得那個年代的教科書，教的詞都是「同志」之類的。他努力學了幾年，覺得中文眞是有點難，算是沒學會。

到了高中大學，家庭的影響顯現出來。「我那個時候就已經開始想，要做亞洲的研究。」傅可恩說。父母熟悉中亞、南亞，哥哥當年則在巴基斯坦做難民援助的工作。「我對亞洲有興趣，可是好像這幾個地方我都已經知道一點，只有東亞我不清楚。」他好奇東亞是怎麼樣的，就這樣，把休學旅行的目的地定在了中國。

人類學背景讓他把旅遊也看成是田野。高中時，他讀的國際學校要求交小論文，他就研究北歐的因紐特文化。現在回想，年少時的選擇不是隨性而為，「少數民族一直都是我的興趣。」所以到中國之前，他特地調查了哪些地區有少數民族，一心想親眼看看，走訪部落。年輕的窮遊學生到了背包客棧，又遇到世界各地的背包客，互相打聽攻略結伴成行。

可是旅途中，他強烈感受到自己的中文實在不好。「這樣不行。」他心想。有一天，他在長江三峽之一虎跳峽爬山，遇到了幾個很會說中文的外國人，還有會寫漢字的。他忍不住問：「你們是在哪兒學的中文？」

「台灣。」他們說。一九九〇年，中國大陸還沒有很多對外漢語的培訓機構，而這幾個人都有在台灣的漢語學校留學的經歷。大家知道他經費不足，建議他到台灣一邊教英文，一邊學中文。一年之後，他大學畢業，眞的跑到了台灣。沒想到此行是張單程機票，半生都留在了台灣。多年後回想，傅可恩也覺得人生奇妙。「如果過幾年我才想起學中文，我就會去北京學了，我也許就會遇到別的文化。」

遇見台灣：學了漢語，還要學阿美族語

「我小時候不知道有台灣這個地方。」傅可恩說。

結束休學旅行回到美國後，他趕緊查了查資料，發現史丹佛大學在台灣大學設立了當時全球唯一的「國際華語研習所」。那一刻，傅可恩知道自己必須認識台灣了：「如果我眞的要做中文的學術研究，一定要到那邊讀書。」

但那時候，他從沒想過會在台灣遇到原住民的議題。「我不知道台灣有原住民。」他說。

直到他眞的到台北，一邊申請碩士學位一邊上中文課。他還記得那是一九九一年，他在台北街頭見到一群遊行的人。「他們在幹嘛？他們是誰？」他問朋友。「人家跟我說，原住民！我問，台灣有原住民嗎？」傅可恩當年看到的，恰巧是台灣原住民要擺脫歧視稱呼「山胞」的正名運動。如今，「山胞」的稱呼早已走入歷史。傅可恩對台灣原住民的興趣，

則由此而起，一發不可收拾。

他發現這些原住民有不同於漢人的社會文化，尤其是語言。剛好，他碩士的研究方向，就是語言人類學。正名運動還促使台灣開始做族語教育的斧正，針對原住民的基礎教育不再只有漢語，還加入族語課程。傅可恩覺得，這正是透過語言來理解台灣社會變遷的好機會。

一九九七年，他碩士畢業，繼續邊學中文邊讀博士，雖然博士的學校是美國天普大學，但他的田野還是台灣，中文也進步了許多。他曾每天十個小時密集學習中文，但真的進入田野調查，卻發現課堂上學的標準北京口音和花東縱谷的原住民口音不一樣，很難溝通。二〇〇〇年，他第一次獨自在部落做田野調查，才幫他真的學到了實用的、好溝通的中文。

花蓮光復鄉，是台灣阿美族聚居人數第二多的地方，屬於北部阿美族。傅可恩打聽到光復有一間小學要開始做九年一貫的阿美族族語課程，就申請去做田野調查，從二〇〇〇年九月到第二年十月，駐校整整一年。學生老師們都很歡迎這個來做研究的學生，他住在老師們的宿舍，小朋友們被教導，要對大人有禮貌，見人都得問好。「那個時候很好笑。」傅可恩忍不住笑：「他們都說老師好，老師好，可是我不是老師，他們不知道怎麼稱呼我，所以他們都會說美國人好。」

作為小學裡唯一的美國人，上課時，他就靜靜地坐在最後一排，旁聽、記錄。下課時，再找老師和學生做訪談。這是台灣最早期有族語教育進入學校，透過一年的調查，傅可恩發現這樣教族語，跟自己剛開始學中文一樣，有很大的問題。「一個孩子，一個禮拜就用四十分鐘來學自己的族語，沒有語言環境，而且上課討論都是用漢語，算下來，眞的講族語的時間只有十到十五分鐘。這不是很奇怪嗎？」這也是他最開始在中文課上學不好中文的原因。

他開始在全台灣尋找多元的、融入生活的原住民語言課程，找到了，就跑去做調查，帶上攝影機，記錄了上課過程之後，再回學校去研究。因為研究阿美族的族語教育，他自己也開始學阿美語，但這又跟漢語截然不同，他不得不從頭學起，慶幸的是，這種參與體驗式的學習，讓他學得比當年快多了。

這種興趣一直持續到他自己也成了大學老師。就在他入駐花蓮的小學做田野調查的同一年，東華大學剛剛成立了原住民民族學院，就在花蓮壽豐鄉。六年後，博士畢業一年的傅可恩如願到這裡任教。

「本來我想，這裡離我研究的阿美族這麼近，我非常喜歡花蓮，那就先做兩年再說吧。」沒想到，兩年，又兩年，再兩年，如今已經十一年。他還是非常喜歡在東華大學教書，雖然教學工作的繁重讓他少了去部落做田野調查的機會，但也有意外收穫。「我們的學生，包括碩士生、博士生，還有很多老師，都是原住民。所以我就算沒有去部落，每一天都身處在一個非常關心原住民的環境。」這所大學如今成了他新的「田野」。

他總會邀請學生結合自己的文化背景討論課上的議題，例如有一堂課講涂爾幹的《宗教生活的基本形式》，剛好有一位五十多歲的博士生，本身是排灣族的頭目。「他就應用他自己的文化背景來討論涂爾幹。」傅可恩興奮地說，「在這樣的環境下教書，眞的很不一樣。」

另一堂針對本科生的課，則教授原住民影像，課上播放大量關於原住民的紀錄片和電影。傅可恩的學生蘇靜純就選修了這門課，她的媽媽是阿美族，爸爸是漢族。她還記得，課上討論過台灣第一部自製的寬銀幕彩色中文電影《吳鳳》。吳鳳是清治時期的官員，在台灣嘉義任職通事，在嘉義還有吳鳳廟供人參拜。但吳鳳廣為人知，是因為不論是日治時期還是後來，教科書中都記載他「為革除原住民出草習俗而捨生取義」。出草即是獵首，是原住民砍下動物或人的頭顱的習俗，但有特定動機，並不是隨意殺戮。傅可恩在課上給大家播放了電影片段，請同學一起討論，最後發現電影誇大了原住民的出草習俗。「是不是原住民就是很殘暴兇惡的？原住民是不是就是壞人，是強盜呢？」

也是因為在東華大學，傅可恩有了和原住民學生一起去部落探訪的機會。擁有一半阿美族血統的學生蘇靜純就是其中一個。去年暑假，蘇靜純就跟傅可恩一起回到他第一次做田野調查的花蓮光復鄉。十七年過去，這裡的族語教育已經截然不同，成立了部落大學，提倡「生活學習」。這一次，輪到學生掌鏡，傅可恩自己成了鏡頭下的人。

阿美族的野菜與影像人類學

阿美族是台灣原住民族中最能辨識和使用野菜的族群之一。在部落大學，傅可恩研究族語的「生活學習」，其中一課，就是要跟部落的老人家一起去菜園拔菜，然後分辨野菜的功能。「不同的野菜有不同功能，有的可以治感冒，你還要知道怎麼煮，是要炒呢？還是煮湯？」用攝影機記錄傅可恩的學生蘇靜純說。

鏡頭下，傅可恩認眞地跟在老人家身後學拔野菜，有時也去老人的家裡，聽老人用阿美族語講古老的故事。部落大學吸引他每星期兩、三天去部落觀察研究，長年用影像做紀錄，他早就萌生出拍紀錄片的念頭。

早在二〇一一年，他就以印度貧民窟的故事為主題，與從事導演工作多年的印度妻子一起，拍攝了人生第一部紀錄片《請別打我，長官！》，還成為了當屆台灣國際民族誌影展的入圍影片。二〇一七年，他的角色直接變成了這個影展的策展人。

影像人類學，是傅可恩少年時進入人類學的通道。高中的那門人類學課程裡，他就借用了一個影像民族誌的理論，分析比較了三部關於因紐特人的紀錄片。到台灣後，影像人類學者拍攝的原住民紀錄片，也成了傅可恩了解部落文化的重要管道。在傅可恩剛剛進入阿美族部落的時候，中央研究院民族學研究所所長胡台麗已經成立了台灣民族誌影像學會，幾年後又創辦台灣國際民族誌影展。如今他也成了學會的理事，但卻發現，其實眞正自己動手拍過紀錄片的人類學家屈指可數。「不少人類學家對紀錄片有興趣，可是自己沒有拍過，也有原住民紀錄片的導演，可他們又沒有人類學背景。」傅可恩覺得，自己可以把人類學研究中的阿美族文化眞正拍出來，成為紀錄片，讓阿美族野菜成為影像人類學的養分。

二〇一四年，他再度和妻子合作，在台東的都蘭部落，終於把自己研究多年的阿美族題材拍成了紀錄片。都蘭部落背靠阿美族聖山都蘭山。都蘭，阿美語Atolan，意思是一堆石頭，是阿美族人最早開墾的時候，將田裡挖出的石頭堆成一堆堆的意思。

拍攝時，適逢阿美族一年一度的豐年祭前夕，部落舉行了一個美食比賽，請所有人用部落傳統的方式做菜，連工具也要自己製作。這些工具包括竹筒、檳榔鞘，還有木頭做的鍋、碗和小杯子。隨後開始的豐年祭持續了一整個星期，傅可恩和妻子就每天早起，趕去拍攝一整天。女性拔野菜和捉蝸牛，水性好的阿美族男人需要下水射魚，或是撿拾可以吃的貝類，獻給部落的老人和婦女，是母系社會特色。傅可恩最集中拍攝的，還是野菜。

阿美族自稱為「吃草的民族」，他也跟著吃。怎麼煮呢?「她們大部分就是在水裡滾一滾，加一點點鹽巴，可能配一些辣椒。」傅可恩說。但味道如何，就不好評判。阿美族煮野菜調料很少，味道取決於野菜的原味。「很多野菜是很苦的。」他說，「不過我可以接受，所以沒問題。」

他還遵循阿美族不同年齡階級的分工來拍攝。阿美族慣例按年齡給部落成員劃分階級，以分配不同的工作，各個部落不同。而在都蘭，細分的年齡階級有十三級之多，粗略的分法，則可分為青少年階級、青年階級、壯年階級和老人階級。在豐年祭中，各個年齡階級每天都要負責不同的儀式，當中就包括烹煮食物。

有趣的是，傅可恩在其中一個年齡階級裡發現了一個義大利裔美國人。原來這個義大利人在台灣定居多年，已經退休，又被當地阿美族部落接納，得以參與儀式。義大利人對著傅可恩的鏡頭講述了自己在部落的生活，包括自己的「野菜奇遇」。「剛買房子的時候，旁邊有草地，那我們就習慣要除草，用除草機，英文我們叫 weeds 嘛，雜草啊。」可是沒想到，旁邊的阿美族鄰居跑了出來。「她們說，不要啊，這個是可以吃的！是食物，美食！」

研究影像人類學，自己也拍了原住民紀錄片之後，傅可恩接下一個重任，就是擔任第九屆台灣國際民族誌影展的策展人。台灣國際民族誌影展自二〇〇一年成立，前三屆由創辦人、中央研究院的胡台麗教授策展，此後則分別由研究原住民的台灣影像人類學者林文玲和蔡政良策展。

「我是第一位外國的策展人。」傅可恩說。

籌備影展用掉了他一年多的時間，先是在網上徵集到一千五百部報名影片，第一輪淘汰三分之二，剩下五百部，由台灣民族誌影像學會的四個成員分工去看。每部電影不論淘汰或入選，都要有兩個人看過。傅可恩用了兩個半月的時間，天天看，在學校看，在家看，最終看完了兩百五十多部民族誌紀錄片，和學會成員一起，選出了最終的四十二部入圍紀錄片。其中《作部落的人》講述的就是他關注的部落教育問題，而閉幕影片《不得不上路》則講述一位花蓮吉安鄉的阿美族人類學者，在二十多年對部落祭師文化進行田野調查之後，自己也成了一位部落的祭師。

影展結束後，傅可恩就立刻從台北回到花蓮，返校上課。他打算在課堂上給學生放映《不得不上路》。「這是一部特別適合人類學者看的紀錄片。」他說，「因為我們也會自己思考一個問題，也希望學生能思考，就是原來，你做原住民研究、人類學研究，這麼認眞地做紀錄，最後眞的會改變你的生活。」這句話說的是《不得不上路》的主角，也說的是傅可恩自己。

在異文化中認識自己

今年民族誌影展的總監蔡政良，和傅可恩相識多年。他自己也是個好故事，客家人，台東大學助理教授，卻做了台東都蘭部落阿美族頭目的總幹事，部落老人的養子，還被取名為阿美語 Futuru，意為「眞正的男人」。有這層經歷，他覺得傅可恩對原住民的熱情不難理解。

「這很正常。」蔡政良說，「人在生物上沒什麼不一樣，但文化上，社會規範上，生活方式上，有這麼多可能性，人類學者就去研究、討論這些脈絡。傅老師是這樣，許多人類學家都是這樣。」而傅可恩自己的身分，猶太裔美國人，也並不妨礙他遠跨重洋，將熱情都投入到台灣原住民身上。

他在原住民族學院任教，許多原住民研究生、博士生，大部分都希望研究自己的部落。可是傅可恩卻覺得，有時可以試試，看看別的族群。「我很贊成他們研究自己的文化。可是如果你沒有研究其他文化的經驗，我覺得你沒有辦法眞正理解你自己的。」他會鼓勵學生趁年輕，研究台灣別的族群。「不一定跑很遠，」但要從自己的文化中「跳出去」。

這種經驗也來自他自己。他從前沒想過這個問題，「如果你之前問，我不會覺得這有什麼重要。」但現在，他說自己年紀大了，想法變了。「當我研究其他國家的少數民族，或是被壓迫的族群，最終也會幫助我理解自己那個族群的歷史。」

他自己的族群，是世代生活在美國紐約的猶太人。他的英文姓氏是Friedman。「如果你去紐約，以前有那種電話黃頁可以查，你翻一翻裡面姓Friedman的人，那麼厚。那些都是猶太人。」

但在他離開紐約之前，從沒有注意到自己也是少數族裔。「只有去夏令營，或者上大學了，開始認識美國主流文化了，到外面了，我才會發現，我不一樣。」他讀社會科學，漸漸發現許多重要的人物都身在主流社會以外，「比如韋伯、涂爾幹、馬克思。」在人類學的世界，有更多人類學家本身是少數民族、新移民、性小眾等等。

「你會比較注意，也要去理解少數族群和主流文化的關係。」傅可恩說，「也許，人類學家之所以成為人類學家，也有這樣的原因吧。」

蔡政良解釋傅可恩的選擇，是「透過異文化來了解人，也透過異文化來了解自己」。他還「預測」了一件事：「到後期，到了晚年，人類學家就會回頭來看自己。」

會嗎？傅可恩也會有離開台灣的原住民田野，反觀美國猶太文化的一日嗎？他還不知道。他現在比較想做的，是在教學工作中抽出時間，真正住到花蓮的阿美族部落中去做研究：「我還是覺得，只有在那裡生活，才能學好那裡的語言。」

4、在蘭嶼，音樂可以做到的事

2019年11月，寫於蘭嶼

在蘭嶼北端的朗島（Iraraley）部落，謝永泉的家裡，有一塊短短的木板。這是他父親在五十多年前，去部落後方的Jipaparey山頭，從一棵龍眼樹上砍下來的木板。木板曾經很長，父親用來蓋達悟族的傳統屋。屋子的門板、柱子，都從木板上削下來，越削越短，主屋就蓋成了。

akamakey netneten a mazovo（我多麼希望你　快快長大）
mo ovey ta tazing napa no oyat ko（助我一臂之力　我的寶貝）
maci samorong do ni zasa kayo（因為我不知道　誰能夠幫助我）
do ni yahap a moing no vayo a vahey（扛起木板的另一端　我所拿的　新屋的門板）

——達悟族歌謠〈快快長大〉，謝永泉父親作詞

蘭嶼位於台東外海，是黑潮攜飛魚經過之地，六個部落的達悟人世代生活於此。達悟人將蓋傳統屋視為人的榮耀之一，然而此事費時費力，光是在山上砍伐、收集建材，就需要兩年的時間。在父親蓋起一生第一座傳統屋的時候，謝永泉還是個小男孩。山中布滿芋頭田，父親不敢將沉重的木板放在地上拖行，唯恐壓壞了族人的芋頭，只好獨力扛在肩上。父親想起幫不上忙的小男孩，便唱道：快快長大！快快長大。

多年後，二〇一四年，已經五十五歲的謝永泉第一次在眾人前用麥克風大聲唱出這首父親的歌，還獲得部落歌唱比賽的冠軍。小島人情緊密、資訊互通，一個椰油（Yayo）部落的老人聽了，對朗島部落的朋友說：「你們那個小傢伙唱得不錯啊！」沒去現場的人便紛紛好奇詢問，謝永泉，你唱了什麼？自此，人人知道朗島的謝永泉會唱族語歌。

他本是一名天主教傳教員，蘭嶼天主教文化研究發展協會的創始人之一，在部落、教堂和學校做傳統地名復振、傳統文化講解、族語教學，還曾是部落會議的主席，蘭嶼電台的節目主持人，《飛文季刊》的發行人，也曾在行政院原住民族委員會擔任公職。人生的上半段走完，從眾多道路之中，他選擇了族語和音樂，作為人生下半段的主題。

曾有部落的人對謝永泉說：「為什麼我們歲時祭儀都播陳建年的歌，我們自己的歌呢？」難道蘭嶼沒有自己的歌嗎？他自此創作十數首族語歌曲，有從傳統歌謠中改編的，也有全新的現代生活場景創作，有古調，也有民謠，還融入蘭嶼式的「說唱」唸白，在三個台灣年輕人的幫助下，即將推出專輯。這會是蘭嶼第一張族語創作專輯，歌聲中講述的，是謝永泉看到、聽到、身體經驗到的蘭嶼。「這是我在我生活的島嶼，唱給你的歌。」

徬徨少年時

謝永泉的族語名字叫Syaman Macinanao，意思是Macinanao的爸爸。蘭嶼的命名制度為親從子名，一生要有三個名字，從少年時的Si，到成為Syaman即父親，再到成為祖父Syapen。謝永泉的人生還處在第二個名字的階段，Macinanao的意思是學習，是他長子的名字。

而在他成為Syaman之前，少年謝永泉也和所有蘭嶼的孩子一樣，面對著國語教育、西方宗教和大島台灣的衝擊與誘惑。他曾著書記錄父親的生命史，名為《追浪的老人》，其中說到自己少年的彷徨。「傳統文化的浪、現代知識的浪、西方宗教的浪、外來政治的浪、科技產物禍害的浪，和族人危亡存續的浪。」他好奇父親如何接招，因為這浪他也領教過。「我承認我並不是每次都穩穩地面對這些波浪的衝擊，我常常像猴子撿到人類的整人玩具後，在好奇心滋長的過程中因突然彈跳出來的小丑而被嚇得狼狽不堪。」

彼時蘭嶼的最高學府就是蘭嶼中學，加上貨幣經濟的衝擊，族人越來越渴望離開蘭嶼，到更大的島嶼台灣去尋找升學和賺錢的機會。國中畢業後，謝永泉第一次離開蘭嶼，去花蓮上學，讀電工科。與父親相熟的神父從台東碼頭接到他，開著車一路往北到花蓮。他寫道：「我在蘭嶼從來沒有走過那麼長的路，長到無法想像的遙遠，而我的未來就在這一路的遙遠之中，向前奔去。」

在公東高工一年，學校線路老舊常常停電，他負責維修學校的水電，右手留下一道疤。畢業考，他考上乙級技術師，蘭嶼原住民的孩子考取證照，是當時的大新聞，還登了報。有電子公司指定讓他一畢業就去工作，校長又特別召見，說可以資助他在蘭嶼創業，開辦電子維修公司。

但他拒絕了，他要跟隨父親。他的父親是蘭嶼第一代本地傳教員，用族語傳教，一生跟隨瑞士天主教白冷會神父紀守常。謝永泉在台北的天主教牧靈中心進修了兩年，被樓下的車聲所擾，幾乎不能入睡。同學們去逛商場，他也逛，但身上沒有錢，什麼都沒買過。

二十五歲，彷徨少年終於返航，他回到蘭嶼成為傳教員，迄今已三十五年。然而，這個在西方宗教和國語教育的現代知識上，都表現優異的少年，在返航祖島靠岸時，還並不是一個傳統文化所期許的，達悟男人的樣子。他還要像日後他長子的名字Macinanao（意為學習）一樣，用一生的時間，在祖島上學習造拼板舟、捕捉飛魚、蓋傳統屋，乃至於成為在部落中受人尊重、有資格出席各種歲時祭儀的Syaman，成為一個父親，一家之長，乃至於部落漁團的骨幹成員，乃至於領袖。

從朗島部落驅車往椰油部落，途中有一個涼亭，面對Jirakwa heveng海域。這是謝永泉人生第一次夜捕飛魚的地方。海風撲面，他指著涼亭背後的山說：「這是我們捕飛魚下網的座標。」這是在海上，父親親身傳授的知識。每年夏季，黑潮帶來大量飛魚群，達悟人在夜間划船出海，飛魚跳出水面，落入網中。謝永泉至今還記得，那一次他們捕到一百多條飛魚，深夜十二點才返航。

從父親那裡學到的，不只是關於捕魚與海洋的知識。國中畢業那年，謝永泉收到了一份禮物，是蘭嶼天主教的于神父送他的一台錄音機。那時正逢父親的傳統屋建好，舉行落成禮，部落親戚朋友齊聚，他第一次錄下了父親的歌。

蘭嶼傳統歌謠中，謝永泉能掌握的是anood與arod兩種，但當年他只會記錄，卻聽不懂。他的族語不錯，但日常用語和傳統歌謠用的語言，又有不同。例如主人會唱：「不好意思請你來，我家沒有什麼芋頭招待你。」但其實芋頭非常多，這就是謝永泉所說的「反喻」。芋頭是蘭嶼人最重要的主食，芋頭數量多是一種榮耀。或是有的歌詞會有隱藏的意思，例如唱到「香蕉」，但其實是指很粗大的芋頭，是在誇獎對方的物產豐盛。主人唱完，客人就回應讚美和祝福主人，「希望你的家人健康」、「希望你的房子永遠站立」。此時，主人又要根據客人唱的再回應，很不容易，要事先準備好唱什麼才行，謝永泉說，這難度猶如「急智歌王」。

而因為部落親友的關係非常緊密，誰的芋頭田在哪裡、誰曾經蓋了幾次房子，彼此都清清楚楚。所以歌謠的對答中就會出現，「你上次已經蓋了兩次房子，還有你的船下水的時候，你的芋頭也很多啊！」或是，「你在朗島大石頭前面的芋頭田，有非常多的芋頭啊！」「這是很美的。」謝永泉說，「只有關係很緊密，才能唱得出，才能回應。這就是現代人不容易做到的事。」

他也曾問母親：為什麼要給西瓜洗臉？因為母親很愛唱一首歌，叫作〈do icing〉，他翻譯成「母親的芋頭田」。歌詞中有一句唱「o ya ko ramoramonan a somon」，直譯過來就是「我每天都給西瓜洗臉」。但原來母親要表達的是：

meylivolivon o pinapta noka（四周　都是我堆放的爛芋）
ta valya vaon ka no vayo a vahey（我還以為　是新屋落成的獻禮）
o ya ko ramoramonan a somon（我每日養育的豬啊）
akma kamo i romakot a pongot（我期待你們如同藤蔓一樣繁多）

母親告訴他，蘭嶼的迷你豬，要養五、六年，才能長得圓滾滾，像西瓜一樣。而每天兩次去餵豬的時候，媽媽一定會拿水去潑在豬的脖子後面，表示已經餵過這一隻了。給豬潑水，養育豬，就是「給西瓜洗臉」的本意。

不過這些傳統歌謠的意義，當年用錄音機懵懂錄下的謝永泉並不知道。「那時候錄下來，只是覺得爸爸會喜歡聽，想要讓他開心。」直到七、八年前，蘭嶼電台邀請他主持一期歌謠相關的節目，每一期請一位老人來唱歌，然後用族語和國語解釋歌的意思，他才開始知道多一些。

在那段父親唱歌的錄音中，也有謝永泉自己的歌聲。那是他人生第一次唱歌，自己創作了幾句歌詞：「不好意思不好意思，因為我是小孩子，不會唱一些很好的歌詞，所以我只能唱到這裡。」蘭嶼的年輕人很少有機會參與傳統歌謠吟唱，只要爸爸在，人家就是邀請爸爸作為家庭的代表。因為是自己家的落成禮，謝永泉才有機會開口唱歌。到他下一次開口，就已經是做了父親以後的事了。

唱自己的歌

在做了傳教員之後，謝永泉愈發看見基督宗教與達悟族傳統文化的衝突和矛盾。「比如說男人魚、女人魚，教會裡說每種魚都是神創造的，都是好的，為什麼不能吃這個？」達悟人把魚類分為男人魚、女人魚、老人魚，女人吃的魚往往最好。謝永泉問母親，為什麼你不吃男人魚？母親告訴他，有一些魚，婦女吃了會不舒服，在沒有牛奶的年代，如果媽媽生病，就無法餵養孩子，所以女人要吃好的魚。達悟族認為，有些魚只吃浮游生物，比較乾淨，例如ivey（烏伊蘭擬金眼鯛）和飛魚，所以婦女生完孩子第一天就可以吃這兩種魚。而底層的石斑類，因為吃腐食，就不太乾淨。

在傳統與宗教之間來回拉扯了十年，他終於決定，要用天主教的精神來推廣傳統文化，讓兩者可以並行，而不衝突。一九九九年十月，共六十八位族人發起成立了「蘭嶼天主教文化研究發展協會」，謝永泉是其中之一，協會的主旨除了傳教之外，更重要的是保育傳統文化、推廣族語。

國語教育和貨幣經濟進入蘭嶼後，一九七〇年代的開放觀光，更把蘭嶼推向了急速的現代性變遷。大人出外打工賺錢，少有人再種芋頭、捕飛魚。孩子在學校上課學國語知識，越來越少的孩子會講族語。在外工作請假、交通都不易，參加歲時祭儀的人越來越少，甚至連部落傳統地景都被冠上了新的漢語名字。在這種背景下，協會開設傳統文化講解課程，培育部落知識解說員，教授年輕的族人傳統夜曆、製貝灰、種小米、織布等等傳統知識，謝永泉是主要的導師。

到了二〇一五年，他把傳統歌謠也納入課程當中，舉辦了第一屆傳統歌謠種子培訓班，分男女班收生，共有四十多位族人報名，甚至有六十多歲的老人家也來參加。然而，就在他以為歌謠班真的可以讓年輕人傳承傳統歌謠時，第二年再舉辦，卻已經沒什麼人報名了。到第三屆，報名人數只剩七個，其中還有一些是從台灣本島來蘭嶼工作的老師，而非本族青年。

這種挫敗，成了謝永泉在音樂上的轉折點。「我問他們，為什麼不來學？他們說，我學不會那個歌詞啦，不會唱啦。」年輕人的答案讓謝永泉明白，如果連日常使用的族語都不會講，那怎麼能看懂歌詞的意思，又要怎麼學，怎麼唱呢？

「所以我才開始創作，希望年輕人用歌來學習族語。」

創作的開始，意味著謝永泉不再只是唱父親的歌、母親的歌和部落其他老人的歌謠，而是要唱自己的歌。一開始，他從教會入手，創作了三、四首聖歌，結合現代生活因素，一時間廣為傳唱，甚至在牧師封牧和退休的重大儀式上，也有教會唱他的歌。例如一首〈Kalamsoyan（小幫手）〉，就借用了蘭嶼觀光業興盛之後，每年暑假去打工換宿的「小幫手」概念，用族語來表達「我是天主的小幫手」，很生活化，讓年輕人有共鳴。

此後，他開始在自己的日常生活中尋找靈感，創作出兩首以家人為題材的歌，〈Akokey（親愛的）〉，以及〈生日快樂歌〉。Akokey 一詞，在達悟語中既能表達問候，類似「你好」，也能表達關心、親愛。他的大女兒謝潔心 Si Nganahen 曾獨自到台東讀高中，又獨自到台南讀大學，他在蘭嶼，很是惦記。某年春節，在外讀書工作的年輕人紛紛返鄉，但從台東機場到蘭嶼的小飛機卻受到海風影響而停飛，女兒在台東等飛機，謝永泉在蘭嶼等女兒。天氣時好時壞，他不知女兒何時才能回來，卻突然見到女兒出現在家中。

「我非常驚訝地說：akokey no kango kai mo!（親愛的你什麼時候回來的？）其實我心裡想說的是，ayako tey kapow（我好想你）。」搭配吉他獨奏，這就是〈Akokey〉這首歌的來由。

另一首〈生日快樂歌〉則是送給大兒子謝恩平 Si Macinanao。那年兒子生日，但人在日本，謝永泉就寫了這首族語的生日歌，唱給兒子聽。蘭嶼人原本沒有過生日的習俗，因為傳統夜曆與西洋曆法和漢人的農曆都不同，沒有記錄某年某月某日的習慣，但對兄弟姊妹中誰比較大，或是誰和鄰居的孩子同年，都很清楚。不過，謝永泉發現，「現在越來越多人在過生日了。」「那我就希望我們可以唱自己的族語的生日快樂歌。」

他做部落文化講解，每人有張名片，上有一隻魚，代表自己。他的魚是ivey（烏伊蘭擬金眼鯛），「是很在意孩子的魚。」謝永泉說，達悟人對孩子有很特別的重視，「我們整個一生的意義，最終是歸到孩子。如果你沒有孩子，你開墾，你養豬養羊，你的抓魚的本領，你講那麼多話，要留給誰？」因此，就有這兩首歌，寫給孩子。

因為曲調通俗易學，歌詞也不難，蘭嶼幾間國小的老師都開始教孩子們唱〈Akokey〉。椰油國小的「小飛魚文化展演隊」，還在二〇一九年夏天把這首歌唱到了波蘭的「國際兒童藝術節」。就像他預想的一樣，孩子們真的透過族語歌，開始學習族語、喜歡族語了。更讓他驚訝的，是兩個嫁到蘭嶼的漢人媳婦，在部落歌謠比賽的團體賽中也唱了〈Akokey〉，還拿到冠軍。這讓謝永泉感到振奮：「連非達悟族的人都可以唱，這說明我寫的歌是可以被學會的，達悟人就更加學得會了！」

來源於傳統生活的創作族語歌，還有一首〈不要吃太飽〉，全曲只有兩句，用類似饒舌的唸白方式唱出。謝永泉在朗島國小教一二三年級的小朋友，搭配拍手：「不要吃太飽，肚子會脹脹！也不要吃太少，肚子縮進去！」另一首則是成年男子唱的歌，用大量虛詞表達釣不到魚的感歎，歌詞敘述一個人多希望快點天亮可以去釣魚，終於去了，卻沒有釣到。這時人就感歎：「syama-syama-syama!」類似「我的媽呀，太可惜了！」傍晚走到海邊，因為擅長捕魚而人稱「龍蝦王」的好友，一見到謝永泉就對唱：「syama-syama-syama!」默契十足，唱完，二人拍手大笑。

除了對家人的牽掛祝福和美好日常，自童年起見證了蘭嶼巨大變化的謝永泉，也寫出了〈Jikangai（你不要來）〉這樣的歌。歌詞分為三段。

第一段，寫給觀光客和「把核能廢料帶來的人」：

imo ya jimzapzat do pongso eya am（不珍惜這島嶼的人）

Jikangai（你不要來）

謝永泉說，每年夏天大量湧入的觀光客，給島上製造大量垃圾，甚至還留下廢車。而把核能廢料帶來的人，則是指一九七〇年代末，中華民國政府在未取得部落廣泛同意的情況下，欺騙不懂漢語的族人，指要在蘭嶼興建「罐頭廠」，到時蘭嶼人就可在裡面工作賺錢。豈料，「罐頭廠」運來的黃色大桶，卻是原能會的核能廢料。此後，共有近十萬桶核廢料被放置在蘭嶼，直到一九九六年才停止運入。達悟人自八〇年代起發起反核抗爭，要求遷出核廢，但核廢迄今仍在蘭嶼。

歌的第二段，唱給部落族人。

imo ya jimacyanod do keyli am（不關心部落事務的人）

Jikangai（你不要來）

訪問前一天，蘭嶼剛剛舉行了一年一度的全島划船比賽。謝永泉指著窗外的部落廣播，翻譯廣播的內容：「我們的大船還在野銀部落的灘頭，請大家一起去搬回來。」他搖搖頭，感歎現在的部落族人不理公共事務，不像以前很重視，現在卻連大船放在別人的灘頭，都沒有人去搬。

歌的最後一段，唱給酗酒的人。

imo a ya tey maoyaoyahen a tao am（只有一湯匙酒量的人）

Jikangai（你不要來）

蘭嶼本沒有釀酒文化，但外來的酒從台灣一船一船運入，酗酒乃至於酒後飆車，也在蘭嶼頻頻出現。謝永泉希望族人能認識到，酗酒的傷害很大，「除非你酒量眞的很好，你才可以喝。」

雖然歌詞意涵很多，但爽朗的曲調和節奏，也讓〈Jikangai（你不要來）〉在島上很快流行起來。謝永泉不僅在族語課堂上唱自己的歌，也開始在部落小酒吧Do Vanwa（意為在海邊）駐場，各種划船比賽或慶典儀式，也有族人邀請他去做駐唱嘉賓。他還記得自己有一次去東清國小唱歌，唱完之後，有一個小朋友一直黏著他，還從紙箱上撕下一塊，拿筆給他，說要簽名。他覺得又可愛又好笑：「哎唷！怎麼會有個小朋友來要我的簽名？這個簽名的紙張太酷了！」

他在部落的親友則發明了這首歌的另一個唱法。男人們去海邊釣魚，遇到對方，會對唱「Jikangai!」，互相調侃。「意思是說，你釣那麼少，還不如回家睡覺呢，不要釣了吧！哈哈。」

二〇一八年夏天，謝永泉的首張創作EP錄製完成，收錄四首歌，封面主題曲就是這首〈Jikangai〉。EP封面是大片流動的藍色，天海相接，三隻飛魚由天空流入大海，背後正是謝永泉家窗外，正對的兩座山頭。這也是他父親的歌〈mapabosbos（拼板舟下水禮讚）〉中描繪的場景：

mapacimicimit o minamorong（當星星眨眨眼）
nozey do lomdok a makarala（是飛魚游回島上的記號）
malavong a pinaziwang ni omima（天神 omima 從天瀉下千條萬條）
meylagit so panid a papatawen（翅膀相連的紫色飛魚）
niyow mo a minanlag no rayon（成為你首航釣起的飛魚）

蘭嶼的歌，傳到哪裡去？

二〇一七年，謝永泉在蘭嶼看了一部紀錄片，叫作《尋找甜秘客》（Searching for Sugar Man）。電影講述的是上世紀六〇年代，一位在美國底特律寂寂無名的歌手 Sixto Rodriguez，在二十年後的南非意外走紅。其出色的創作和歌詞中的反抗意味吸引了大量南非歌迷，唱片銷售破百萬張。但無人知道 Rodriguez 本人在哪裡，甚至有傳說他早已自殺。影片的最後，導演找到了一直在家鄉做著勞力工作，默默生活的Rodriguez，而他本人，卻對這忽如其來的盛名淡然處之，仍然繼續原本的生活。

「我看得很感動。」謝永泉說，「一個遠方的族群竟然被影響到，而且我很欣賞他一直還在他的家鄉。我覺得跟我的理念很像。」

把這部紀錄片帶給他的人，是一個叫作鄭宇騏的年輕人。這個年輕人來自台中，為了服兵役替代役，在朗島國小工作了一年。二〇一七年的一天，他去旁聽朗島國小的族語課，第一次聽到謝永泉的創作歌曲〈Akokey〉。在蘭嶼做替代役的生活條件並不好，他住在學校的貨倉裡，有蚊蟲鼠蟻，夜裡上廁所還要舉著手電筒走五分鐘到外面去。但好處是，他的住處離謝永泉的家只有十分鐘步行距離，在族語班上相識以後，他就不時接到謝永泉的電話：「宇騏，你上來！」也不說什麼事，他就走過去，往往一起吃飯、聊天、唱歌、喝酒，有時到深夜，便睡在謝永泉家中。一來二去，鄭宇騏還獲得了一個「朗島小鄭」的花名。

鄭宇騏和哥哥鄭勝奕同為獨立樂團成員，也都是影像工作者。趁著哥哥到蘭嶼看望，鄭宇騏就提出，要給謝永泉做一張專輯。謝永泉聽了，半信半疑。鄭勝奕也覺得，錄專輯費時又花錢，眞的可以嗎？一個是信任「朗島小鄭」，一個是疼弟弟，兩人到了教會，謝永泉彈唱，鄭勝奕錄音，就這樣完成了第一次專輯歌曲的採樣。

「謝老師的歌就像時空膠囊一樣。」鄭宇騏說。他所看到的謝永泉，和傳統的原住民創作很不同。「謝老師的歌裡面沒有思鄉情懷，沒有都市原住民的漂流情結，這跟很多原住民歌手的創作方向完全不一樣，很奇怪，只是寫蘭嶼的生活。」這是謝永泉創作的出發點，「他在蘭嶼，他創作的位置在這裡。這是很特別的。」

為了讓謝永泉理解一張專輯能帶來什麼，他給謝永泉看了《尋找甜秘客》。他還打算給謝永泉拍一部類似的紀錄片，把整個專輯的製作過程，以及專輯出來後的反應，和謝永泉狀態的變化，全都拍進去。

和當日還沒有步入職場的弟弟不同，哥哥鄭勝奕首先考慮了製作經費的問題。他找了朋友，搖滾樂團「偏執狂」的吉他手吳政儒，用「友情價」，一年三萬新台幣，把朋友帶進了這個計畫。吳政儒說，一張專輯製作，四十萬的成本是起跳價。但他們幫謝永泉申請了不同基金會的計畫，總共也只拿到五十五萬的經費，還不包括人力成本和之後的宣傳費用。

即便如此，甘願，就做下去。他們在將近兩年的時間裡，幾次進出蘭嶼，向自己工作的公司請假，和謝永泉一起錄音到深夜。吳政儒的樂團主唱是阿美族，本身就對原住民音樂感興趣。但聽了謝永泉的歌，他發現蘭嶼的音樂和台灣本島原住民音樂完全不同。達悟族是海洋民族，不論是歌詞的節奏還是曲調風格，都自成一格。除此之外，謝永泉的音樂還混雜著他成長年代裡，民歌、林班歌以及宗教團契歌曲所留下的歷史痕跡。

出版之後，要拿給誰聽？和三位年輕人不同，謝永泉自己不太去想宣傳的事。「我有了專輯以後，就放在這裡好了。你想聽我達悟的歌，你來蘭嶼。」

他說，這是因為只有到了蘭嶼，才能「聽懂」他的歌。「比如我唱的歌當中，有Jikarahem（漢名：五孔洞）這個地名，那是我常常去釣魚的地方。你聽我唱那首期待去釣魚，卻沒有釣到的歌，你就要到那裡，你來了，看到了，看到浪很大，你才知道我唱的是什麼。」

又比如他唱追逐飛魚的歌。「你來這裡，看到飛魚季節的時候，飛魚是這樣一大群一大群從海面跳上來，你就知道我唱的是什麼。而不是我到美國，去講我們的飛魚是怎樣，然後給他們看圖片、影片。」

不過，有一首歌有些特別，在專輯出版前，就已經傳到了菲律賓巴丹島去。他曾去過巴丹島很多次，但今年夏天卻有點不同。他和吉他手吳政儒、族人瑪拉歐斯、妹妹謝和英等一起到訪巴丹島，展開「蘭嶼島×巴丹島語言文化推廣交流」之旅，探尋蘭嶼航海家一千年前航行到巴丹島的足跡。巴丹群島最北方島嶼距離蘭嶼不到一百公里，歷史上曾有四十人大船直航兩地之間，貿易、探親、聯姻。蘭嶼漁人部落與紅頭部落的口述歷史更顯示，部落祖先很有可能就是從巴丹島遷徙而來。

然而，語言與血緣相近的兩個島嶼，因為不同的殖民歷史，在後來分屬台灣與菲律賓，蘭嶼人說起了日文、漢語中文，而巴丹人則學會了西班牙文、英文和菲律賓如今的官話他加洛語。不過，達悟族族語仍存在，島嶼共享的海洋性格仍在，正是這些因素跨越海峽，影響著謝永泉的音樂。

ka mangey jivatan an（你要去巴丹島嗎）
ji ka meybezbez（不要急）
ikongo eng tango mo ipeybezbez（為什麼，為什麼，你急什麼）
（以上達悟語）

ka mangey do irala（你要去蘭嶼島嗎）
mazevez kava（不要急）
eng tango ikong mazevez kava（為什麼，為什麼，不要急）
（以上巴丹語）

這首男女對唱版的〈ji ka meybezbez（不要急）〉就是這次巴丹島之行的成果，歌詞一半是達悟語，一半是巴丹語。在巴丹島的省慶晚會上，謝永泉和當地樂手合作表演了這首歌。「ka mangey jivatan an / ji ka meybezbez」本是一句蘭嶼的俗語，當一個人看起來匆匆忙忙的時候，別人就會問他這句話，意思是：「你是要去巴丹島（指很遠的地方）嗎？你急什麼？」

「為什麼我們的族語不是問：你是要去台灣嗎？為什麼問，你是要去巴丹島嗎？」謝永泉說。妹妹謝和英回答：「因為在我們的概念裡，巴丹島是離我們不遠的。」可惜的是，受過西班牙殖民的巴丹島，音樂風格已西化，傳統樂器不見蹤影。但謝永泉的製作團隊發現了當地人用兩個湯匙拍打節奏的習慣，索性代替鼓點，加入這首歌中。

語言之外，海洋元素在專輯的其他歌曲中也有許多體現。例如〈追逐飛魚〉中加入了船槳拍打海浪的聲音，是吳政儒真的去借謝永泉的船槳，在蘭嶼海邊錄製的。〈meykazosan（捕飛魚凱旋回航之歌）〉以一聲拖船上岸的聲音結束，也是吳政儒在謝永泉的大舅子捕飛魚回航的時候，眞實錄製的環境音。

這樣的音樂交流，謝永泉很喜歡。但他仍然不想變成跑演出賺錢的商業歌手。「人家問我，你有了專輯以後會怎麼樣，我說我還是養豬啊，到芋頭田裡去放水。」

製作專輯的三個年輕人仍在想：「蘭嶼的歌，到底要唱給誰聽？傳到哪裡去？我們的市場定位是什麼？受眾是誰？」而謝永泉覺得，要讓蘭嶼自己的族人聽到，回到他吸引年輕人學習族語的初衷，最重要。

至於之後的事，就像Sugar Man一樣，謝永泉說：「你的歌會傳到哪裡去，是很難預測的。」

四、微塵

世界末日之前

月娘總是照著我們
法國電影的寒冰與火
也在台北的房間遊蕩著

在家與家之間折返跑
在市場看見　一顆心臟懸掛
睡眠醒來暈眩

今年我留著短的金髮
依然被視訊那頭的家人不喜啊
這就是愛嗎

猶豫後還是
只與貓咪晚餐
此刻若在別處會快樂些嗎

去年此時我曾說不用回家過年眞是太好了
今年也是如此吧
眞是如此嗎
恐懼和孤單哪個更好些呢
綑綁和游離哪個更好些呢
情人和貓咪哪個更好些呢

信箱會否有過期的聖誕信
代表遠方有人記掛我呢

抄寫　塗抹
世界末日之前
帶著藍色的無名指節入睡吧

——202201，台北，南港

生死微塵

二〇二〇年一月二十五日，農曆大年初一，一隻藍鯨擱淺在台東長濱海灘。牠身長二十四公尺，寬二點五公尺，年紀大約三到四歲，胃裡空空的，死因是被人類留在海中的漁網纏繞，影響進食。藍鯨是我們星球有史以來最大的動物，勝過恐龍。保育人員後來解剖牠，給牠起名叫「小藍」，little blue。

剝去了皮肉的鯨魚骨架橫陳在我們面前，一根骨頭比一個成年人類還高，逼使我們直視這巨大的死亡。殺死「小藍」的無疑是我們，更準確地說，是人類的海洋漁業。死，離我們很遠嗎？

漁業殺死的不僅有藍鯨，還有我們自己。時間回到二〇一九年十月，台灣北部最大的近海漁港南方澳發生大橋垮塌事故，斷裂的橋體沉入海中，壓垮三艘漁船，導致船上六名外籍漁工死亡，九名外籍漁工受傷。那是我第一次書寫台灣的移工議題，和我在香港接觸的菲律賓住家移工不同，這些漁工幾乎全是出身基層的男性。為何大橋會垮，為何漁工不住在陸地而要住在船艙，船東和仲介是否系統性苛待外籍漁工，導致他們的死亡？漁工、工會、人權組織、仲介、漁民、縣政府之間多方角力，每一方都對這些問題給出不同的答案。我寫這一場角力，也寫他們活過的南方澳。他們並不出生在這裡，但他們在南方澳建立的人情網絡、權力關係和社群生活已經徹底重塑了這個漁村。

到達南方澳的那天，我遠遠的就看到斷橋橫在漁港上空。橋的殘軀就像死亡的「小藍」一樣，巨大，不可忽視，是我們所有人共享的傷口。

報導刊出一年後，調查報告公布，事故主因是大橋鋼索鏽蝕承載力不足，以及橋樑檢測、養護規範不足。漁工工會在此後的每年都舉行罹難追思紀念會，邀請罹難者家屬視訊參加，促請各界提升外籍漁工生活品質。雖南方澳是近海漁業港口，並不像台灣遠洋漁船的漁獲一樣被美國列入強迫勞動貨品清單，但產業利益受損終於使人權會、監察院、農委會等公部門下定決心，要系統性地應對外籍漁工人權問題。當時重傷入院的菲律賓漁工Winanto已回國生活，還在復健中。今年十二月，新大橋通車後，這道傷口會被淡忘，還是被修補呢？

更多人共享的死亡，來自兩年前爆發的那場瘟疫。比對日期，我驚訝地發現，「小藍」死亡的那段日子，瘟疫正從武漢蔓延到全球。起初許多人都以為很快會過去的那場瘟疫，在過去兩年中已經感染了五億九千多萬人，殺死六百四十五萬人，直到今天仍在改寫我們的生活。

「小藍」擱淺當天，我在浙江老家和父母一起過年，幫媽媽慶祝生日。人們已經嗅到瘟疫的氣味，整個中國都難以買到口罩酒精，我從台灣帶回去的幾包口罩成為稀有品，走在路上人人都問是哪裡買的。地獄正降臨武漢，死亡的消息在微博和記者圈的微信群組瘋傳，每一則都是絕望和恐懼。我把回台灣的機票從大年初十改到大年初二，但仍趕不及在台灣封關前搭上飛機。兩岸關係降到冰點（若二〇二二年的此刻不是冰點），在二〇二〇年九月重新入境之前，我一度以為自己再也不能踏上台灣的土地，再也見不到我在台東知本領養的小貓咪，過去十年建立的一切生活都變得遙不可及。

我找了個短租房，行李極其少，連夏天的衣服鞋子都沒有。因為每個月都不確定下個月是否能回台灣，所以當我面對是否要續租的詢問，總是支支吾吾。我甚至去了拉薩，在布達拉宮問未來佛我該去哪。然而我知道我受的苦難不過是沙海中的一粒塵埃，比起許多沉默的沙礫，我起碼是一顆能說話的沙子。一位原本在環遊世界的中國獨立記者朋友也因為疫情而寸步難行，她曾在幾年前環遊到台灣時借宿我家，送了我一個睡袋。經她提醒，我意識到那時的中國沒有哪家媒體可以觸碰一個重要而敏感的議題：疫情中前線醫護人員的心理創傷。我告訴她，我想試試看。「真話不敢說，假話不想說。」最後刊出的文章中，一位中國醫師這樣告訴我。在這種情形下約訪極其困難，我滾雪球式地找遍了所有可能說話的人，知道他們可能在一次通話後就覺得危險，立刻封鎖我。有一個禮拜的時間我住進一個海邊的便宜公寓，每天望著沙灘等這些可能的受訪者們下班回我訊息。有幾晚，我聽著海風跟一位失眠的武漢醫師通話，聽他講所有不能宣之於口的憤怒和悲痛，放下電話後，我就去看夜裡的海，讓自己從那些情緒中靜下來。

那是二〇二〇年八月，第一波疫情在中國結束半年後，PTSD高發期，有醫護自殺。文中寫到他們的恐懼、焦慮、抑鬱和創傷，多數來自高死亡率和防護不足，以及人為管理的問題。兩年過去了，藥物和疫苗已經使病毒變得沒那麼致命，全世界僅剩幾個國家還要求人們在入境時做檢測與隔離。因封鎖而非病毒導致的死亡成為新的禁忌，每七十二小時核酸檢測成為新的日常。那時我訪問的心理學家曾提到疫情後的心理重建計劃，以汶川地震為參考。但如果根本沒有所謂的「後疫情」時代呢？如果創傷從未停止，療癒要如何進行？

寫完那篇報導後一個月，我回到了台灣。半年後，台灣疫情爆發，被認為有疫情報導採訪經驗的我，在《端傳媒》編輯何欣潔的邀約下，進入當時的疫情中心萬華採訪。整個台北的確診數在六千左右，不論是比起二〇二〇年的武漢還是今日的台灣，似乎都只是零頭的數字，但在當時已令人如臨大敵。我在十天中採訪了二十多個萬華公民社會的關鍵角色，盡可能摸透這個有百年基層社會互助史的老艋舺錯綜複雜的物資、人脈、權力筋骨。

這篇報導後來又促成公民社會的一些跨族群合作和圍繞人權、性別與疫情關係的討論，可在期刊《婦研縱橫》第一一五期中見到。若對比這兩篇疫情報導，人們對病毒的恐懼和汙名是相通的，公權力面對災難的疏失與措手不及也在世界各地不斷重演，一線人員和確診者的心理創傷更是全球共享的難題。但萬華展現的民間互助力量使人驚歎，這營造出災難來臨時，人們居住其中的安全感。你知道即使你是一粒塵埃也有人會托住你，或是當你有一天墜落，人們至少會記得你。這裡有一個容許和鼓勵我們互相關懷的社會，當你發出聲音，會聽到他人的呼應，當你做了一些努力，可以看到情況改善。這些埋入生活肌理的微小日常互動，可以使人在死亡常臨的年代獲取一些繼續生活的氣力，不致掉入虛無。當我寫著以上這幾個句子的時候，看似在寫一個讓人心安的台灣社會，其實心中想著的是那些相反的社會。在那些社會裡，我們惴惴不安，話語變得虛無，害怕自己像沙子一樣被風吹走，流離到無人知曉的地方去。

一年後的今天，八月二十二日，台灣累計確診超過五百萬，死亡九千六百五十七人。我們適應死亡的速度極快，作為整體的人類明明每天都在失去部分的彼此，但我們仍然前行著，彷彿路途上掉落的那些不過是每年夏季都會換一層的鱗片。如果死亡本來就是世界的一部分，我們是不是該學習與死亡共存？這聽起來十分弔詭，to live with death？如果是這樣，我們可以和誰學習死亡？

二〇一九到二〇二一年間，我斷斷續續訪問了二十位六十歲以上的香港老人家，他們教我許多關於死亡的事。他們出生的年代從一九二〇到一九六〇，有人有戰爭記憶，有人曾是半山英人豪宅的家傭，有人是香港第一個電視台「麗的」電視的底片剪接師。這些訪問起初是一篇報導，包含五個故事，收錄於本章最後一節。後來我把這些訪問寫成了一本書，今年五月由香港明愛出版。一位八十多歲的受訪者告訴我，到這個年紀，每年都會有親朋好友、同學同事去世，是非常自然的事。他們對死亡的想像非常具體，是患病還是意外？慢性還是突發？死後葬在何處，火葬還是土葬，是否捐贈器官，舉辦何種喪禮，遺產如何分配，是否要人祭拜？

他們中，有人曾見過香港第一個遊樂場「荔園」的著名大象「天奴」。那是許多香港人在那時見過最大的動物。牠生於緬甸，死於香港。公開資料記載，一九八九年二月三日，「天奴」因染上急性肺炎而被殺死，所謂「人道毀滅」。牠的遺體葬在香港新界區的將軍澳堆填區，那是香港最大的垃圾掩埋場。

裴洛西訪台的第二天，我出發去每年一度的蘭嶼之行。在東清部落看日出的時候，我和幾個搬來台灣的香港朋友一起想像著東南方有飛彈來襲。然後我們上岸去吃酥脆的早餐蛋餅，去看部落養在海邊的黑色小豬，再跳進海裡游泳，把自己曬傷。「保衛她的生活，直到大廈崩塌。」我們在日常中迎接可能的死亡和流離失所，然後在每個當下繼續活著。

1、漁工之死，
與他們活過的南方澳

2019年10月，寫於宜蘭

十月一日上午九時三十分，台灣北部最大的近海漁港南方澳，跨港大橋突然垮塌，斷裂的橋體沉入海中，壓垮三艘漁船，導致船上六名外籍漁工死亡，九名外籍漁工不同程度受傷。

羅難印尼漁工Ersona的好友、二十九歲的Agus回憶，Ersona工作的船很大，一群十幾個年齡相仿的印尼漁工常常會上船去找他，一起吃飯、聊天，形成一個小團體。

事發前一天，有場颱風侵襲南方澳，他們沒有出海，就一起到碼頭附近的公園聚會、聊天。第二天清晨，颱風終於過去，船隻排隊出港，Agus的船排在Ersona的船前面，剛剛通過橋底不久。Agus是虔誠的穆斯林，他記得那時自己剛剛在船上祈禱完十分鐘左右，突然感到船身猛烈晃動，有海水直打上甲板。

「我那時還沒看到橋塌下來，還以為是海嘯！」等到看清發生了什麼事，Agus趕緊和所有人一起逃到岸上，卻不知幾個船位後的Ersona已經被壓在海中。與Ersona一樣被斷橋壓落海中的死者，共有六名，全為外籍漁工，引起了台灣社會對漁工處境的論戰，人權團體、仲介、船東、漁會，各執一詞，激烈交鋒。

然而，處在輿論中心的漁工們，表面看來，就像颱風眼般安靜。

在平地面積只有兩平方公里的南方澳，每七個人中就有一個外籍漁工。南方澳位於台灣東北方的宜蘭縣蘇澳鎮，是台灣三大漁港之一，有近千艘漁船，年產值超過二十億新台幣，也是台灣依據《勞動基準法》（下稱《勞基法》）在境內聘僱外籍漁工最多的地方。勞動部統計資料顯示，截至該年八月，台灣共有七十一萬一千零一名外籍勞工，其中有一萬兩千兩百六十四人是「境內聘僱」的外籍漁工。

過往媒體揭露台灣外籍漁工議題，多指向以南部港口（高雄、屏東）為主的「境外聘僱」漁工，因其不受《勞基法》規範，漁工權益受限甚至遭苛待致死的個案時有出現。但在南方澳大橋意外斷裂後，輿論首次將焦點拉到北部大港南方澳。許多人質疑，為何理應處境相對較好的「境內聘僱」漁工，在有法律保障的情況下，仍會迎來這樣的結局？

我與通譯在事發後走訪南方澳，拜訪印尼漁工聚會的清真寺、印尼餐廳，以及為亡者舉辦的七日祈禱會，也走進菲律賓漁工們在岸上的小據點。這個人數接近兩千的跨國社群，怎樣用屬於自己的方式，面對和處理事件帶來的傷痛和震盪？我們也試圖回答社會的疑問：外籍漁工是否被規定必須住在船上、不可上岸？這是否為六名漁工的死因之一？南方澳船東與仲介有否苛待漁工？

漁工被捲入複雜的利益網絡中，既要保住工作，又運用宗教、同鄉會、工會的力量，嘗試為社群發出一點點聲音，也渴望被台灣人聽到。我們就此訪問漁工及不同團體意見，試圖還原多方角力下的複雜真相。

橋下

十月三日晚上七點半，在南方澳港口旁，一間印尼餐廳裡坐滿了身穿穆斯林服飾的漁工，人數達近兩百人，店裡坐不下，外圍的人一直坐到碼頭上去。帶禱告的Hono是印尼漁工在當地清眞寺的教長，本身也是一名漁工。他手拿一個本子，上面寫著罹難者和傷者的名字，一一唸出，然後開始唱誦《古蘭經》。為亡者連續禱告七晚，是他們的傳統。

「Wartono，來自西爪哇省的井裡汶（Cirebon）。Domiri，來自中爪哇省的八馬蘭（Pemalang）。Ersona，來自西爪哇省的南安由（Indrawayu）。今天是第三晚，讓我們為他們祈禱。」

二十九歲的Wartono和二十八歲的Domiri都是大橋壓毀的新臺勝三六六號漁船的船員，三十二歲的Ersona則是新臺勝二六六號的船員。另外三位罹難的菲律賓船員，分別是二十九歲的Escalicas Romulo JR Ilustrisimo，四十七歲的Impang George Jagmis和四十四歲的Serencio Andree Abregana。他們在船上工作的時間最短一年多，最長已經有十二年。

事件中的三艘漁船同屬一個船東，其中新臺勝三十三號是「燈船」，新臺勝二六六和三六六號是「作業船」，三艘一組，一起作業捕魚，稱為「三腳虎」。在當地的清眞寺，Agus回憶：「Ersona本來打算在台灣工作久一點，多賺一點錢再回去的。」Agus二十歲就開始當漁工，四年半前來到南方澳工作，來了沒多久就認識了開朗的Ersona。因為船型相同，他們常常都在同一個港口，他眼中的Ersona個性很好，對朋友很親切，「開玩笑的時候很好笑，講正經事的時候又不會多嘴。」

Ersona是宜蘭縣漁工職業工會的幹部之一，Agus也是會員。工會祕書長李麗華回憶，去年八月，Ersona才因為在船上被機械手壓傷手臂而受傷，躺在床上三個月，剛剛從死神手裡把他搶回來，今年卻發生這樣的意外。去年十一月，工會舉辦年終活動，Ersona傷勢還沒痊癒，不能參加拔河，就坐在報到處負責引導大家摸彩券。「他還假裝兇人家，說你不是摸過一次了嗎？好好笑，好開心。」李麗華說。

李麗華成立的工會是全台第一個漁工工會，有一百多會員，包括印尼和菲律賓漁工，常常一起辦活動，每年的年終活動都有漁工們自己設計的新遊戲，除了拔河和摸彩券之外，還有傳橡皮筋、吊蝦餅、傳吸管等等，但這些歡笑都在鎂光燈的照射範圍之外。每當新聞媒體找上她，想透過她照見漁工生活時，通常都是有悲劇發生時，「這樣的傷亡事件，一年大概也有兩、三次。」李麗華說。

Ersona來台九年多，每三年會請假回鄉探親一次。他有一個兩歲的兒子，卻始終還沒有回家親自抱過孩子，只能每天在視訊軟體裡見面，本來預定十一月就要回家探親。Ersona和許多漁工一樣，都是家中唯一的經濟來源。多年前，Ersona的妻子曾一起到台灣做過看護工，最終因為要回家照顧孩子，留下Ersona在台工作。

事情發生之後，Ersona沒了、船也沒了，好友的小團體聚會少了支柱，Agus臉上滿是苦澀。他這幾天時不時翻看過去的合影，他們總在吃飯時用手機自拍。「現在看他的照片會感覺不一樣。」他說，「有時候看到照片才又意識到，這個人已經不在了。」

從事漁工工作多年，Agus見過很多意外。他親眼看到過漁工從船上摔進海裡，就不見了；也看過漁工從港口摔下去，撞到頭死掉的。「常常見到，都沒有去算。」但發生在自己好友身上，仍讓他難以釋懷，「Ersona是我很好的朋友。昨晚還一起聊天，結果早上就突然發生意外。」

表達悲傷需要時間，但隨著航道開通，許多漁工都要立刻回到船上去工作，出海一次要兩、三天才回來，根本沒有緩釋悲傷的時間，Agus和清眞寺教長Hono都是如此。坐在Agus身邊的副教長Adi說，事情發生之後，大家都彼此訴說傷心，可是礙於語言和宗教信仰不同，好像只有在印尼人自己之間，才能互相了解，彼此安慰。

對於菲律賓漁工來說，似乎也是如此。南方澳只有印尼餐廳，沒有菲律賓餐廳，菲律賓漁工想吃家鄉菜，只能自己煮。漁工工會辦公室隔壁一條小巷，就是去世的菲律賓漁工Jag和Romulo常去的聚會所。

聚會所是一棟破舊的透天厝，六個菲律賓漁工一起湊錢租的落腳點，房租要新台幣七千元，有天台、客廳、廚房，和幾個沒有對外窗、只有通風扇的小房間。Romulo姊夫的弟弟Christopher是承租的漁工之一，一群人如果不用出海、老闆又管得不嚴，常常會來這裡聚會，「我們一起去南安國小、南安國中打籃球，一起去釣吳郭魚來吃，或是在家裡看影片、聊天。」

這一天，為了安撫在斷橋災難中受傷的漁工朋友，大家湊錢煮了豬腳湯來吃。三十一歲的Christopher說，Romulo比他小三歲，就像親弟弟一樣，而Jag是他的同鄉，兩人都來自菲律賓的巴拉望（Palawan）。Jag是工會的創會成員，有一個六歲的兒子，二〇二〇年四月就在台工作滿十二年，可以回菲律賓和家人團聚，卻在此時發生意外。Romulo剛來南方澳一年，在家鄉有一個九歲的兒子與六歲的女兒。來的時間不夠長，Romulo還沒有放假回家過，最遠只去過鄰鎮羅東吃飯。他不愛談論自己的將來，卻對孩子的未來充滿期待，每天與他們視訊。

兩人平常都住在船上，沒有一起租屋，但如果不出海的時候，有時也會睡在Chritopher的屋子裡。Christopher最後一次見到兩人，就是在颱風前的週末，大家在此聚餐，再聽到兩人的消息，已經是大橋垮下後。Christopher接到友人的電話，趕去碼頭，在岸邊不知如何是好，只能一直等待，卻沒有等來好消息。

「我們也害怕，可是更多是悲傷，因為大家有空就會過來房子這裡，一起吃飯，像一家人一樣。」Christopher說。

除了死亡帶來的離別與悲傷，斷橋也在倖存者身體上留下不可抹滅的傷痕。三十五歲的Supandi，在斷橋時刻人在船上，被壓傷腳後跟、膝蓋與腰部，治療數日後已經出院，但仍在休養。Supandi來自印尼西爪哇省的南安由，和六名罹難漁工同為新臺勝船員，在船上已經工作十年。死裡逃生的記憶太可怕，他不敢回想、也不太願意講述，「我現在只要想到那些事，心裡就很害怕。到現在，我也不敢去看那個橋，甚至是手機上有人傳橋塌下來的影片，我都不敢看。」

包括Supandi在內，九名受傷的漁工中有三名印尼籍、六名菲律賓籍，受傷最重的印尼籍Winanto還躺在加護病房，被診斷為腦震盪兼腦水腫，昏迷多日才醒來。因為住在船上，他們的全部身家，不管是衣物、手機、現金還是給家人買的東西，都隨船沉入海底，一夕之間，他們便一無所有，更難和外界聯絡。Supandi說，他那天本來要把船上存的一萬六千元現金拿去匯款回家，結果全部沒了。

仲介請Supandi寫下他丟失的東西，漁會也承諾要買手機和衣服給他們，船東說仍會支付十月的薪水，行政院農委會給每人發放了兩萬新台幣的生活救助金，來自清真寺、工會、移民署的物資也逐漸送來。但心中的陰影和恐懼還是消不去。他至今都不敢告訴老家的媽媽，怕媽媽會害怕難過，只敢讓哥哥知道。

包括受傷的九人在內，共有十四名外籍漁工因事件失去工作，因為他們都住在船上，等於也失去了住所。仲介在碼頭附近安排一個臨時住處，但沒有足夠的床位，有的人頭幾天需要睡在地上，鋪一個紙箱或木板就躺上去，直到各方物資送到。Supandi和另一名受傷的印尼漁工Juedi找到同鄉幫忙，借宿在一間印尼餐廳的樓上，老闆娘是印尼配偶，不僅借給他手機，還提供免費的食物，承諾讓他們一直住到事情過去為止。

「我在台灣十年了，每次回去印尼最多就是六個月，又回來。」Supandi說。他還在混亂中，不知道未來要怎麼辦，「要不要回去呢？」有仲介透露，十四人中，已有多人表明要回家，不再留在台灣工作。

船上

漁工住在船上，空間狹窄，環境髒亂，十分擁擠，稍大一些的船型會好一些，但情況十分參差。外地人按照直覺猜測，似乎不可能有人「自願住在船上」，因此外界對南方澳的船家有相當多的疑問與質疑，認為他們苛待漁工、不讓上岸。例如，受傷的印尼船員Supandi全副家當都在船上，似乎就是「船主不讓上岸」的經典案例。

不過，Supandi自己卻說，他覺得反正吃飯睡覺，整天都在船上，不然就是在船邊，東西拿下來也不方便，還是放船上比較好。他也不覺得住在船上不好，因為「如果遇到地震或是浪很大的時候，在船上反而不會感覺那麼嚴重。」

根據勞動部頒布的《雇主聘僱外國人許可及管理辦法》，雇主可以自行決定要把漁工安置在陸上或船上居住。李麗華觀察，有部分雇主會在岸上租一個倉庫給漁工放東西，也存放一些漁具，例如印尼漁工工會主席Wardino的雇主便是採取此一做法。但Supandi的老闆，也就是這次的船東江榮華並沒有這樣做。

不是每個漁工都像Supandi一樣安於船上的生活，也確實有漁工在岸上自費租住。但若想上岸居住，租金對漁工而言是相當大的負擔，船主給的自由度也因人而異。例如，罹難的印尼漁工Ersona，本來一直想跟九個印尼漁工一起租房，但是一直找不到合適的空間。好不容易找到一個很小的空間，但房租要四千元，而且連瓦斯桶都沒地方放，根本沒辦法洗澡。

身兼仲介的蘇澳區漁會理事長蔡源龍回應，他曾去過泰國、菲律賓的漁村親自面試工人，「那邊的漁船比台灣的漁船空間還要不好，漁船上的設備也比不上我們，所以他們才放棄那邊的工作，跑來台灣。如果真的是台灣漁船不好的話，他們也不會來啊。」他還說，媒體報導南方澳所謂「地獄漁船」和「棺材床」的內容讓不少船家十分難受，已經對船家造成傷害，「我們不是強迫他們來的，是他們來應徵的，如果台灣漁船是地獄漁船的話，那他們那邊的漁船又叫什麼呢？」

蔡源龍解釋，漁船空間小，是因為海上航行會導致漁船搖晃，如果床太大，人就會滾來滾去無法入睡。「（小床）就像小孩子的搖籃，都會把他塞得緊緊的。」

不過，顯然不是每個漁工都能適應這樣的環境。Christopher 就是因為船艙環境太差，有蟑螂老鼠，而選擇自己出錢租屋的。有了清真寺以後，印尼漁工教長 Hono 和清真寺成員 Agus 晚上也會到清真寺一樓席地而睡。「如果住在船上真的那麼好，為什麼漁工們還會到陸地上找地方睡覺呢？如果在船上洗澡沒問題，為什麼漁工們還要搶著到工會辦公室洗澡呢？」李麗華質疑。

平日能否上岸，因人而異，但在大橋斷裂前一天，恰好有颱風侵襲當地，而台灣法規其實已經規定，颱風期間漁工應上岸避難，但卻有一些模糊解釋的縫隙。按照蘇澳區漁會《颱風期間漁船進港及船員避風須知（船員篇）》規定：「漁船主或其指派之本國籍人員指示上岸避風時，應隨同前開人員至適當場所避難，拒絕上岸避風者，得依違反災害防救法規定，核處新臺幣五萬元以上二十五萬元以下罰鍰。」

粗略看來，法規確實是認定颱風天漁工應該上岸避難。但該規定的預設情境卻是「漁工若拒絕遵從雇主指示上岸避風，必須受罰」，所以，只要有雇主主張「是漁工自己不想上岸」便可以免於罰款。李麗華說：「政府的規定沒有說清楚，這到底是要罰誰？」

我從多位漁工口中得到證實，在南方澳有個不成文的規矩，船東規定颱風天漁工要留在船上顧船，以免繩子鬆脫，而船長則不會留在船上。不過，也有船東允許船員上岸避風。Christopher 回憶，平時如果遇上颱風，罹難者 Romulo 和 Jag 的船東是允許他們借住在他家的，這一次，兩人卻沒有來借住，他也覺得有點奇怪。但起碼可以確定，兩位罹難者的悲劇，並非肇因於「船東總是（連颱風天）都不讓漁工上岸」之故。

團結

按照印尼傳統，社群中有人不幸身亡，其他成員必須為他們連續禱告七天。在第三晚的印尼祈禱會上，有兩位坐在最裡面的穆斯林女性，特別引人注目。一問之下，兩人是宜蘭冬山的印尼看護工，在臉書上看到事件發生，特地騎了半小時電動車趕來參加祈禱會，還送上同鄉會募集的捐款。第四晚，又有來自宜蘭五結的印尼看護工和台北的印尼廠工代表出席祈禱會，在結束後不僅拿出幾千元捐款，還準備了自煮的炸香蕉。

「全台灣哪一個城市，只要有移工的事件發生，臉書上就會傳，我們就會想辦法來看望幫忙，不行的話就捐錢。」在台工作四年的看護工 Ani 說。她在一個同鄉會的聚會上認識了這次罹難的 Domiri，一起慶祝過生日，「他很會逗人家開心，會彈吉他。」Ani 說，印尼移工在台灣的組織性很強、彼此人際關係的連結很強。

二〇一四年，宜蘭有了第一間清真寺，就在南方澳，成立人就是台灣印尼海員組織FKPIT的成員。他們曾借用一間印尼餐廳的三樓空間來做小型祈禱室。此後，他們募資租下一間兩層的房子，作為第一間清真寺，卻始終因為是租用的，不敢改建成心目中清真寺的樣子。當時任教長的Adi決心，要募款買下一個屬於印尼漁工自己的清真寺，但前前後後花了兩年多的時間卻都沒有成功。

直到他上台北，寫了計劃書交到台北的中國回教協會，對方親自來到南方澳，被印尼漁工的虔誠所打動，出資三百九十萬買下一棟三層民宅，還考慮再買下隔壁，擴大清真寺。漁工們則募款兩百多萬，自己裝修、買地毯、給外牆拉皮，終於擁有了心中想要的清真寺，在三個月前正式啟用。

和其他清真寺最大的不同是，這所清真寺除了一天五次禱告，擁有淨室和祈禱室之外，一樓的開放空間，也在夜間成為漁工們睡覺的地方。另一個不同點是，為了紀念在船上罹難的同胞，他們的祈禱會不是在清真寺內，而是在海邊舉行的。在連續三晚的祈禱會之後，Hono出海去宜蘭大溪漁港，他感歎，事情發生後大家很快要去工作，這本來沒什麼，但很失落的是，沒有辦法完成連續七天為亡者禱告的傳統。

這種社群連結，不僅存在於印尼漁工之間。菲律賓漁工信仰天主教，在他們的租屋處附近原本有個小小的祈禱空間，有位神父每個月會從台北過來主持彌撒，成為大家精神慰藉。但神父最近去了高雄，已經很久沒有固定的彌撒了。為了悼念亡者，幾十名菲律賓漁工在案發地點的岸邊點蠟燭祈禱，又到蘇澳的小教堂去參加彌撒。

在蘇澳小教堂的彌撒中，神父告訴Christopher，不要哀傷，「我們的生命是上帝借給我們的，隨時會叫我們回去。每個人總是會回去找上帝。所以當我們在人間的時候，一定要互相幫忙，彼此相愛，不要太計較，要懂得原諒。」神父從前在菲律賓也做漁工，辛苦又危險，一天不工作就沒有收入，「做這種工作有很多風險，當漁工要特別小心。」

而菲律賓漁工社群的連結，除了租屋處的小團體、祈禱會之外，很大程度上與李麗華組建的漁工工會有關。李麗華回憶，二〇一三年，工會成立初期，她給菲律賓漁工上中文課，也做勞工相關知識的普及教育。有一次她講到，「為什麼漁工住在船上，還要被仲介扣膳宿費？」漁工們聽到後，眼睛都亮了，「他們說對啊，為什麼要付。」

後來在漁會宣導會上，就有菲律賓漁工直接舉手提問，台上的漁會人員、仲介都答不出來，這個由菲律賓漁工發動的「維權」提問，引發了印尼漁工第二天早上的大罷工，約有三百人聚集在碼頭，要求改善不合理的規定。李麗華趕到現場一看，才發現印尼和菲律賓漁工已經悄悄建立了連結。李麗華說，在此前，印尼和菲律賓漁工因為語言和宗教信仰不同，其實出現過不少打架事件，但自從這次罷工之後，雙方卻達成了跨國連結，逐漸形成了一個社群。

「菲印社群」的誕生，給南方澳這個「正港台灣漁村」地方經濟帶來微妙的改變。南方澳目前有約十五家東南亞雜貨店，大部分都售賣印尼食物和日用品，少部分售賣菲律賓產品。Supandi曾經在台灣北部另一個漁村金山打工，「從港口到印尼店超級遠，搭計程車超級貴。」但在南方澳，不但有同鄉會可以加入，還可以一起參加開齋節。Agus曾在澎湖做漁工，但印尼人很少，他最後還是選擇到南方澳找同鄉，現在更成了清眞寺的幹部。

李麗華說，自己的努力，就是為了讓漁工權益得到保障，也讓台灣人明白漁工不是補充性人力，而是替代性人力。漁工給南方澳帶來的，不但是勞動力、消費力，也帶來一整套不同於台灣主流的宗教文化與生活方式，他們共同營造出一個與普通台灣漁村截然不同的南方澳。漁工不只是過客，也悄悄改寫了當地的地景。

南方澳第一家東南亞雜貨店的店長黃致鈞是在地人，他回憶，十五到二十年前，父母就發現商機，開了第一家賣菲律賓食品和雜貨的店。後來漁工數量變多，做類似生意的人也多起來，如今他家的店同時售賣菲律賓、印尼、越南的食品和雜貨。雖然船主會供餐，但漁工在船上還是會想吃家鄉的食物，所以罐頭、泡麵都賣得特別好。

除此之外，海上風寒，船員即使在夏天也會需要長襪和頭套，但普通商店還沒換季，漁工們就紛紛來請他進貨。他也賣手機，價格從幾百塊到兩千多都有，順帶幫辦預付卡，也賣行李箱給漁工在船上放東西。店裡還提供寄錢、寄東西的服務，常有漁工寄台灣的零食回去給家人，還會寄一些破掉的漁網回去賣，因為台灣使用日本漁網，價格較高。

一間小小的雜貨店，宛如漁工服務中心，也撐起幾十年的生意。類似因漁工而興起的還有腳踏車店，「一度很沒落，但後來因為漁工不能考機車駕照，都去買腳踏車，生意特別好。」黃致鈞說，「我們的生活這麼重疊，都融合在一起，一定有影響的，人口的結構一定會影響到當地產業。」

我問他：「在南方澳，有沒有什麼行業是完全不依賴外籍漁工的？」

他想了一想，說：「大概就海鮮餐廳吧。」但他立刻又說，「可是，海鮮餐廳其實也要他們去抓魚。」

「媽祖廟？」

黃致鈞翻來覆去地想了一會，終於承認，「恐怕真的只有媽祖廟了。」

角力

南方澳地狹人稠，船家、仲介、漁工與李麗華這樣的工作者同在幾條街區內，抬頭不見低頭見，彼此間若有張力，關係會十分緊繃。在斷橋事件中，船東是否有虧待這些傷亡的漁工？抑或是外界誤會了這些「對待漁工就像自己家人」的跑船家族？這些高度緊張的話題，在受傷漁工Winanto的加護病房外，一覽無遺。同樣是去探視傷者，李麗華與江家人卻站在遠遠的兩端，等其中一方離去，另一方才出來幫忙。在小小的病房走廊裡，就是一個多方角力的南方澳。

過往，李麗華時常在媒體上批評仲介，亦有仲介直接告訴我，李麗華這個人根本「心術不正」。幾年前，李麗華曾向政府檢舉漁工勞保「有扣錢卻未加保」的問題，令當地船東一次最多被罰四十五萬新台幣，也讓她成為船家口中的「南方澳第四尊媽祖」，但並非正面的意思，「他們意思是，說我不保佑台灣人，只保佑外籍漁工。」

當然，仲介與船東的委屈，並非全無來由。船東江榮華雖然沒有在岸上租用倉庫給漁工放置物品，但眾人多指，他是一位與漁工關係相當良好的雇主。受傷的Supandi也說，江榮華會跟台灣船員一起過年、一起烤肉，整體合作都很愉快，「如果老闆不好的話，我就不會跟他工作十年了。」李麗華也同意，Ersona跟老闆一家確實關係很好。

「那位船東（江榮華）對漁工確實不錯，但因為他在南方澳經營漁船，其他人怎麼做，他是不能超過太多，因為整體氛圍是這樣，你太特立獨行的話，可能會被圍剿，可能他也有這樣的為難。」李麗華說。她還透露，自己在其他漁港就聽過，有船東因為對漁工太好，而遭受同行的流言蜚語，「你這樣子，叫人家要怎麼做。」

江榮華的漁船新臺勝和南方澳大多數漁船一樣，是家族經營。出事那一刻，船主的弟弟江伯豪就在岸邊，親戚莊俊傑正在船上甲板靠前的位置，準備替漁船加油，卻突然聽到巨大的聲響，感覺船體在身後被壓住，因為漁船停在靠近岸邊的泊位，他趕緊跑上岸，回憶起當時，「嚇到頭腦一片空白。」

江伯豪認為，自己與哥哥都是會照顧漁工的船家。江家為了協助搜救漁工遺體，幾天沒睡過一個好覺，平常漁工不舒服，他會立刻開車送急診。雖然語言不通，但他跟Supandi說法相同：「如果我們家真的對他們很苛刻的話，他們會跟我們十幾年嗎？」他還翻出自己與羅難菲律賓漁工Jag的照片，Jag會跟他們家人一起去羅東吃飯，很照顧他的孩子。「我們自己也是受害者，但是我們的員工，還是要顧。」他說。

「有好的船東，也有不好的船東。」李麗華說，「但是，我沒有見過哪個好的仲介。」

她舉出一個最近的例子，今年七月，一名菲律賓漁工手指尖被削去一半，血肉模糊，醫生指明不能碰水，船東卻要求他繼續上船工作：「你一隻手也可以做。」後來李麗華協助漁工請假，船東就把漁工安置在仲介公司的辦公室，「他每天都被罵，你怎麼不上船工作，你偷懶！」到八月，剛拆線的他立刻就上船工作，豈料船隻失蹤在釣魚台附近，至今未能找到。

「南方澳的仲介就是把漁工當成商品賣給雇主。」李麗華說。仲介代船主發薪水給漁工，然而一定要先扣利潤，她說。「巧立名目，居留證、膳宿費（註：印尼漁工的膳宿費已於幾年前取消，菲律賓漁工至今被收膳宿費兩千五到五千元／月）、安家費、應扣費用，一大堆，還有貸款。」多名漁工向我證實，來工作的第一年，往往前七個月的薪水都不到一萬塊，而這遠低於《勞基法》規定的最低工資兩萬三千一百元，就算扣除約八百元勞健保和一千多元所得稅，也不致這麼低。

仲介、漁會、漁工與工會，在南方澳的漁業中，各有角色。而蔡源龍同時兼有漁會理事長與仲介身分，他如何面對外界對仲介的評價？「以前（做船東）是照顧自家公司漁工而已，現在（做仲介）是整個南方澳的漁工我都要關心照顧。」他說，「我不敢講所有的仲介都是好的，但是你如果不好，那些人不可能再介紹他們的親戚、家人再從同一家仲介進來，這是一個報一個的。社會上現在說仲介虐待工人，不可能。」

但是，外界對仲介的不信任，也非空穴來風。根據勞動部仲介機構查詢系統顯示，南方澳在二〇〇一年開始有合法登記的仲介公司，卻陸續有超過十家仲介因不同原因而關閉，包括「違規處分停業」、「行蹤不明逾規定比率，不予換證」等。可以預見的未來，這場船東、仲介、漁工與漁工工會的多方角力，依然會因為各種突發事件而反覆出現在媒體版面上，成為眾人熱議的話題。

除了三艘船受影響的漁工之外，幾乎每一個漁工都說，如果身體情況可以支撐，沒有遇到意外，就會一直在南方澳工作下去，存一點錢。斷橋事件的創傷滲入社群中間，但生活迫人，Hono說，做漁工要承擔的風險，自己心裡有數，如果發生意外，「那就是命吧。」

Christopher特地帶我爬上租屋處的天台，看他種的菜。在曬滿的衣服中間，由船上撿來的廢棄塑膠箱裡裝了泥土，種起地瓜葉、檸檬草，一塊破漁網懸掛在旁，一顆小小的苦瓜爬藤而上。一樓廚房的罐子裡，也有他們自己釣來的小魚，醃製了，作為一道菜。

他希望存到錢之後可以回菲律賓做一點小生意，開個雜貨店，讓村裡的人每天都來買。來自印尼的Agus也有同樣的希望。在Christopher沒有窗戶的小房間裡，牆上卻有一面畫出來的窗，白色窗戶向外打開，外面是沙灘和藍色的大海。

在印尼和菲律賓，有六個家庭正在等待他們的丈夫、父親、兒子歸去，雖然歸去的軀殼已不能說話和呼吸。而在南方澳，清眞寺、工會、同鄉們合租的小房子和家鄉餐廳，也在等待海上的漁工們歸來。

2、中國醫護疫情後心理創傷調查

2020年8月，寫於上海

防護服漏了，病毒爬進身體……曹月（化名）從噩夢中驚醒，一身冷汗。儘管距疫情爆發已過去半年，失眠、噩夢仍舊困擾著這個二十歲出頭的武漢護士。另一位護士的夢裡則經常出現病人插管的畫面，因為感染了這個被命名為Covid-19的病毒，可以令重症病人猶如溺水般呼吸困難。一名醫生只要靠近醫院，雙腿就止不住地顫抖。另一名年輕醫生則在離開武漢幾個月後，難以走出創傷，選擇了自殺。

Covid-19疫情在中國前線醫護中導致的創傷後壓力症（Post-traumatic stress disorder，下稱「PTSD」）正在逐漸浮現。中國科學院心理研究所教授潘明志（化名）透露，在一份不被允許公開的研究報告中，百分之十五的前線醫護在疫情高峰後約六個月出現了PTSD，而在SARS三年後，這一比例為百分之十。潘的團隊從三月初進駐武漢，對近千名醫護做心理輔導與調查，至今已追蹤回訪三次。

這是一種不能攤在陽光下討論的痛苦。一位不願具名的中科院人士向我證實，因疫情太「敏感」，科研人員不管發表論文還是接受傳媒採訪，都要經過審批，不能擅自公開數據。

不過，早在二月就不斷有中國醫護在學術期刊發表相關論文。其中最早的調查時間是一月二十八日，即武漢封城之後五天，最晚為二月底，受訪者包括武漢、湖北其他地區、湖南、廣東、江蘇、上海及全國三十一省的醫護人員，最大調查規模為四千三百六十九人。在武漢疫情發展的第一階段，即最高峰期，這些論文為外界留下了珍貴的資料。

我翻閱十多篇關注中國前線醫護在疫情中心理狀態的學術論文，並採訪十多位心理學家、精神科醫生、社工等，試圖還原過去半年，中國前線醫護遭遇的、不被鼓勵訴說的心理創傷。

「那種絕望感就像在地獄裡」

「那種絕望感就像在地獄裡。」武漢市精神衛生中心主任醫師童俊這樣形容一月到三月的武漢，醫療資源耗竭，醫護人員與床位、防護物資都極度缺乏。「看著病人死，沒有辦法，這種打擊是巨大的。」童俊是少數同時持有精神科醫師與心理諮詢師（諮商師）雙重資格的資深醫生，曾到美國加州退伍軍人照護中心做關於戰後心理創傷的進修，在疫情期間一直留守武漢。她所在的精神衛生中心主治精神疾病，但因為病床嚴重不足，就連這間醫院的ＩＣＵ都被改建成了負壓隔離病房。和幾乎所有武漢醫生一樣，她接到無數親戚朋友的電話，拜託她幫忙找一個床位，但她毫無辦法。急診室門口，等不到床位而死去的人裡，也有她同事的親人。

武漢醫生蔡小偉（化名）記得，一月，做肺部ＣＴ的病人幾乎每天都翻一番，「像股票一樣。」他所在的醫院是接收Covid-19患者的定點醫院之一。

因封城導致食物補給不足，那幾個月，蔡小偉「把一輩子要吃的方便麵都吃完了」，沒時間拿熱水泡開，就直接乾啃。同事們最喜歡他進隔離病房時帶的一大堆咖啡，可以讓人工作更久，不會倒下，特別是穿上防護服後至少八小時喝不了任何東西。

一篇發表於早期的針對醫護心理狀態的論文指出：百分之五十四點二的醫護感到焦慮，百分之五十八感到抑鬱，而高度焦慮的比例達到百分之五十五點一，高過SARS的百分之三十九點三。另一份始於一月二十九日的調查觸及到來自三十四間醫院的一千兩百五十六名醫護人員，其中二十間醫院在武漢。結果顯示，除了焦慮與抑鬱之外，還有百分之七十一點五的醫護捲入悲痛之中，百分之三十四的人無法入睡。

武漢市精神衛生中心主任醫師童俊認為，這些焦慮、抑鬱、悲痛與防護物資的缺乏有重大關聯。在武漢中南醫院的調查中，高達百分之六十點八的前線醫護不能獲得足夠的防護物資，包括口罩、面罩、防護服、護目鏡和帽子。相比之下，只有百分之四點九的醫護認為防護足夠。而超過六成的醫護需要接觸確診或疑似的感染者，面臨極大的感染風險。交叉分析數據顯示，越沒有防護的醫護，越容易感到焦慮和抑鬱。其中，完全沒有防護物資的醫護，焦慮程度為百分之五十八點二，約為防護足夠醫護的一倍。

中科院教授潘明志觀察到，在醫護中最普遍的情緒，還有憤怒。

「疫情雖然是由病毒引起，但（心理）早期的反應好多都跟人為管理不到位關聯比較大，前線醫護會有一些憤怒。」潘明志說，「重大公共衛生事件不像自然災害，不像地震那種不可抗力，人為的因素是很多的。」

一位名叫張嫵婉的武漢協和醫院隔離病房護士，於一月二十五日在微信朋友圈實名舉報護理部主任，指隔離區的護士在物資如此匱乏之下還要三班倒（早班、中班、晚班二十四小時不間斷輪換），「至少每天要在那裡呆上八小時，不能吃不能喝不能上廁所。」而護理部主任卻要求護士在未經培訓的情況下完成核酸檢測的咽拭子採集。

她隨文附上一張護士頭戴黃色垃圾袋充當防護服的照片，並寫道：「我不是借理由想逃避這場戰爭，我願意當一個戰士，並且一直努力站在最前面。但我希望做一個身上有防彈衣、槍裡有子彈的戰士！做一個不被當做人肉擋板的戰士！」發出舉報後，她表示不會再從事護士行業，「我要為自己而活。」和許多被送上前線的護士一樣，張嫵婉也是一位年輕的母親。

醫生蔡小偉告訴我，同樣因防護物資不足而辭職的還有另一間醫院的護士長。她已徹底離開醫護行業。

半年後的七月二十九日，武漢協和醫院有護士自殺墜樓，其同事向我證實，死者就是張嫵婉，原因不明。據張嫵婉同事介紹，張此前的辭職未被批准，原因也不明。

武漢市防疫指揮部、醫院高層亦出現朝令夕改的情況——前一天勒令趕快改隔離病房，後一天又說不要了。武漢金銀潭醫院一位醫生告訴我，曾有醫生想為全院近七百名醫護做肺部CT排查，發現包括副院長之內的多人疑似感染後，即被院領導叫停。領導認為其傳播恐懼，再這樣查下去，就沒有可以用的人了。

「不把我們當人。」蔡小偉至今感到憤怒，「很多人的這種心理問題，就是被欺負的、被氣的。用完你了就完了，卸磨殺驢、過河拆橋。」

潘明志觀察到，這種憤怒情緒在武漢前線醫護中普遍存在。「有的醫院領導不太重視，說你們不應該搞那麼多。要穩定壓倒一切，有很多管理問題。」

美籍華裔哀傷諮詢師劉新憲曾為武漢前線社工提供心理輔導，他提出，憤怒不一定是不好的。「一種是正義的憤怒，確實看到了社會的不公，而為此感到憤怒。」這就是所謂「義憤填膺」。「它是讓一個人的生命和社會前進的動力。」但是，如果長期壓抑憤怒，看不到改變的可能，那即使是義憤，也會給人的生活帶來負面的影響，轉化為焦慮，乃至抑鬱。

而數據未能呈現的，還有對死亡的恐懼。

目睹大量病人死亡、同行感染，給前線醫護帶來巨大衝擊。蔡小偉回憶：「最開始，我們急診室每天（產生）的屍體拖兩個小時都拖不完，到最後，十二個小時都拖不完。」

「嚇的。」他說，「不是怕苦怕累，是怕死，怕殘廢。」

一直身處武漢的蕭芳芳（化名）是一位社工，為十幾名前線醫護提供過心理支援。她說，醫護人員由於長期的理性訓練，尤其是急診科、ICU的醫護，比普通人抗壓能力更強。但是，武漢的情況仍然使不少醫護感到真實的恐懼。她曾接觸一位急診科的護士，「怕死，然後就開始各種東西都吃，進病房之前，保健品、營養品吃一大堆。」

即使在最恐怖的前三週過去後，援鄂醫療隊已進入武漢，這種情緒仍在蔓延。北京安定醫院精神科副主任醫師沙莎是國家層面應急小組專家組成員，在二月二十日進入武漢，是第一批到達武漢的心理學專家。她說，當時北京隊的防護幾乎是最好的，但仍然會恐懼被感染，因為眼見的死亡率太高。「你也不知道這個疾病是什麼程度，我們醫療隊進入的第一週，基本上是來一個患者就過世一個。」

勞累導致的同行死亡也打擊醫護士氣。二月二十八日，廣西醫療隊的護士梁小霞在武漢協和醫院工作時昏迷，沙莎所在的北京醫療隊對梁小霞進行了搶救，但梁小霞仍然昏迷不醒，直到九十天後，在廣西去世。此事對護士的衝擊非常大。

「死亡離你特別近，你的戰友又倒下了。那是不一樣的。」沙莎說。

截至二〇二〇年八月，據中國醫療新媒體平台「丁香醫生」不完全統計，已有至少三千三百八十七名中國醫護感染Covid-19，加上超時工作引發的過勞等原因，至少六十一名醫護在工作前線去世。有醫護向記者透露，僅武漢協和醫院就有超過一百三十名醫護感染，而至今仍有過半數人未拿到因公感染的補助賠償。

史丹佛大學精神與行為科學系臨床副教授童慧琦曾越洋為武漢多家醫院的醫護做心理輔導：「我們需要意識到醫護人員也是脆弱的，他們的生命也是寶貴的，他們也會恐懼。」而恐懼，不過是前線醫護經歷創傷的第一步。

被動搖的職業信念：「覺得無論做什麼也救不活病人」

進入三月，醫護人員從早期的焦慮、恐懼逐漸轉化為同情疲勞、麻木、職業倦怠乃至職業信念動搖。

醫護人員以救死扶傷為職業信念，卻要目睹他人死亡，束手無策，這種打擊是巨大的。蕭芳芳很早就留意到網上有醫護嚎啕大哭的視頻，她發現剛開始醫護是很崩潰的，但後來，醫護人員會主動選擇「麻痺」自己，啟動自我保護機制，以讓自己繼續救死扶傷。

「人有一個奇怪的機制，當你崩潰無效的時候，你就會自己去找理由把自己給弄上來。」蕭芳芳說。為什麼我們後來在網上看到的醫生好像比較正能量了？「他必須正能量。給自己打雞血，愛自己。」

而對醫護來說，目睹他人死亡的衝擊一方面比普通人要小，因為他們曾經見過，但又比普通人更大，因為救人是他們從事這一職業的意義。北京醫療隊的心理學家沙莎說，因為死亡率太高，醫護人員一度對自己的專業自信產生了動搖，「因為覺得無論做什麼也救不活病人」。

中科院教授潘明志觀察到的，則是強烈的無助感。「特別是在ICU工作的醫護，他們感覺無能為力，這會影響醫護的職業信念。」他曾參與SARS後醫護的心理輔導，當時也有類似情況，但沒有這麼嚴重。「因為和SARS相比，新冠肺炎的確診人數更多，持續時間更長。」

長時間超負荷工作，令人身心俱疲。「很多醫生在剛剛走入醫學行業的時候是滿腔熱情，帶著一種很崇高的使命感，但是，如果他的同情疲勞和職業倦怠沒有處理好，這個空間就被消耗掉了，被過度使用了。」哀傷諮詢師劉新憲說。

職業倦怠的最直接後果就是麻木，「他甚至會有點無所謂，甚至對病人產生反感，失去耐心。」更長遠的後果，則是醫護會離開這個行業。

劉新憲說，醫護的社會支持是抵禦職業倦怠的最大保護傘，這種支持來自公眾、家庭和病患。但是，傳染病的特殊性要求人的隔離。「他害怕傳染給家人，不敢跟家人接觸。」而醫患關係也因為醫療資源的耗竭和擠兌一度非常惡劣。「很多病人都跪在地上求醫生了，但是沒有床位。」他說。醫生蔡小偉也回憶，急診科的醫護每天被病人圍住，「有的病人說你不許走，就把醫生按在那裡，說如果你再不給我看，我就把你的防護面罩都拉下來。」而當時的情況，連保全都叫不到，因為保全也沒有防護，手機也不敢掏出來打電話，因為怕沾到病毒。

潘明志發現，武漢本地的醫護比外地援鄂醫護更容易產生職業倦怠。本地的許多第一批醫護，從一月進入隔離病房，直到三月、四月才能休息。「他們本來就啟動得早，後來援鄂的開始撤退，但他們也走不掉。」

四月八日，武漢解封。一星期後，最後一批援鄂醫療隊離開武漢。風暴看似過去，但離開戰場，安靜下來，災後情緒的高發期才真正到來。

惡夢、閃回、自殺：遲來的PTSD

第一起可確認的、由疫情後的心理創傷造成的醫護自殺事件，發生在風暴眼之外，甚至不在湖北省。上述那位不願透露姓名的中科院教授對我透露了這個消息。那是一名年輕醫生，援鄂結束後回到本省，一個多月後自殺。

教授拒絕透露自殺醫生的姓名及省份，因為「這件事在當地是個敏感話題，我也不能問得過多」。他只知道，這名醫生自殺後，「後來在醫院做了一些處理」，搶救了過來。教授發現，這個醫療隊有多名醫護都因沒有及時處理心理創傷，而導致各種PTSD表現，這起自殺未遂則是其中最嚴重的。

多名研究創傷的心理學家告訴我，在醫學上，受創事件發生後的一到三個月，當事人會表現出急性應激障礙（急性壓力症），若此時不能及時做心理干預，就可能發展為PTSD。PTSD往往在事件發生後三個月至半年才會出現，有的甚至潛伏多年才被觸發。

心理學家童慧琦說，當醫護人員在高強度工作時，處在一種「很high的、精神被吊起來的狀態」，所以會忽略軀體的一些信號。曾支援武漢客廳方艙醫院的「社工伴行」發起人沈尹婧則感受到：「當醫療資源很緊張的時候，大家唯一想要的就是活下來。」心理需求被排在其後，前線醫護運用控制力把情緒壓抑下去，但如果一直壓抑，有可能會在某天突然延遲性地發作出來。「一下子整個人陷下去了，沒有辦法起床，沒有辦法離開家，整個社會功能都受損了，這是更危險的。」

潘明志依據對武漢本地與全國援鄂醫護的觀察，估算發生PTSD的比例為百分之十五。而過往研究顯示，SARS中醫護的PTSD發生率為百分之十。最激烈的表現，就是自殺。

潘明志解釋，人為因素造成的PTSD發生率，比自然災害要高得多。例如地震後的PTSD發生率，通常在百分之九到百分之十一之間，越涉及人為因素的傷害，例如性侵、失獨，PTSD發生率就越高。而Covid-19疫情給前線醫護造成的傷害是混雜的，其中許多來自人為。

在發生自殺未遂事件的這個援鄂醫療隊中，還有另一名醫護人員有自殺念頭，反覆跟同事說「不想活了」，但所幸沒有付諸行動。還有醫護出現解離症狀，每天晚上都打電話給當時援鄂的醫療隊長，說：「我們散步去。」隊長問：「去哪散步啊？」他才想起，自己已經不在武漢、不在長江邊上了。彼時，這名醫護已回到本地一個多月了。

也有援鄂醫療隊的家屬對潘明志說，感覺醫護回家後性情大變，有的是變得沉默寡言，有的變得特別嘮叨，反覆說一些事。「早期剛進去的時候，防護不到位，也沒有經驗，一下子就進入戰鬥狀態。當時在前方就像打仗一樣，太忙了，這些情緒都沒處理。回來之後，也沒處理。」潘明志說。

而他接觸到的武漢本地醫護，則大量出現噩夢、閃回，病人插管的畫面不斷出現在眼前。武漢精神衛生中心的童俊也接觸到來求醫的前線醫護，對方出現失眠、噩夢，甚至心因性的幻覺和驚恐，例如不需要什麼外部刺激就突然看到幾個月前在醫院的場景，或是突然大汗淋漓、呼吸加速。心理學家童慧琦接觸到的武漢醫護，則出現莫名哭泣、皮炎、軀體疼痛等症狀。

還有人在撐過疫情後，選擇了離開行業。武漢社工蕭芳芳從一名醫生口中得知，有一位醫護同事在疫情期間，一走進醫院雙腿就止不住地顫抖。「他無法面對，職業的耗竭和心理創傷很重。」

創傷蔓延的同時，應對創傷的心理支援也在進入武漢。多名心理學家告訴我，在二〇〇八年汶川地震之前，中國的災後心理重建和PTSD應對幾乎是零。十二年過去，投放在災後心理重建的資源和人力都有很大增長。武漢精神衛生中心主任醫師童俊說，自三月起，武漢就開始招募志願者，培訓心理專業幹部，走訪不同的社區，主要針對民眾心理健康的修復。國家衛健委和北京精神衛生研究所則依託武漢精神衛生中心，開發了心理重建的APP，民眾可獲得免費的社區轉診服務。以汶川地震為參考，武漢心理重建計劃預計進行三到五年。

另外，針對曾經感染Covid-19肺炎的三千多名醫護人員，童俊說，政府投入三千萬人民幣，依託武漢協和醫院為他們進行包括心理康復的免費康復訓練。潘明志帶隊的中科院心理研究所則在武漢一家醫院建立了心理實驗室，計劃在兩年內不斷追蹤一千五百多名醫護的心理狀態，也開發了APP供醫護人員進行自我安心訓練。

這些舉措的成效還需要時間來檢驗。不過，潘明志也承認，各地心理支援的資源並不平均。

資源多的省市，例如北京，最早從二月就已全程跟進援鄂醫護的情況，在一些醫院連防護物資都沒到位的情況下，北京醫療隊已有心理驛站、助眠音樂和羽毛球等紓壓配備，受到許多其他省市醫護的羨慕。隨隊心理學家沙莎至今已對全隊進行了四次心理追蹤，發現援鄂醫護有規律的心理週期。「剛到武漢是比較重的，在武漢工作一、兩個月的時候是最輕的。等工作了兩個多月回北京之後，又出現第二次加重的高峰，之後就慢慢地趨於平穩。」她拿到的課題資金，也將支持她對近一千人的北京醫護做長期的心理追蹤。

然而，資源少的省市，長期心理支援難以為繼，也是自殺現象最先出現的地方。潘明志說，剛結束援鄂時，各地都像迎接英雄一樣，迎接援鄂隊伍的歸來。但當臨時組建的醫療隊解散，各醫護亦回到原本所在的醫院，淡出公眾視野。這種分散的特點，也令心理支援難以進入。與此同時，可以在一線應對災後創傷的心理人才，仍然不足。

「真話不敢說，假話不想說」

「疫情就是命令！防控就是責任！」

從一月到四月，武漢四萬多醫護和四點二萬從全國援鄂的醫護，在這句口號下，以「戰疫英雄」的形象出現在官方敘事中。但多名受訪者都對這種英雄化的敘事表示了抗拒。社工蕭芳芳說：「沒有人想當英雄，他們也是被形勢逼出來的。」

回頭看，一月二十日，鍾南山宣布肺炎人傳人的當天，北京朝陽醫院發生陶勇醫生被砍的暴力傷醫事件，陶勇直到兩週後才脫離生命危險。可是因為疫情，這件事很快淡出公眾視野。「實際上那時醫生都是很悲情的，覺得人家根本不把你當什麼，愛砍你就砍你，愛殺你就殺你。」心理學家童慧琦說，「他們還沒有時間去好好緩解一下，就立即要上戰場，要衝鋒陷陣。」到了戰場，又面臨防護資源不足也要繼續工作的情況。疊加在一起，讓醫護感到「作為一個整體，沒有人覺得實際上他們的生命也是很寶貴的」。

而另一方面，李文亮醫生、艾芬醫生等最早一批吹哨者被訓誡、懲處，乃至李文亮的去世，都在醫護群體中引發極大的心理衝擊。蔡小偉記得，李文亮逝世當天，他「哭得要死」。「我為什麼那麼多想法？我是到了這一晚，徹底覺醒。這不只是醫療的問題，是這個社會出了問題。」

一名前線醫護給我看自己過去幾個月的微信朋友圈，充斥著如今已被刪除的疫情報導。他說，這些文章的標題說出了自己的心聲：〈她的哨聲，為何我們聽不到？〉、〈李文亮的事，調查清楚了嗎？〉、〈醫護人員可以死，有些人的面子不能冒犯〉。

但他拒絕做進一步的訪談，因為「真話不敢說，假話不想說」。

這種不能說話的壓抑，不被認可的創傷，是心理學量表無法觸及的部分。身處美國的童慧琦記得，她在一月就接到武漢醫護朋友的物資求助，然而對方只敢私下對她說，不敢公開為醫院要物資。「因為物資的匱乏和資源調配的不公，前線醫護恐懼、憤怒，可是不敢表達，沒有被鼓勵表達。」

援鄂社工沈尹婧說：「他看上去是憤怒，但這只是表層情緒，他內心其實是受傷的。」

來自心理學家和社工的政策建議正在不斷湧現，心理學家沙莎提出建立公共衛生應急隊伍和專家庫，隊伍裡要包括心理支援的資源，專為火災、洪水等突發事件準備。社工蕭芳芳向相關部門提議，更多省市向例如上海等地的醫院學習，在全國範圍內設立駐院社工，把對醫護的心理支持常態化。哀傷諮詢師劉新憲則提出，醫院應購買職業倦怠和同情疲勞的評估量表，定期為醫護做測量，以此為基礎進行心理調適。他也認為，因疫情而產生心理創傷的醫護，應該認定為工傷。不過，這些政策建議是否會被採納，還是未知數。

就在武漢協和醫院的護士張嬿婉從十三樓跳下的當天，七月二十九日，童俊告訴我，她原定幾日後要去協和醫院給感染科的醫護做心理輔導。

「那您的講座會講到這件事嗎？她的同事不知道會不會有新的受創感？」

童俊沒有回答我的追問。自殺事件的原因至今未明，有張嬿婉的同事對中國大陸一家媒體表示，醫院高層窗戶向來只是半開，是為防病人自殺，可見張嬿婉死志堅決。這篇報導刊出後不久即被刪除。自殺事件的即時新聞報導在當晚一度占據兩條微博熱搜，閱讀量破億，然而僅僅一夜過去，熱搜榜就重新被明星綜藝占據，只剩下零星的討論：「為什麼刪熱搜？我們不能讓這件事被忘記！」

尾聲

四月起，蔡小偉摘下了口罩，他說自己仍會在工作中盡醫生的職責，把該做的事做好。身邊幾乎沒有人再談論那場瘟疫，一切像是沒發生過。然而夜裡，他總是睡不著，因為不能說出口的憤怒。以這種心態工作下去，「如果說完全沒有影響，是不可能的。」

蔡小偉引用了詩人邵燕祥的一句詩表達自己：「我們曾經被欺騙，我們也曾經互相欺騙。我們不能再欺騙後人了。」

3、二〇二一萬華十日記

2021年5月，寫於台北

「里長，求求你，救救我……」台北萬華「青山里」里長李昭成回憶，從五月十五日開始，他幾乎每天都接到三至五個求救電話，半夜兩點，里民還在電話中對他哭訴，「我（聽了）真是痛到心裡去。」

許多確診者打電話給衛生局多次，仍只被通知在家等待。過去十天，李昭成說自己最主要工作，就是接電話、安慰這些里民、跟他們解釋之後的安排，然後把情況上報給區公所和民意代表，幫忙催促和陳情。

距離五月十五日中央流行疫情指揮中心宣布大台北地區進入「第三級警戒」，剛剛過去了十日。短短十日，台灣從外人眼中近乎零確診的「避疫天堂」，迅速轉變為疫情嚴峻、量能吃緊的抗疫戰場，病例總數，已經突破六千。而身處暴風眼的台北市萬華區，自四月二十五日至今，已新增七百七十二例確診，為台北十二個行政區中最高。

李昭成形容，在頭幾天，里民中的確診者們，幾乎處於「隔絕、孤立無援」的狀況。孤立無援，加速了疫情的擴散。一開始，台灣指揮中心給出的快篩陽性與確診者指引，都要求感染者先留在家中等待，單獨一人一室，儘量和家人使用不同的衛浴，避免與同住者接觸。但在台北，有這樣的居住環境並不容易，尤其是青山里，許多茶藝館員工是外籍身分、收入不高，平日多會兩、三人合租一間，一人感染得不到隔離，更增加了互相感染的風險。

萬華位於台北盆地西郊邊緣，李昭成所在的青山里，有確診病例最集中的茶藝街、艋舺地標青山宮、艋舺夜市，以及梧州街、華西街和廣州街三大夜市。為老人提供日間照護，為街友提供飲水和洗澡空間的萬華社會福利中心也坐落於此。

疫情重創里內各種服務，夜市早在二級警戒時就全部自主歇業，台北市社會局轄下的萬華社會福利中心大樓有社工確診，因而在五月二十日即全棟關閉。

這對萬華區的打擊尤其大。綜合相關單位統計，截至去年底，萬華區有三千八百三十戶低收入戶，是台北市最多。六十五歲以上人口，有三萬八千八百一十九人，人口老化嚴重，而新住民數量也居台北之冠。萬華弱勢族群多而集中，許多人從事基層服務業，尤其是餐飲業和八大行業（性與情欲相關產業），直接面臨失業、砍班、求職遇阻的問題，打零工者也無法居家辦公，現金流立即出現斷鏈危機。

然而，就在弱勢族群亟需社會福利支援的時候，許多公共社會福利的站點，卻與社福大樓一樣，因防疫考量而關閉，導致許多線下服務停擺。雪上加霜的是，萬華社福中心還出現了社工確診案例，導致服務人力、物資與倉儲空間一度停擺，民間的社工與居家服務員也同時面臨防護不足、擔憂感染擴大等問題，再導致人力減少。

原本弱勢的區域，因為公部門資源受到衝擊，轉瞬間少掉了好幾張社會安全網。醫療量能吃緊，公共服務停頓，作為「正規軍」的公部門反應不及，只能靠民間「游擊戰」殺出重圍。有極強公民社會網絡的萬華民間正在發揮最大的動員力，支援抗疫，他們的行動，大致可以分為三條戰線：

第一條線，由里長與臉書社團「我是萬華人」主導，支援醫護、救助鄰里。

第二條線，是在地社福網絡為萬華大量弱勢群體，如失去公共飲水的街友、遠距上課卻沒有電腦的小孩，以及疫情下仍必須依賴居家服務的獨居老人們，持續提供服務。

第三條線，則是在地居民、店家及食物銀行突破「軟封城」的物流限制，向全台灣發起募資，為前兩條支援線提供物資的後盾。

「不想做酸民，想做點事。」自稱二線人員的募資主力、萬華在地作家林立青如此說。在這個曾是台北市最早發源地之一的老萬華，古地名「艋舺」，緊密的社區網絡在病毒來襲的最初十日裡，努力拉住下墜的情勢。

里鄰自救

青山里里長李昭成粗估，在青山里內，前五天便有二十多人相繼確診。醫療量能不足，導致確診者居家等待多日才能轉送檢疫所，而里長的電話，成為這些確診者唯一的依靠。但由於流程的拖延遲滯，即便里長接到電話之後，全力、全速替他們打電話給其他機構求助，依然擋不住病毒的進逼。

隔壁的「柳鄉里」里長蔡和益也每天在處理類似的狀況。他粗估，里內有四、五十名茶藝館員工，其中十二人確診。除了接確診者電話、上報之外，他還為確診者買菜買米，放在門口，離開之後再打電話給對方，請對方出來拿。確診者以外，里內還有十個七十歲以上的獨居老人，里長都會電話關懷，問對方是否需要物資。

在這十天之內，許多萬華區的市議員，都擔綱起了「接起里長電話、轉往下一站」的工作。年輕的市議員吳沛憶回憶，在過去十天之內，自己從里長手裡接手的「快篩陽性」或「確診者在家等待」無法送醫個案，就超過十個，其中不乏緊急送醫，但在幾小時內死亡的案例。

吳沛憶說，這些里長們替確診者所做的一切，其實並非他們本來法定的份內工作，「靠的都是里長自發的熱情和責任感。」比里長更基層的「鄰長」和居民，也紛紛主動出來幫忙，包括民間社區發展協會的成員。糖廍里社區發展協會理事長謝岳錡就和幾個志工一起，戴著斗笠和口罩，幾個人推一台手推車，給街道消毒。和平里里長吳淑芬也很早就想到消毒這回事，迄今已自行消毒兩次。

吳淑芬說，疫情爆發之後，萬華的篩檢站一度設在和平青草園旁，鄰近民宅，讓民眾十分焦慮、反彈。吳淑芬為了解決此一問題，讓里民接受篩檢站設立，她想起十八年前SARS時期，曾有一位里民捐贈了「消毒噴霧機器」給里辦公室。她找出機器，試一試，發現還可以用，就招募志工，幾個人輪流背著消毒機，把國軍和環保局沒有覆蓋到的小巷弄都消毒了一遍。

「自救，我們都在自救了，這樣也可以解除里民的不安。」吳淑芬說。

老社區的鄰里關係緊密，里長在群組問一句，大家都出來幫忙，不僅一起消毒，還送餐送水給醫護。吳淑芬覺得，這次疫情期間的里鄰互助關係比十八年前SARS時更加緊密，大家動作更快。其中一個重要原因，可能是當年還沒有臉書和Line等通訊軟體，「有的訊息大家根本不會知道。」

五月十六日十一點半，萬華居民邵維倫突然接到衛生局的求援，說鄰近的萬華「中興醫院」醫護人員訂不到便當，他立即決定要採取行動。

邵維倫在萬華出生、長大，六年前，他成為「我是萬華人」臉書社團管理員。社團平時主要舉辦福利和聯誼性質的活動，是第一次遇到這麼大的危機，就地轉型成活躍的疫情資訊站。不少萬華人每天都要上來看看有什麼新的疫情資訊。「甚至聽到消防（救護）車的聲音，大家第一件事就是來看看社團。」邵維倫如此觀察。

社團成為萬華疫情資訊站，邵維倫不敢大意，平日勤於整頓版面、杜絕疫情假消息，也主動和區內的警察消防、衛生局、社會局等都保持聯繫溝通。

時間回到十六日中午，收到「醫護缺便當」的消息後，邵維倫立刻在社團發文，詢問有沒有店家願意送便當去。邵維倫原本打算自己出便當錢，沒想到很快有社團成員認捐、也有店家迅速回應。他僅用了半小時，就把五十個便當送到中興醫院。

當天十二點半，在SARS期間曾經封院、本次疫情中再度成為前線的「和平醫院」，也跟邵維倫提出便當需求，他趕快在社團再次貼文追加，很快就有三、四群不同的人把便當送來給他，湊齊五十個，他再送去醫院。

從這天開始，「我是萬華人」社團開始每日穩定供應便當給萬華周邊的醫院與篩檢站，包括中興醫院、和平醫院、和平青草園篩檢站、剝皮寮篩檢站等。社團成員持續認捐便當，以「八百元十個便當」為認捐單位，認捐數量已超過萬個，可穩定供應醫護一個月的需求。

邵維倫怕醫護吃壞肚子，也怕他們每天吃重複的菜色太可憐，自己必針對店家試吃、實地檢查衛生之後，才訂便當給醫護。從在地店家「珍寶園」的自助餐便當、「蘭亭和牛」的日式精緻便當，甚至中山區的歐式健身便當，還費心買來肉丸、石花凍，儘量給醫護營養充足、豐富口味的飲食。

從便當開始，社團陸續出現更多不同物資支援前線醫護：例如休息用的折疊床，穿脫隔離衣用的全身鏡，而一般水果、飲料如綠茶與瓶裝水等，自不在話下。「支援醫護前線」的行動不斷進化，社團團友還集資以成本價向艋舺服飾商圈購買兩百套工作服，讓醫護人員穿在隔離衣裡面，以免病毒沾染自己的便服。

到了十八日，疫情「三級警戒」的第四天，醫護人員已經工作了九十六小時以上，除了睡覺之外，幾乎都在工作。區內的咖啡店老闆也動了起來。年輕的在地店家「九日咖啡」、「咖啡視野」及「甘心咖啡」也串連起來，為和平醫院醫護送去咖啡。

「咖啡視野」店長Jackie說，在他附近的「好樂雞蛋燒」老闆有親戚在醫院工作，向他提出「醫護需要咖啡」的想法，他就和附近的咖啡店夥伴串連起來，共做了一百五十杯手沖冰美式咖啡，和兩百份雞蛋燒一起送去醫院。第一輪送咖啡行動在五月十八日完成，下一輪行動前，他們會再公開徵詢願意加入行動的咖啡店，視醫護需求，再送一批。

除了醫護的需求外，也有萬華在地人想起消防員的需求。位於萬華的知名廟宇「艋舺青山宮」，一向和警消系統互動良好，疫情發生後，眾多的地區消防員成為救護車轉運快篩陽性和確診患者的主力，消防員亟需隔離衣。青山宮當即撥出新台幣九十到一百萬元的經費，訂購五千套隔離衣，預備送給台北市消防局。

超級任務：接住每一個弱勢

在支援前線醫護之外，萬華人還有另外一個戰場：接住每一個弱勢。

邵維倫開始給醫護送便當的同一天，「台灣社區實踐協會」的社工馬明毅與他的同事、夥伴們，也決定起身行動。

接受採訪時，馬明毅一邊擦著汗、一邊用酒精消毒要給孩子們的物資。「最初十天，大家忙得像打仗一樣。」他如此形容。

社區實踐協會是萬華在地的NGO，成立十一年，服務三十多個弱勢家庭，工作人員平日在「新安據點」與孩子們共煮、辦活動和玩樂。三級警戒後，據點關閉，加上學校全面改為遠距上課，給這些弱勢的孩子們帶來不少新問題。

例如最直接的影響，是孩子們無法再獲得學校的營養午餐。位於疫區中心的萬華，餐飲店多數都已關閉，基層家庭的家長又很少可以居家辦公，孩子的吃飯成為一大問題。此外，家長的情緒也會影響到孩子。疫情才爆發短短十天，實踐協會已經遇到父親因停工而在家酗酒、導致孩子不得不離開家來找社工的情況。就算沒有停工或失業，基層工作的家長也必須在照顧孩子與出門工作中二選一。

基層工作的新住民更是面臨多重困境，例如實踐協會的越南夥伴「小星星」，她是養育兩個孩子的媽媽，平時和實踐協會一同在社區經營一間越南餐廳。疫情爆發後，菜價上漲，餐廳收入又幾乎歸零，家中又沒有電腦，小星星的中文能力又不足以輔導孩子遠距上課。

實踐協會輔導的孩子，大部分都和「小星星」的孩子一樣只能用手機在遠距上課，因為家中沒有電腦。雖然學校提供iPad租借，但必須家長與孩子一同去學校借用，家長必須為此請假。即使有了iPad，基層家庭沒有Wi-Fi與網路吃到飽，無法承受長時間的視訊上課。學校雖提供網卡，卻必須要孩子自己去中華電信開卡，但中華電信門市也因疫情影響而沒有開門，孩子處處碰壁。

這些因為疫情而突然加劇的困境，讓社區工作者覺得必須做點事情。十六日，本因疫情而停擺的實踐協會重新開始運轉，先募集食物和防疫物資，為弱勢家庭提供便當、乾糧、口罩和酒精。防疫不能見面，社工幾乎每天都打電話給孩子，尤其是一些曾經逃家的少年，防止他們到處亂跑、也提供情緒支援。而在接下來的一個月中，實踐協會的社工會每週統計不同家庭的需求，按家庭人數和能否開伙的狀況，評估要給他們的物資，一週發放兩次。

長期關注月經貧窮的NGO「小紅帽」，也是社區實踐協會的合作夥伴，她們平常為十八歲以下的貧困青少女提供生理用品。創辦人林薇說，疫情期間，基層家庭經濟面臨困境，「連食物的添購，或者是下個月的房租都有很大的困難，這時候生理用品這件事情，很自然的就會被犧牲掉。」

為了解決這個問題，小紅帽把「生理用品包」的服務範圍，擴大到所有年齡的女性。除了社區實踐協會之外，位處萬華大同交界的ＮＧＯ「逆風劇團」，也服務著不少高風險家庭出身的少女個案，同樣是小紅帽的合作對象。

此外，獨居老人也是受疫情衝擊的弱勢。餐飲業大幅歇業，大賣場搶購潮，導致物資採買困難，更有許多失智與身障老人，需要居家服務員定期上門照護，包括送餐、煮食、餵食、清潔等等。立心基金會承辦的萬華龍山老人服務暨日間照顧中心本是長輩長期照顧的重要據點，但因疫情影響，必須關閉，但老人居家服務仍在持續進行。

但是，進入這些弱勢個案家中，居家服務員必須穿著全套隔離衣、手套等防護設備，一天要服務兩、三個個案，每次離開一個家庭，都要換一套全新裝備。立心基金會督導許水鳳坦言，部分居家服務員因和年長家人或孩子同住，擔心染疫風險，已經減少了服務的班次。

疫情為這些接住弱勢群體的ＮＧＯ帶來挑戰，然而，若這些服務中斷，不但會立即產生人道危機，也很可能會讓疫情進一步擴散。這樣的困境，讓服務無家者的在地ＮＧＯ「芒草心」與「人生百味」決定在十七日展開在午夜發放物資包的行動。

萬華本就是台北最多無家者、街友生活的地方。台北市社會局公開數據顯示，台北市列冊街友有六百多人，最多集中在萬華艋舺公園，就在這次爆發疫情的茶藝街附近。「芒草心」和「人生百味」都長期為街友提供收容居住、供餐、以工代賑、職業培訓等服務，幫助他們轉型為「類街友」，乃至脫離街頭，有家可以居住。

疫情爆發以後，街友的食物、飲水和清潔，成了第一階段最急需解決的問題。

「到底他們能吃什麼？」芒草心社工李盈姿說，「禮拜天發生了搶購潮，餐廳也沒開了，原本可以用待用券去取餐的愛心店家也關門、教會也停止發餐。」街友無法從平常的途徑獲得食物和水，而ＮＧＯ援助的物資也不再適用。「以往最常發泡麵，但沒辦法取水的情況下，連泡麵都派不上用場。」

街友無法煮食，也無法吃泡麵，他們改發餅乾、麵包等耐儲存的乾糧，或是可直接食用的飯糰、春捲，物資包裡面再搭配瓶裝水，夠用一個星期的口罩和隨身酒精噴瓶、乾洗手。為防止派發物資引起群聚，芒草心派出已施打疫苗的社工，穿著全套白色隔離衣與手套、帽子、面罩、鞋套，在晚上十二點過後，街友都已睡著的時候，再到艋舺公園發放物資包，把東西放在街友腳邊，避免接觸和交談。

平常可供街友洗澡的萬華社福中心整棟關閉，十四天後才能重新啟用。各種公共場館的廁所，本來也是街友梳洗的空間，現在全都暫停開放，連網咖、麥當勞和便利商店用餐區等平常可供街友避暑、停留的場所也關閉。「人生百味」的工作人員巫彥德發現清潔問題難以解決，他們只好直接給街友提供新的衣物，艋舺公園加上台北車站的街友加起來，一下就出現四百件衣物的需求。

給街友提供防疫物資也是一個大問題。「現在進到任何地方，沒有口罩是進不去的。」李盈姿說，「但的確很多街友沒有口罩，或者口罩戴久了沒有換。」因此，芒草心、人生百味和遊民專責小組的社工配合，分為艋舺公園與台北車站兩組，一星期發放兩到四次防疫物資與食物給街友，「儘量讓他們有口罩。如果他們有足夠的口罩，就不會捨不得換。」

疫情爆發初始，就有許多人擔心街友成為防疫破口，網友甚至要求，把街友全部趕去別的地方，並質疑ＮＧＯ發放物資的行為。

「很多人都在說不要再養他們了，現在防疫比較重要，但大家防疫做得這麼緊密，也就是希望不要染病、死亡，但是今天如果無家者沒有東西吃，其實也會直接面臨死亡，會餓死啊。難道基於防疫的理由餓死人也沒關係嗎？」李盈姿說，「這些人如果餓到受不了，也是會到處去找食物，到時候就會有移動、會流竄，那樣的情況是更失控的。」

巫彥德認為，「大家並沒有了解到，其實發放是更有效的，讓大家好好地、安穩地就地安置，就地的防疫，目前看起來就是沒有方法中最好的方法。」在食物包中夾帶防疫物資，同時也有衛教的效果。他們對街友宣導：沒戴口罩的人不能領物資，「如果他們有十個口罩，就可以每天換一個。」

然而，這些盡力接住老人、婦女、街友需求的前線工作，每天都在進行大量物資轉運。資金和口罩、酒精、糧食從哪裡來？存放在哪？又由誰來轉運？

物資放哪裡？誰是萬華的前線外送員？

台北「軟封城」下，人車流動減少，不少行業歇業，但萬華的經濟、物流、公共服務停擺程度，更是比其他區嚴重許多。

所有想要支援萬華前線的NGO，都會遇上「物資困境」：區內大賣場遭到一般民眾搶購、小商店大多自主歇業，即使NGO購買或從別區募集了物資，不少物流公司都不送萬華，全民居家抗疫，也導致網購物流速度下降。民間團體NGO辦公室空間狹小，社福中心、體育館等公共場所也關閉，不能作為倉儲空間。那麼就算物資進來，要存放在哪裡？

在地深耕的食物銀行、店家和熱心居民，成了「軟封城」下物資戰的主要戰力和重要據點。在萬華出生的作家林立青與市議員吳沛憶成立募資平台，串連起萬華南機場「最強里長」方荷生、「涼粉伯」老闆辜凱鈴、作家盧拉拉、店家「蔴油李」、「八海精緻鍋物」等，織出一張環環相扣的物資供應網。

吳沛憶記得那是升三級的第二天，五月十六日，她與林立青和社區實踐協會開線上會議，決定建立一個Line群組，把大家熟悉的地方團體都加進來，統整物資需求，然後大家分頭去找物資。最初的群組有七個NGO成員，後來越來越多。

平台建立後，各NGO都提出防疫物資的需求，其中口罩和酒精的需求量最大。立心基金會的居家服務員和芒草心、人生百味的社工，因為有直接與個案接觸的風險，需要大量隔離衣、乳膠手套、面罩、鞋套等。

林立青透過在地五金行買來3M的隔離衣和面罩，透過朋友拿到一千瓶酒精消毒噴霧和三十瓶洗手乳；知名台灣本土品牌「茶籽堂」也透過他送來了洗手乳。他的社區好友、涼粉伯老闆辜凱鈴，人稱「涼粉」，則從平常給宮廟供貨的掛行買來大量的瓶裝水，自己便認捐了五十箱。

吳沛憶透過朋友找到高雄口罩國家隊的廠商，本來想募資購買，結果對方一聽是發給街友，就免費提供，隔天就寄出一萬片口罩。吳沛憶一位在PChome工作的朋友，也直接幫她找到醫療器材廠商，對方主動聯絡她，問「需要什麼東西？」只要開出清單，防疫物資很快寄來。

除了防疫物資外，需求量最大的是食物，包括乾糧、生鮮和瓶裝水。街友和無法煮食的基層家庭需要乾糧，孩子營養午餐晚餐需要生鮮，無法裝水的街友和外展社工都需要瓶裝水。

方荷生里長經營的臻佶祥南機場幸福食物銀行，一向是地區社福物資運送的強大後盾。食物銀行自二〇一三年起營運，有兩大倉儲空間和一個社區廚房，本就會穩定供應便當和麵包給在地NGO。疫情期間需求激增，方里長現在每週會額外供應芒草心和人生百味三百多個麵包，分送給街友。

五月十五日，疫情升高至三級警戒當天，經歷過SARS經濟難關的方荷生就發起愛心募集行動，為有困難的家庭準備防疫物資包，原本打算募集一千份，沒想到短短四天就收到超過五百零四萬捐款，可供購買四千份物資包。

方荷生以多年經營食物銀行的經驗，估算出一人可吃七到十天的食物組合，直接向家樂福訂購，一千五百份供應雙北，兩千五百份供應全台灣其他縣市的食物銀行和合作夥伴。不少賣場斷貨，物資包中的「燒鰻罐頭」成為稀有品，家樂福把僅剩的量都給了方里長。經驗嫻熟的方荷生組織了八位志工負責分裝，兩天完成，五月二十六日起，開放低收入戶、急難救助戶和「關懷戶」領取。

社區小店也有力出力。才剛從街頭搬入店面三天半，就被迫歇業的萬華名小吃「蒜油李」，一聽林立青說社區實踐協會的孩子沒有營養午餐，立刻動手把店裡的豬腳、當歸湯煮一煮，加上滷肉湯汁，送去十六份，還打算持續供貨，「直到孩子們不需要為止。」萬華出名的八海火鍋，也主動把店裡的青菜和貢丸，直接送到方荷生里長的食物銀行。

台灣知名乳品光泉公司、便利商店萊爾富，則是最早一批捐出了大量的瓶裝水和麵包。民進黨前祕書長羅文嘉在重返政壇前開設的「水牛書店」，也捐出十多萬元的禮物卡給社工，讓社工可以發放給街友和弱勢家庭。

在萬華出生長大的作家盧拉拉，本身從事生死相關行業，他也運用了自己的資源，媒合了法鼓山、功德山的佛教團體，對方很快送來印有大悲咒的瓶裝水一百箱，印有法師和媽祖婆頭像的瓶裝水，也接連湧入。

還有許多低調捐物，不想透露姓名的捐助者，包括在地居民、藝人和政商名人等。其中有人包辦了街友需要的換洗衣物，有人則為遠距上課而沒有網路的孩子，買了一百張可用一個月的網路SIM卡。

物資有了，倉儲和運送也要靠這支民間小隊。最初一、兩日，林立青與辜凱鈴、盧拉拉三人組成機動小隊，開著車把物資載到各個NGO據點，但物資數量漸多，普通車輛載不下，有電影公司便出借了一台貨車。不過，出於防疫考量，最多物資還是以郵寄方式運來。倉儲空間不足，涼粉店早在升三級當天就清空店鋪，供附近的NGO存放物資。芒草心創辦人張獻忠則自己開車，每日與涼粉店保持聯絡，詢問物流到貨與否，再把物資分載到各個ＮＧＯ。

到後來，涼粉老闆辜凱鈴索性公開自己的收件地址和電話，各ＮＧＯ在臉書和Line群組提出物資清單，公眾募捐源源不斷地湧入，大量郵寄到涼粉店。十天下來，她從早到晚都在接物流公司的電話，不停收貨、搬貨、理貨，店內常堆滿上百箱瓶裝水。每每有社工來載走一車，她既開心有空位可以擺更多物資，又擔憂物資的消耗這麼快，不知下一波物流什麼時候來、物資能撐多久。

眾人如作戰般奮鬥了十天，終於形成有系統的人力、物資網。方荷生里長的食物包物資陸續到位，社區實踐協會得到穩定的便當供應，立心基金會需要的防護物資，也正在路上。物資品種也在隨實際需求隨時調整，芒草心、人生百味在五月二十六日深夜盤點十天來的物資，發現罐頭消耗量極大，價格又高，很難持續募資，下一輪物資要改以蘇打餅乾、八寶粥和保久乳為主。

這些ＮＧＯ跨越萬華由南到北每個街區、每個角落，連點成線，互相支援。「軟封城」第一階段的物資戰，暫時告一段落，ＮＧＯ們找到了更大的社區空間來做物資轉運，辜凱鈴心想，再過幾天，或許她就可以休息，好好睡一覺。

自救有限，政府在哪？

然而，民間的力量再大，終究不是長久之計。

作為在地的議員，吳沛憶觀察，萬華里鄰關係緊密，能量很大。「連里長辦的活動都比別的地方多。」吳沛憶說。有這樣的能量在民間，為公部門力量提供補位，「民間動得比政府更快」，確實是萬華的特點。

回溯萬華區民間組織的歷史，甚至可以回溯到百年前的清朝末年。早在清末，萬華龍山寺一帶就有眾多民間慈善團體，其中救助老弱身障的「仁濟院」、收容乞丐的「愛愛寮」直到今天仍在萬華活動。而在近代，由各個民間社團組成的在地「協力聯盟」已經成立超過十年，囊括四十六個ＮＧＯ成員，至今仍會每個月開會討論彼此工作與需求。在五月二十一日的線上會議，他們依舊密切交換彼此的資訊與物資需求。

但這些來自民間的熱情，能支撐多久？

「民間是等不了太久的。」吳沛憶分析，這些民間組織其實很小，只因為長期在地方服務，所以對社區敏感度比較高，但是眞正要建立支持系統，「政府的紓困是一定要下來的。」

吳沛憶憂心呼籲，政府是時候盤點防疫、民生物資的整體需求量，民間可以增補，「但這明明是政府的責任，不能說如果民間的支持鏈斷掉的時候、這些需要服務的人他們的物資也斷了。」

以供應前線醫護便當為例，五月二十一日起，台北市已經將供餐服務交給復興空廚，接力民間的送餐服務。「我是萬華人」臉書社團管理員邵維倫起初覺得，終於有人接手，他可以休息，不用再每天只睡兩小時忙著調度便當。但很快，他得知公部門供應的便當總數一天只有六百個，其中還包括給警消的數量，因此醫院和基層健康中心仍然會面臨供餐不足的問題。所以他至今仍在送餐。

醫療量能若未能很快得到擴充，里鄰長仍然會是確診者最重要的支撐。但是，讓沒有專業公共衛生訓練的基層里長、里幹事長期擔任這樣的工作，乃至承擔心理疏導、送餐等服務，真的是長久之計嗎？

幾位里長告訴我，區公所在上週已安排他們去施打疫苗，但萬華區和中正區都有里長家人確診的案例發生。「我們不能去仰賴里長的熱情。」吳沛憶說，「下一個階段，是不是市政府民政體系應該要來做協助？」

在政府資源到位前，吳沛憶還發起了「萬華人挺萬華人」外送美食經濟圈的計畫，希望扶助在地店家。而辜凱鈴的涼粉店，就算結束物資站的階段性任務，但若一直不能營業，長久下去，經濟也難以支撐。

但辜凱鈴只說：「現在我覺得先不要去想自己，如果疫情壓不下來，想自己也沒用。」

五月二十一日，在地活動專頁「萬華大鬧熱」推出臉書特效框，寫著「只有病毒才是敵人，萬華加油」，使用人數很快破萬。

這個台灣北部曾經最熱鬧的古老城區，正在一場席捲全球的世紀大疫中奮力支撐。下一個十日，正要到來。

4、我們知道老與死的樣子

2019年11月，寫於香港

梁世平還記得，自己第一次對年紀有了感知，是在二十七歲那年。那年他去醫院看病，坐著輪候的時候突然想，哎呀，我都快三十歲了。轉眼，他已經七十歲了，是「生前遺言」（又名「預前叮囑」）攝製組年紀第二大的成員。

這個專為老人拍攝短片的「生前遺言」攝製組共有十個成員，平均年齡超過六十八歲。這年紀的老人，在上世紀四、五〇年代出生。彼時二戰剛剛結束，戰後嬰兒潮來臨，東九龍的啟德還未興建機場，香港人剛剛有了第一個華語電視台「麗的電視」。

那時候他們誰也不認識誰。那些年，六十六歲的攝製組成員Simon曾在「麗的電視」工作。攝製組的發起人，今年七十八歲的吳國雄先後做過巴士司機、消防員、服務員、的士（計程車）司機、可口可樂推銷員。今年六十六歲的成員ＫＦ和六十五歲的成員Ken那時還在做文職。七十歲的梁世平當年還在做生意，六十五歲的成員Sam還在為人家的婚禮做商業攝影。

幾十年過去，人生馬拉松的上半程跑完，他們成了老來兄弟，組成一支頗為專業的義工攝製組，並提供一項特別服務：為居住在護老院（養老院）的老人拍攝一段兩到三分鐘的短片，讓老人留下遺言。短片會根據老人的意願，在生前，或過身後，經由社工和院舍交給老人的子女。

香港是全球最長壽地區，男性平均可活到八十一點三歲，女性可活到八十七點三歲。

但人們在香港討論老與死，總會提到退休保障和安老院舍的缺乏、醫療資源和照護人手的不足、墓地越來越貴等等困境，彷彿香港人長壽，是因為特別能「捱」。

年輕人討論公共政策，希望帶來改善，然而對於已經老去，正在面對疾病與死亡的老人們來說，他們在人生的最後時刻最渴望什麼？最放不下、最擔心的是什麼？想要帶走什麼，又想要留下什麼？「生前遺言」攝製組做的事，就是讓他們對著鏡頭，把一切一切說出來。

老、病、死亡、親情、家庭、孤獨，是我與攝製組的六位成員討論的關鍵詞。而作為年輕記錄者的我與他們的最大不同，也許就像發起人吳國雄說的：「我們見過身邊很多人的死亡。我們知道老與死是什麼樣。」

三分鐘交待一生與後事

「你身後有什麼安排？意願如何，想要土葬還是火葬？喪禮想要怎麼搞？有沒有財產分配問題？有什麼話想跟家人講？」

以上這些問題，是幾乎每一位拍攝「生前遺言」短片的老人家，都會被問到的。而短片的長度，通常是兩到三分鐘。身後事，是人之將死時必須面對的問題。解決這些實際操作上的問題，也是這支攝製組拍攝「生前遺言」計劃的最初原因。

二〇一五年，明愛第三齡服務支援網絡攝製組成立，起初只有吳國雄和另外兩名成員，本來是為一些機構記錄社區活動、頒獎典禮等。就在同一年，有護老院的社工對攝製組提出，許多長者離世倉促，不知怎樣處理後事，他們生前又總有許多話想對兒女說，卻因為當面口難開或是兒女少來探望，而來不及說出口。護老院本來想用手機拍影片為長者記錄，後來發現這個義工攝製組，就找上了吳國雄。

吳國雄自一九五八年從廣州來港，當時身上僅有八元人民幣，本想打工為母親籌措醫藥費，可母親卻在半年後去世，子欲養而親不待。七〇年代，他靠自己打拚用三千港元買了第一個的士牌，開始做的士司機，慢慢組成一個四輛車的小車隊。十一年前他決定退休，賣了所有的士牌，開始學攝影與電腦。攝製組成立後，他自費十幾萬買器材，錄影機、相機、腳架、咪（麥克風）、配件等等，用的都是專業級，又逐漸招募成員，發展到今天的十人攝製組。

「我們希望讓老人家在走最後的路程前，為他們留下心底的話，令他可以坦然地講給親人聽。」吳國雄希望他人可以不用重演他對母親的遺憾。

拍攝日子通常是星期二，也就是攝製組定期開會的日子。他們架起背景板，打好燈，彼此用對講機保持溝通，有時一部機拍攝，有時出動到兩部機；要設置好這一切，往往需要四、五個人手，忙上一個小時。護老院的社工和姑娘帶著預約好的老人來到房間，輪流坐下，為老人戴好咪，再陪伴在側，幫忙問一些問題。其他的老人則在隔壁等候，確保隱私。最多的一次，攝製組一天能拍十幾個老人，從早上拍到下午，收拾東西回到家，已經晚上六、七點。

護老院最初找到攝製組的目的，是解決老人家身後安葬方式一類的實際問題，但當每一個老人鄭重地坐在攝像機前，就總像是要在這幾個鐘頭交待自己的一生與後事。

短片呈現往往只有兩、三分鐘，可是拍攝卻很費時。「有時兩、三個鐘都拍不好。」吳國雄說。「因為有些長者一對著鏡頭就不會講話了，一講到家庭就忍不住哭。」攝製組會和社工一起安撫老人，再逐句逐句地引導老人講下去。

這些住在護老院的拍攝對象，從六十幾歲到九十幾歲都有，坐著輪椅由姑娘推著進來的也有，多數是老伴已經不在人世的婆婆。成員Ken記得，有老人家對著鏡頭很無奈地說：「其實我很不喜歡進護老院的。」但也有人說：「我在這裡面住得好開心呀，你們不用擔心我的。」曾有個老人家說，自己在護老院裡，每天都在等，就等有人來看他；也有老人說子女經常來看他，又給他買了什麼什麼東西。

「這些人雖然在護老院都有人照顧，但是身邊沒有子女陪著，很孤獨。」加入攝製組不到一年的梁世平說。人老了會變成什麼樣？他七十歲了，身體硬朗，但第一次參加拍攝時，看到有老人家要坐輪椅，或是講話已經不清晰，他坐在旁邊，眼淚止不住地掉下來。曾有個認知障礙的老人，上午已經拍完了，下午又走回來說，「我還沒拍呀，我還有好多話要講呀。」攝製組便再為他安排，請他對著鏡頭講，重複的內容很多，大家最後把沒有重複的部分剪輯出來，補充進上午的影片。

多數老人家最記掛子女，給子女留下的話最多。有人會細數自己每一個子女的境況，叮囑兄弟姊妹要和氣，互相照顧。有的回憶起年輕時沉迷賭博，影響家庭，覺得對不起子女，就對著鏡頭道歉。有的想想自己對幾個孩子待遇不公，重男輕女，也趁此機會表達悔意。

成員Sam記得，有一次拍一個認知障礙的長者，對方已經沒法為自己清楚打算後事，只知道不停重複過往。「他講年輕時候出來拚搏，餐搵餐食（賺到一頓飯的錢才能吃一頓，形容生活艱難），回到家，孩子們見到他買了東西回來一起分著吃，好開心，每個人只分到一點，也好歡樂。他說那時候辛苦點沒關係，只要見到子女開心就好，不斷重複講，就講這幾句。」

除了對子女講之外，成員Ken還記得，身邊人還健在的老人家，總會對著鏡頭講：「你要快樂地活下去。」

成員梁世平說，一個人到了最後，腦子裡不可能再去想工作或是去玩，就只是想他的家庭。但也有些老人，其實連家庭也已經沒有了。他記得曾拍過一位，孑然一身，沒有子女，老伴也去世了。「我們各種問他，你想怎麼安排你的後事呀？」對方說：「沒有什麼了，我就這樣了。」再問有什麼想說的，老人只答：「我冇嘢講呀（我沒什麼要說的）。」梁世平說：「因為他的情況，他也不知道怎麼安排。就他一個人，誰給他安排？」如果是護老院或醫院來安排，那就是例行公事，他講也沒有用的了。

這些「生前遺言」拍完後，再經由攝製組處理停頓、不連貫、重複的部分，最後剪成兩到三分鐘的短片，交給護老院的社工和老人家本人看，若有要修改的地方，他們就再加工。有些老人家希望可以在去世之後才把短片給子女，有的選擇先給。四年來，他們拍攝的老人家已經近百個。

第二人生

經營這個攝製組，對吳國雄和幾位成員來說，就像是退休後的一份全職工作。用吳國雄的話來說，是證明「老而不廢」，Ken則說自己「不想在公園捉棋」。KF則希望自己能「退有所為、退有所樂、退有所學」，人生到了這個時刻，也需要有所作為，「不然早上飲茶，行下街行下公園，又吃飯，吃完飯又行下街行下公園，有什麼意思呢？」

六十六歲的成員Simon想法有些不同。他在二〇一四年查出肝癌，在六次化療和一年的輪候後，幸運地等到了移植的肝臟，現在是一個可以自由走動的康復者。他在電視台工作過，有些拍攝經驗，知道這個攝製組後就報名參加，已經加入了一年多。「我之所以會選這方面的服務，是因為我經歷過死亡的邊緣。」他說。

肝癌是死亡率很高的癌症，他長期在醫院覆診，知道一般的肝癌患者「拖不到很久」。在化療、輪候、手術的漫長時間中，他思考了許多人生的問題。「在手術中，我自己一個睡在手術床上，看不到其他人。只聽到醫生的指令，要做什麼步驟，什麼步驟。」他有些哽咽，說不下去。

手術後，他在康復中心住了一年，恢復良好。想到家人和同樣是長期病患的太太，他說：「治療已經很辛苦，當時沒時間想給他們留下什麼話。事後我就想，我當時是不是應該準備得好一點呢？」查出患病時，他六十一歲，還在工作，就算是手術當日，醫生也只給一到兩日的假期。他公司的標準是六十五歲退休，可那時他想明白一件事：「我不想最後死的時候還在工作。」之後，他提出提早退休，康復後，就想著出來做些相關的義工服務，回饋社會。

「我們這樣的年紀，跟拍攝者的感受其實很相似。」吳國雄說。這也是長者拍攝長者的好處，「可能他們對著年輕人，不是很容易講出口。」

不論是想回饋社會的Simon，還是不甘心做「廢老」的大家，都在「生前遺言」攝製組的工作中，找到了自己「第二人生」的計劃。吳國雄本來連電腦都不太會用，二〇〇一年才開始學，學到二〇〇四年，終於從最基本的剪片軟體「繪聲繪影」學到專業的Premiere Pro，現在已經可以一人搞定打燈、收音、拍攝、剪片。他的目標是讓攝製組的每一個成員都可以獨立做好這其中的任何一項。

「我們這個年紀想學東西是很難的。」他說，「為什麼我們的攝錄機都要買七吋的螢幕？年輕人可能三吋就看到了，我們都是老人家，螢幕要大，我們才看得到。」他也上過外面的培訓班，「可是對我們沒用的。」全年齡的班級，有些學員才三十幾歲，講兩句就明白了，「我們講三句都沒明白，沒理由要人家遷就你呀。」他知道長者的特點，也知道長者要跟年輕人學些新東西，自尊心是很重的。自己學的時候吃的苦，都儘量幫攝製組成員避免。不認識英文的長者，就用中文的軟體，不會打字上字幕的，就用語音輸入法。他還自己錄製教學影片，讓成員帶回家慢慢去看，「一次不行就兩次，兩次不行就五次，五次不行就十次。」

成員進組還有面試要求，拍片不會可以學，但熱情、體力和時間最重要。「一個鏡頭set up，一個鏡頭收拾東西，如果中間三個鏡頭拍片，那就要站五個鏡頭，你要站得了這麼久才可以。」他說。熱情也很重要，Ken就是興趣特別大的一個，明明沒有嚴格的交片期限，「有時拍完片，半夜都不睡覺，要剪完才睡，為了第二天能交片，想立即看到效果。」

除了拍攝「生前遺言」外，攝製組還在繼續為社區活動拍記錄影片，有週年慶祝、畢業典禮、手工班開幕，等等。拍了幾年，眾人都已經「出師」，現在已經能在社福機構開班教學，除了教老人家拍片之外，還教用電腦和智慧手機，有時還被邀請到別的社區中心去做「客座講師」。

今夕吾軀歸故土，他朝君體也相同

二〇一八年三月，愛好拍照和修圖的梁世平加入後，攝製組又增加了一項新服務：為老人拍攝「車頭相」。

「車頭相」，意為逝者出殯時，掛在靈車前面的相片。

「做這件事的人真的很少很少。」梁世平說。前陣子，他們去了將軍澳一間護老院拍攝「車頭相」。梁世平說，老人家個個都化妝得漂漂亮亮，穿很漂亮的衣服，拍完了，個個都很開心。「一般的長者哪會想到去影樓拍照呢？」而攝製組大陣仗，人多器材也多，「燈全部打好，好像影樓一樣，好隆重的。」

拍完的照片，梁世平會用Photoshop修圖，「皮膚磨得滑一點呀，稍微處理一下臉上的斑斑點點，人有精神一點，看起來年輕些。」

吳國雄記得，他多年前曾在會展中心看過一個殯儀展覽會，會上除了介紹新型的喪禮、紙棺材、火化機器等，還有機構免費給老人化妝、弄頭髮，拍「車頭相」。他很受觸動：「因為以前好多老人家過身之後，是在身分證裡面拿那張很舊的照片出來做『車頭相』，很肉酸的（很難看的）。既然每個人都要面對這個問題，那為什麼不拍張好的、靚的呢？」

「生前遺言」的拍攝計劃，通俗了說，是做「白事」。傳統影樓也有許多是不接「白事」的，吳國雄的家人曾抱怨他，花那麼多錢買器材，又「浪費時間」做這些事。但所幸，成員們都逐漸得到了家人的支持。二〇一八年九月，吳國雄還因此獲得了信和集團贊助的《南華早報》香港精神獎。繼「生前遺言」和「車頭相」計劃之後，下一步，他們還計劃為護老院的老人拍攝專業的全家福。

談生死，做白事。他們感到香港人這些年來，越來越不避忌了。在加入攝製組之前，Ken其實都沒怎麼想過生死的問題，加入之後才發現，其實許多長者看生死看得很開，很坦然，「很值得學習」。

ＫＦ則提到一個婆婆，她微笑著對鏡頭說已經把遺體捐給中文大學做醫學教學，「我覺得，哇！原來這些老人家這麼開明的。」也有很會打算的老人家，會直言自己在哪裡有塊墳地，叫子女不用擔心，也講清楚喪禮要中式還是西式。他發現原來許多老人到了最後時刻，捨不得的只是家人，毫不避忌的是生死。

拍了八十幾個老人的生前遺言，攝製組成員或多或少開始思考老與死的事。ＫＦ說：「以前我不會想這個問題，死就死咯，又有什麼問題？但現在接觸到這些老人家，他們令我有很多感觸，就像那句話說的，今夕吾軀歸故土，他朝君體也相同。我自己到時會怎樣呢？」

他想得更多，也想透徹了。「死這件事，我們一出生就要面對它，朝著這個方向走。但在死之前，我可以做些什麼有意義的事呢？我可以幫到他人，也幫到自己嗎？」

七十八歲的吳國雄是團隊中年紀最大的一個，見過許多朋友和親人的離世。「我們這些老人家，一年這一個走了，一年又那一個走了，其實都很正常。」他指指窗外：「人呢，其實好無奈的。突然間有個天窗跌下來都有可能，你不需要考慮這麼多。」

「我們好明白的。我們知道了死亡是什麼樣，只不過是有的長些，有的短些，有的輕鬆些，有的辛苦些。我就希望沒痛苦，快快趣趣就最好了，如果要捱一段時間才走，那家人辛苦，自己也辛苦。」

他對自己的孩子說：「為什麼我六十幾歲的時候把我的財產都賣了？因為我現在已經走了人生的三分之二路程，這個時間是收成的，我身體有能力做事的，就做下去，要做歡喜的事，有意義的事。」

尾聲

如果有一天，鏡頭調轉方向，對著自己，他們又會說些什麼？吳國雄說，如果這班兄弟要給自己拍一條「生前遺言」短片，他完全沒問題。Simon則和多數被拍攝的老人一樣，覺得和攝製組的大家太熟，反而說不出口，如果有一個不熟識的小組，他就會考慮去做這樣的紀錄。梁世平性格直爽，覺得眞有那一天，會直接和子女當面講。拍商業攝影出身的Sam技術傍身，如果到時眞的要拍，可能也會換個環境，自己給自己拍。

「人的心靈幾乎是永遠年輕的。」哲學家朗納德．曼海姆在他的《A Map to the End of Time》（時間盡頭的地圖）一書中這樣寫道。他把老年拆解為「別人的目光」和「鏡子裡的影像」，而唯一對抗老年的方法，就是「拒絕從社會退卻，否認自己是個過氣的人，不接受別人對你的看法，不沉緬在回憶裡，不活在過去中」。他引述西蒙．波娃，「老年人必須繼續去追求一些可以帶來進一步自我實現的計劃。她說，一個人如果失去了人生目的，不啻是失去了自己的存在。」

知道了老與死的樣子，找到了老年想做的事，為更老的一些老人留下生命最後的影像和話語，就是「生前遺言」攝製組正在做，並將一直做到他們自己也老得不能再老時的事。

訪問快結束時，ＫＦ說：「如果你問我，會不會自己搞個『預前叮囑』，我覺得如果這班兄弟肯幫我拍，我會講的。」他補充：「我好長氣的，會講好多段。」隔壁房間裡正坐著他的這班兄弟，他還不忘伸長脖子喊一聲：「喂，兄弟們，記住呀，到時幫下手啊！哈哈哈。」

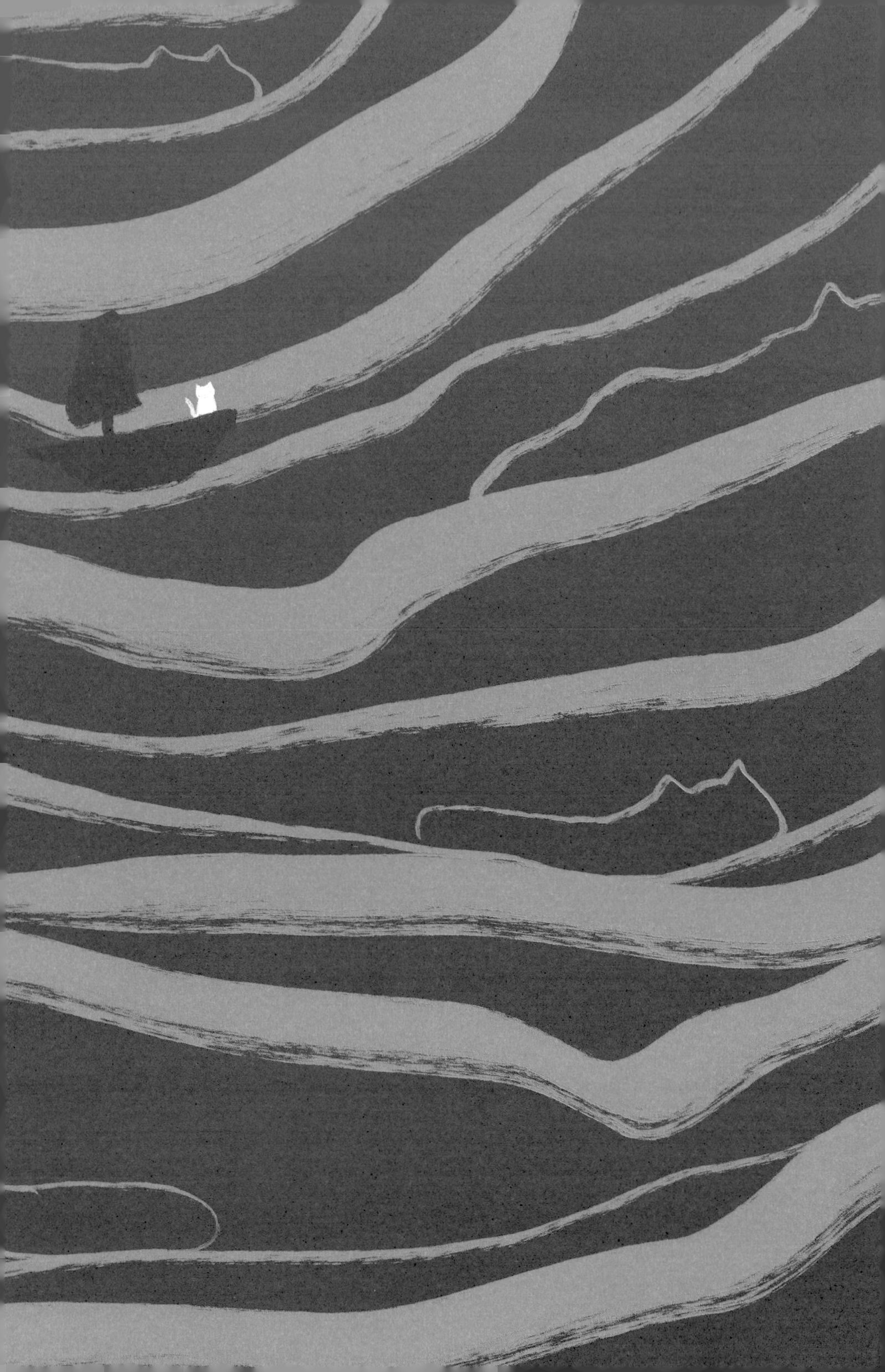

繪後記

EDO

這是我跟其琪的初次合作。我第一次見到她是在一個中秋節的聚會。原本中秋在傳統習俗上應是要團圓的日子，那天在她家卻聚集了很多「無家可歸」的人，我們可能都是跟著各自的某一個朋友出席，彼此間幾乎互不相識，當晚一起吃飯，異鄉人一起圍爐取暖。之後我才開始看她寫的文章，發現她原來寫過許多人的故事。

她告訴我她要出版一本書，這本書選文很多都圍繞著遷移、流浪的命題。流離一詞於不同人有著不同面向和意義，沿著這本書的脈絡走下去，也會看到其琪一路以來走訪過的每一個場域，這種狀態也可以說是她自己的流離故事。流離一詞，於其琪的意義又是什麼呢？我也跟她分享了我在二〇二〇年製作的繪本，內容主要描繪我離開香港後的心理矛盾和衝突。我們關注的議題有契合之處，她也覺得我的風格合適，所以當時她便找我為這本書畫插圖。

其琪為這本書提供了很多關鍵字：流離、失根、遷移、歸屬感、失向、異鄉、離棄、離散、遷徙等等。我想，如果流離是故事的主軸，當中應該包含多個關鍵字交疊形成的複雜情節。其琪提出想用關鍵字作為圖像設計的概念，呈現在書的一開始，她給了我一些關鍵字，還把這些關鍵字丟進程式自動生成文字雲，讓我參考。我後來又受到一些拼貼作品的啟發，我想到流離的經驗總不會是完好無缺的，那是失控、不完整、破爛的，要經過努力才能重構的過程。於是，我不再保留文字的工整，我把它們撕成碎片並丟到水中。文字經歷過破壞，甚至粉碎，一塊塊漫無目的地飄浮在水中，放了一個下午，又拿出來堆砌、堆疊、重組，最後產生了扉頁的文字拼貼作品。

至於插畫的部分，在開始作畫前，我花了一些時間去細閱其琪寫的文章和詩，然後試著畫了一些草稿。一開始我因為自覺肩負重任而十分緊張，可以說是小心翼翼得過火，不知不覺就把太多焦點鋪滿整張畫布，接著又把細節過於雕琢，越畫越迷惘，一直都畫不出滿意的作品。我不自覺受困於其琪的文字，畫稿好像只是為了她的文字去畫。我只好把這些草稿拿給其琪看，她跟我說不用緊張，讓我輕鬆畫。她的話其實給我很大的安全感，我不需要去預設結果，或在意太多小細節。放開對自己的限制，或許能更接近彼此所想表達的東西。

我不再重複翻看她的文章或詩句，反而開始回想她這個人本身。在我印象中的其琪常常遊走各地，跟海的連結好像特別深。我跟她碰面時，有時會隨興為她拍下一些照片，整理後回傳給她，發現其實恰巧幾次的照片都在海邊。我記得她常在Instagram分享她的貓咪。可能這些記憶不知不覺進入了我的潛意識，最後在畫中呈現有關海、貓咪、漂流之類的情景，我想我畫的是有關其琪的故事。

我畫著畫著，腦海漸漸浮現出從前在香港的回憶片段，可能「流離」的命題亦與我自身產生共鳴。

「歸屬感」一直是我的渴望。我小時候覺得自己並不屬於出生的地方，也不太能夠投入群體生活，甚至可以說是離群的個體動物。我還記得畢業紀念冊上面同學寫我就像小丸子裡的野口同學，他們說好像不曾聽過我的聲音，看不到我的存在。也曾有一段時間，我為了找到自己的所屬之處，奮力尋尋覓覓，長大後嘗試投入社區服務工作，卻始終找不到一個滿意的答案。

有時候我不知道自己歸屬何處。在伽利略的望遠鏡發明前，人們無法觀測宇宙，以為地球是世界的中心。隨著科技發展，我們能看到的、能觸及之處向遠方延展，世界變得比想像中更大，我們從可視的他方對照出自己的位置，找到自己真正的所在之處。

經歷過不同政權、文化的洗禮，社會的變化會讓我有點迷失。近年的社會運動讓我們發現，人們原來可以有無法想像的無私、互助，有的生命甚至會燃燒自己發出光芒。在最黑暗的時間裡，很多人因而看到了彼此。我們發現原來所在之處有無限繁星閃耀，才駭然從那種孤寂感中漸漸解脫，人們變得更加團結。當時，我好像快要看到歸屬的輪廓，我腦海也曾浮現出「我想成為其中之一」這種想法。但是，突然之間，一切又如流星般消失了。我又再一次流浪。

來台灣以後，我內心無數次提問：「我們從何而來？我們是誰？我們要往何處去？」原來肉體上的流浪亦是心靈的無家。我覺得這也是一場流離。

今天，移民是不少香港人的選擇，但遠走他鄉的人即使擁有了一張國民身分證、一本有效期的護照、舒適無憂的生活，也不代表他一定有了身分認同。許多人在腦海依然會掛念、追憶某個地方、某些人。當這些事物全都在世上消失，人就會像失根的樹一樣，再也無法在移植的土壤中吸收養分，即使原本長得再高再茂盛，遇到強風吹襲還是會倒下，脆弱得很。所以，人們即使離開了，仍會想守護那些遠在他方碰不到的美好事物。或者，如果我們什麼都沒有，連行李箱都丟掉，寫有出發地的車票都遺失，撇除所有身外物，剩下對某個地方或某個群體的共感，是不是更接近純粹的身分認同？

隨著時間推進，愈來愈多人將會流離失所，除了正在經歷漂泊生活的遷移者，守在原地的人們亦然。我們無法掌握自己的際遇，更無法阻止不斷改變的環境，只要一場災難，人為或天然都一樣，熟悉的地方瞬間就變了樣。即使想好好站在原地的人們，也無法避免「被流離」的命運。

而在政局動盪、疫症肆虐的時代，當許多人都跟家國、身世、名字失去了連結，相遇邂逅會否提供一個出口呢？

我曾在台灣東部待過一段時間，但沒有到過其琪寫的蘭嶼。一位剛到過蘭嶼打工換宿的女孩曾跟我說那裡的生活讓她不想回家，我說我也嚮往海島的體驗，只是我還沒準備好出發，當時我也不知道自己有什麼顧慮。在東部的那段日子我有個習慣，就是每晚飯後騎單車去海邊吹風。東岸的城市都很接近海，從市區到海邊只要二十分鐘，我會走到岸邊，那裡有很多大石頭，我隨便挑一顆就盤坐在上面。聽著海浪的聲音，觀察岸邊的石頭受海風和浪潮的每天洗刷。那是我半年的日常生活。

有不少人喜歡去那裡撿石頭，我比較喜歡看石頭，只要任由它們留在那裡，每一天每一天都會有些改變。那些石頭有不同形狀，它們的身上也留下了很多不知道經歷過什麼的痕跡，那些花紋絕對是獨一無二的美麗。有時候會遇到一些人想「帶走」石頭，所以我會把石頭畫下來送給他們。讓它們留在那裡，當日子過去，海、風、石慢慢會在彼此之間的相互影響中合而為一，石會成為沙子到海裡、到風裡，重逢會在有一天發生。海洋好像區隔了每一片大陸、每一個人，但同時又把所有連結在一起。有時候我看著海，會覺得重逢好像沒有那麼艱難。

文字是一種記憶載體，寫下的故事可能成為建構未來或還原過去的藍圖。日後無論生活在哪裡，我覺得我們都需要一座不屬於這個次元的島嶼，可能是一個安放記憶、想念、歸屬感的地方，每個人都可以登陸。科技或者可以跨越具體化的限制，從潛意識延伸到現在流行的元宇宙。我常常想像我們可以重新建構一個世界，一個自己渴望的歸宿。

感謝各位看到這裡。也感謝每一位買書的人。最後，要感謝本書作者其琪邀請我為她畫插圖。另外，我也要向協助這本書出版的編輯、美編、左岸文化致上謝意。

P.S.

開始寫這篇後記的時候，恰巧是美國眾議院議長裴洛西訪台的那天。這一夜，中美關係十分緊張，幾乎每個媒體、新聞、推特、臉書、朋友的動態、討論區都以「台海危機」為題洗版式發文。全台灣、香港至全球都關注裴洛西搭的那班SPAR19飛機，最高峰時有三十多萬人同時在線上追蹤著她的航道。慶幸身在海外的朋友突然想起我，來關心我近況。當晚室友養的貓一直在門口喵喵叫，我就像平時一樣把一早買好的貓罐頭拿給牠吃，然後就到樓下便利店，買了一個好久沒吃的合味道杯麵。若戰爭眞的發生，我想我大概會跟貓咪一樣，只想在最後嚐一口熟悉的味道。

致謝＆原始文章的日期及出處

※文章皆有增補或刪改。

一　土地

1、在迫遷的命運裡種一座村莊

感謝梁啟智對本文的幫助。原刊於《端傳媒》，二〇一六年五月十二日，〈馬屎埔，在迫遷的命運裏種一座村莊〉。

2、靈魂的事

感謝傅可恩對本文的幫助。原刊於《端傳媒》，二〇一七年十二月十四日，〈靈魂的事：從學者到祭師，巴奈．母路為什麼「不得不上路」？〉。

3、回到蘭嶼，一個達悟女人的兩種生活

感謝夏曼．藍波安、吳阿婆對本文的幫助。原刊於《端傳媒》，二〇一七年十一月

二十四日，〈異鄉人——謝福美：回到蘭嶼，一個達悟女人的兩種生活〉。

4、飛屋環遊記

感謝張妍、C對本文的幫助。原刊於《端傳媒》，二〇一八年六月十八日，〈明清老宅的「飛屋環遊記」：在中國，古建築都能批發〉。

5、從深水埗到艋舺公園

感謝陳伊敏、吳衛東對本文的幫助。原刊於《明報周刊》，二〇一九年八月十六日，〈港台露宿者的日與夜〉。

二　陣痛

1、燃燒的民主牆

感謝合寫者江雁南授權出版，感謝張潔平對本文的幫助。原刊於《端傳媒》，二〇一六年二月五日，〈燃燒的民主牆：陸港大戰中，突襲的內地生〉、〈記者手記：我想撕下標籤，我想讓對話的起點不是仇恨〉。

2、演「鬼子」的日本人

感謝張妍對本文的幫助。原刊於《端傳媒》，二〇一七年十一月十日，〈異鄉人──三浦研一：在中國演了十八年「日本鬼子」的日本人〉。

3、麥高登的非裔廣州

感謝呂陽對本文的幫助。原刊於《香港01》周報第一〇五期，二〇一八年四月二日，〈低端全球化．麥高登的非裔廣州〉。

4、走私者的自由港

感謝張帝莊、高煜芳、MY對本文的幫助。原刊於《明報周刊》，二〇一七年三月二十一日，〈象牙的背後〉。

三　扎根

1、中環折疊

感謝張潔平、陳如珍、陳倩兒對本文的幫助。原刊於《端傳媒》，二〇一七年九月二十五日，〈中環折疊：環球大廈藏着一個菲律賓〉、〈環球大廈經濟學：如何在寸金尺土的中環活36年？〉。

2、九龍城．泰國城

感謝戚振宇、何錦源對本文的幫助。原刊於《端傳媒》，二〇一八年六月十八日，〈非主流香港：九龍城、泰國城〉。

3、學阿美族語的猶太人

原刊於《南方人物周刊》，二〇一八年一月四日，〈一種關注——傅可恩．說阿美族語的猶太人類學家〉。

4、在蘭嶼，音樂可以做到的事

感謝曹疏影、李志德、鄭宇騏對本文的幫助。原刊於《端傳媒》，二〇一九年十一月三日，〈唱作不一樣的原住民歌：謝永泉和他的蘭嶼、母語與飛魚〉。

四　微塵

1、漁工之死，與他們活過的南方澳

感謝何欣潔、黃得軒對本文的幫助。原刊於《端傳媒》，二〇一九年十月十五日，〈台灣斷橋下，6名罹難者和他們身後的印、菲漁工社群〉。

2、中國醫護疫情後心理創傷調查

感謝吳婧、鏡子、黃山、梁啟智對本文的幫助。原刊於《端傳媒》，二〇二〇年八月七日，〈靠近醫院，雙腿就止不住顫抖：中國醫護疫情後心理受創調查〉。

3、二〇二一萬華十日記

感謝何欣潔、葉靜倫、林立青、黃傲天對本文的幫助。原刊於《端傳媒》，二〇二一年五月二十七日，〈萬華十日記：疫情重災區，一場對抗病毒的游擊戰〉。

4、我們知道老與死的樣子

感謝劉萃華Emma對本文的幫助。原刊於《端傳媒》，二〇一九年十一月十七日，〈「生前遺言」攝製組：我們知道老與死的樣子〉。

左岸｜人類學 348

流離之書

跨界移動紀事

作　　者　金其琪

總 編 輯　黃秀如
責任編輯　孫德齡
企畫行銷　蔡竣宇
校　　對　文雅
內頁插畫
封面設計　EDO
電腦排版　宸遠彩藝

社　　長　郭重興
發行人暨
出版總監　曾大福
出　　版　左岸文化／遠足文化事業股份有限公司
發　　行　遠足文化事業股份有限公司
　　　　　23141新北市新店區民權路108-2號9樓
電　　話　02－2218－1417
傳　　真　02－2218－8057
客服專線　0800－221－029
E-Mail　rivegauche2002@gmail.com
左岸臉書　https://www.facebook.com/RiveGauchePublishingHouse/
團購專線　讀書共和國業務部　02-22181417分機1124

法律顧問　華洋法律事務所　蘇文生律師
印　　刷　成陽印刷股份有限公司
初　　版　2022年9月
定　　價　450元
ISBN　9786269624676（平裝）
　　　9786269624690（EPUB）
　　　9786269624683（PDF）

國家圖書館出版品預行編目資料

流離之書：跨界移動紀事 / 金其琪作.
--初版.--新北市：左岸文化出版：遠足文化事業有限公司發行,2022.09
面； 公分.--(人類學；348)
ISBN 978-626-96246-7-6(平裝)

1. 文化人類學 2. 文集

541.307 111013582

香港
Being-at
Moving
影片